Willi Ritschard

Bilder und Reden aus seiner Bundesratszeit

Willi Ritschard

Bilder und Reden aus seiner Bundesratszeit

Mit einem Essay von Peter Bichsel
Herausgegeben von Frank A. Meyer

ooo Ringier

Gestaltung: Hans F. Kammermann,
Grafisches Atelier C. J. Bucher AG
Lektorat: Robert Schnieper
Herstellung: Franz Lötscher

© 1984 by Ringier AG, Zürich
Alle Rechte vorbehalten
ISBN 3 85859 210-2

Vorwort

Seine Lust an Aphorismen, mit denen er die Reden ausstattete, war stets verführerisch. Vor allem natürlich für Journalisten. Willi Ritschard lieferte Schlagzeilen, Zwischentitel, Untertitel, Bildlegenden. Welcher andere Bundesrat bot das schon? Als er im Januar 1974 sein Amt antrat, war das alles ganz neu für die Schweizer Politik. Und es blieb zehn Jahre lang einzigartig.

Ein Magistrat wurde Medienereignis. Er hatte seine Freude daran. Die Ritschard-Sprüche transportierten die Ritschard-Reden. Ihm hörte man gerne zu. Es gab auch etwas zu lachen. Doch die Aphorismen verlockten dazu, die Botschaft des Bundesrates auf die scheinbare Pointe zu reduzieren, den Sozialdemokraten zu entschärfen, wo er unbequem war.

Dieses Buch verzichtet darauf, Willi Ritschards politischen Unterhaltungswert in den Vordergrund zu rücken. Er hat in seinen zehn Jahren als Bundesrat zu unserem Land und zu unserer Zeit Dinge gesagt, die ihre Aktualität und Bedeutung nicht verloren haben, auch in nächster Zukunft nicht verlieren werden. Nach diesem Kriterium sind die Reden, die hier zum Abdruck kommen, ausgewählt. Der Leser stößt darin auf Aussagen, die damals, als Willi Ritschard sie machte, im Schatten der tagespolitischen Aktualität verborgen blieben. Jetzt erst, als Nachlaß, fallen sie auf, erhalten sie das Gewicht, das ihnen zukommt.

Willi Ritschard hat sich nie damit begnügt, Departementschef zu sein. Er war immer Bundesrat: mit offenem Engagement dem Ganzen zugetan. Seine Reden zielen deshalb weit über seine departementale Zuständigkeit hinaus. Er sprach zu den Zürcher Jugendunruhen, in einem Interview mit «Blick». Er tat es, «weil das uns Bundesräte beschäftigen muß». Auch in seinem letzten Jahr, schon müde, schon gezeichnet, verlor er nicht sein Gespür für Themen, zu denen ein Bundesratswort fällig war: «Ich muß unbedingt etwas zum Frieden sagen.» Das war im Frühsommer 1983. Die Rede hätte er gern als Schlußpunkt seiner Amtszeit gehalten. Er kam nicht mehr dazu.

Was bedeuten die Reden für Willi Ritschard selbst? Kein anderer weiß mehr darüber als Peter Bichsel. Der Schriftsteller ist der beste Beobachter und Beschreiber dieses Bundesrates. Mit zuweilen schmerzlicher Sensibilität haben sich die beiden Freunde verstanden und gestritten. Es ist auch im nachhinein nicht auszumachen, welcher für den anderen unbequemer war.

Willi Ritschard hat freimütig darauf bestanden, daß Peter Bichsel für ihn wichtig sei. Er nannte ihn sogar «meinen Lehrmeister». Ein gewagtes Wort für einen Politiker und Bundesrat. Manche Zeitgenossen hätten es lieber anders gehört. Doch Freundschaft war für Willi Ritschard vor allem Treue. Er hatte die Kraft, in jeder Situation zu den Menschen zu stehen, die er liebte.

Die Frage ist angebracht, ob Willi Ritschard auch für Peter Bichsel wichtig war, ein Lehrmeister sogar... Ich habe die Freundschaft miterlebt, als Freund von beiden, auch schon einmal als Vermittler. Ich bin überzeugt vom Einfluß des Politikers auf den Schriftsteller. Die Jahre des engen Kontaktes mit politischen Realitäten, mit den großen Unmöglichkeiten und den kleinen Möglichkeiten haben vieles geprägt, was Peter Bichsel schrieb. Seine Kunst, helvetische Wirklichkeit hautnah darzustellen, hat er auch an all dem geschult, was ihm Willi Ritschard erschloß. Der Essay von Peter Bichsel in diesem Buch bezeugt: Der Freund ist für ihn kein abgeschlossenes Kapitel, wird es nie sein. Für uns alle, die wir Willi Ritschard erlebt haben, wohl auch nicht...

FRANK A. MEYER

PETER BICHSEL

Der Zeigefinger des Erklärers

Zu den Reden von Willi Ritschard

Mehr und mehr werde ich still, wenn irgendwo von ihm gesprochen wird. Ich sehe ein, daß ich kein Recht darauf habe, ihn besser gekannt zu haben als andere. Er war eine öffentliche Figur, und er war noch mehr, er war in öffentlichem Besitz. Was ich zu erzählen habe, das hat jenem Mann zu gleichen, den die Leute zu kennen glaubten. Dafür habe ich Verständnis, aber es macht mir die Sache unglaublich schwer, denn ich persönlich habe keinen Bundesrat verloren, sondern einen Freund, also einen Menschen, den man nicht einfach wegen seiner Qualitäten liebt, sondern auch mit seinen Fehlern und Unarten.

Andere Freunde wissen es: Ich kann mitunter recht negative Sachen über ihn berichten, wenn wieder einmal irgendwo von ihm geschwärmt wird. Dies wohl deshalb, weil ich mich davor fürchte, daß er durch Idealisierungen «entmenschlicht» wird. Ich habe nach seinem Tod irgendwo von seiner Resignation gesprochen. Das hat mir einige entsetzte Briefe von Leuten eingebracht, die ihn nicht persönlich kannten, aber genau wußten, daß er gar nicht resigniert gewesen sei. Sie wußten dies besser als ich. Auch dafür habe ich Verständnis. Letztlich bin ich wohl am ungeeignetsten, über ihn zu schreiben. Meine Nähe ergibt kein Bild oder zum mindesten kein Bild, das dem Bundesrat Ritschard gleicht.

Ich behaupte also nicht, daß ich recht hätte und die anderen unrecht, denn auch das Bundesrat-Sein gehörte ganz zu seiner Person, fand nicht außerhalb seiner Person statt, und das Bild eines Bundesrats abzugeben, lag in seinem Willen, was nicht im geringsten mit Schauspielerei, mit Darstellungskunst zu tun hatte, vielmehr damit, die ganze Person – mit Haut und Haar und Körper – zur Verfügung zu stellen. Was die Öffentlichkeit gesehen hatte, war also nicht etwa ein Trugbild von Ritschard, sondern dieser Ritschard war er selbst. Er wollte meinem zwar nicht immer gleichen, aber er war es.

Er mochte die Öffentlichkeit, und er mochte sie nicht nur aus Eitelkeit, sondern er brauchte sie, um überhaupt arbeiten zu können. Er konnte sich Öffentlichkeit, Bürger, Wähler, Arbeiter, Unternehmer nicht abstrakt vorstellen, er mußte sie berühren und brauchte ihre Berührung. Er sparte nicht mit Worten, wenn er einen von ihnen traf. Seine Gespräche mit einem Arbeiter begannen mit Fragen, aber nicht nur, weil er von einer großen Wißbegierde war, sondern weil er sie sprechen hören wollte.

Ich habe ihn immer wieder als einen großen Schweiger erlebt. Wir sind oft stundenlang wortlos nebeneinandergegangen – unter anderem auch, weil er oder ich oder beide eine schlechte Laune hatten –, und sobald wir jemanden trafen, wurde er redselig, taute auf, war gutgelaunt, und beim Weitergehen zu zweit verfiel er wieder in sein Schweigen.

François Mitterrand hat der Trauerfamilie ein langes und offensichtlich persönlich abgefaßtes Telegramm geschickt, in dem er sich an seinen Besuch in Solothurn erinnert und an die Ovationen, die dort nicht etwa ihm, sondern dem Einheimischen entgegengebracht wurden. Er habe noch nie erlebt, daß ein Politiker in seiner engeren Heimat so geliebt werde.

Bestimmt hätte auch Ritschard Positives über Mitterrand zu sagen gehabt, aber ich erinnere mich auch, daß ihm jener eigentlich unheimlich war. Er hat oft und immer wieder unvermittelt von dieser kurzen Begegnung gesprochen und meistens dann, wenn ein bestimmtes Stichwort fiel: Staatsmann. Die kühle Selbstsicherheit und die beherrschte Selbstdarstellung eines richtigen Staatsmannes ließ ihn frösteln. Man könnte geneigt sein, diesen Ritschard selbst als Staatsmann zu bezeichnen. Seine Körperlichkeit, das Vertrauen, das er erweckte und besaß, wären Voraussetzungen dafür.

Willi wollte kein Staatsmann sein. Er fürchtete sich vor diesem Wort. Er hielt es für gefährlich, daß einer allein die Verantwortung übernehmen will, und wenn er von jemandem sagte: «Er versucht halt, ein Staatsmann zu sein», dann meinte er das negativ. «In diesem Land gibt es keinen Platz für Staatsmänner, das ist ein Vorteil unseres Systems», sagte er. Die Neigung zur Macht hatte er zwar, die Lust an ihr fehlte ihm, und Selbstironie bezog sich bei ihm immer wieder auf Macht und Ohnmacht. «Wenn ich Bundesrat wäre, würde ich das verbieten», sagte der Bundesrat etwa, wenn das Wetter nicht ideal war.

Und wenn er oben auf dem Berg in der kleinen Wirtschaft – im «Hofbergli» – jedem einzelnen geduldig Politisches erklärte, dann war das sicher keine Machtstrategie, sondern vielmehr der Versuch, jenem zu erklären, daß politische Arbeit einfach sei und einsehbar, daß er, Ritschard, eine Arbeit tue, die jeder verstehen könne. Nichts war ihm fremder als Geheimniskrämerei. Er war kein Magier, der seine Kraft aus seinen Geheimnissen schöpft, im Gegenteil, seine Kraft zur Arbeit fand er darin, daß er verstanden wurde. Er fürchtete sich, in seinem Amt zu vereinsamen, und daß er verstanden wurde, war ihm oft wichtiger als das Durchsetzen der eigenen Meinung. Das hat mit seiner Vorstellung von Staat, Gesellschaft und Demokratie zu tun. Er ließ sich nicht davon abbringen, die Demokratie so zu sehen, wie sie ihm etwa in der Volksschule erklärt wurde. Er war fest und fast naiv davon überzeugt, daß wir alle zusammen, auch mit dem Dümmsten unter uns, dieser Staat sind.

Gut, er selbst hat in diesem Staat Karriere gemacht und auch Karriere gewollt, und er war stolz darauf, ein Bundesrat zu sein. Aber wenn er mit den einfachen Leuten sprach, dann machte er wirklich den Eindruck, daß er dieses Amt von ihnen hatte, und wenn er ihre Stimme auch nicht mehr brauchte, er wollte von ihnen – vom Gießereiarbeiter, vom Bierfuhrmann, vom Bauarbeiter – gewählt und wiedergewählt sein. Nicht daß es ihm etwa an Selbstbewußtsein gefehlt hätte, aber sein Selbstbewußtsein funktionierte nur, wenn er verstanden wurde. Und wenn ich mich ab und zu aus Überzeugung oder auch nur aus Trotz weigerte, ihn zu verstehen, dann verfiel er in sein trotziges Schweigen, wie wenn er damit signalisieren wollte: «Ich spreche erst wieder, wenn du mich verstehen willst.»

Das war auch seine Vorstellung vom politischen Kompromiß: Versuchen, sich gegenseitig zu verstehen. Wer auch nur irgendwie recht hat, der hat auch das Recht, daß seine Meinung in den Ergebnissen sichtbar wird. Ritschard war keineswegs so entscheidungsfreudig, wie er gewirkt hat, aber sein Zögern war nicht etwa nur Schwäche, sondern der Ausdruck seiner Überzeugung. Er hätte es nicht gern gehört, aber ich meine es positiv: Ganz in seinem Grunde war er ein Konservativer. Dies gab ihm auch die Sicherheit, mit der er als Sprechender und Denkender freier und unkonventioneller sein konnte als andere.

Und wenn andere eines Tages entdecken, daß sie in der Volksschule über diese Demokratie beschwindelt wurden – er entdeckte es auch, aber er glaubte trotzdem dem idealen Lehrsatz mehr als den Mängeln der Realität. Er war tief staatsgläubig, und er war überzeugt, daß letztlich nur der Staat der Ort der sozialen Solidarität sein könne. Ich gebe gerne zu, daß ich seine Staatsgläubigkeit nicht immer teilen konnte, aber ich hatte trotzdem Hochachtung vor seinem Glauben. Der Staat war ihm mehr als nur eine äußere Organisation, er gehörte so zu seiner Person, wie der Glaube etwas Inneres ist. Er wurde nie so feurig und überzeugt in seinen Reden, wie wenn er vom Staat, von der Staatsidee sprach.

Deshalb gelang es ihm in seinem «Blick»-Interview, die Zürcher Unruhen nicht als staatsgefährdend zu sehen, weil er Staat nicht einfach gleichsetzte mit der prosperierenden Wohlstandsgesellschaft. Das war der Grund, wieso er Vertrauen erweckte: Weil er selbst Vertrauen hatte in die Staatsidee. Seine Zuhörer hatten den Eindruck, daß hier einer für das, was er vertritt, auch konsequent einsteht. Willi Ritschard war ein einfacher Mann – so einfach war er.

Ich verstehe, daß man mich fragt, wie wir zusammengearbeitet hätten. Ich weiß es beim besten Willen nicht, weil wir ohne jede Methode gearbeitet haben. Seine Methode hieß Gespräch. Ich erinnere mich nicht, daß wir das je als Arbeit empfunden hätten. Wir hielten unser Zusammensein immer für privat, so wie er alle Gespräche und selbst öffentliche Diskussionen als privat, ja fast als intim empfand.

Wenn ich das erwähnte «Blick»-Interview lese, kommen mir heute noch die Tränen. Ich empfinde es immer noch als einen privaten Brief an mich. Ich erinnere mich: Er hat mir einen Fragenkatalog des «Blicks» zugeschickt und mich gebeten, dazu Notizen zu machen. Meine Notizen gefielen ihm nicht, und als wir darüber reden wollten, ging es nicht. Wir hatten es damals noch aus anderen Gründen etwas schwer und hörten zwei Wochen nichts mehr voneinander. Eines Tages sollte ich nach Lausanne – ich hatte dort eine Veranstaltung –, und ich setzte mich mit dem «Blick» in den Zug. Ich wagte das Interview fast nicht zu lesen und erwartete eine Abkanzelung der Zürcher Jugend. Ich traute meinen Augen nicht, und bald taten sie ihren Dienst nicht mehr, weil ich weinte. Ich verließ in Biel den Zug, rief in Lausanne an, daß ich erst eine Stunde später kommen werde, versuchte Willi anzurufen und erreichte ihn nicht. Dann setzte ich mich mit diesem «Brief an mich» ins Bahnhofbuffet und las ihn immer wieder. Keine Zeile stammte aus meinen Notizen, und jede Zeile war mutiger als meine. Ich liebte ihn wieder und schwor mir, ihn nie mehr nicht mehr zu lieben. Ich würde viel drum geben, wenn es mir gelungen wäre. Wir hatten es noch oft schwer miteinander.

Aber meine Entwürfe und seine Reden wurden mehr und mehr zu so etwas wie einem Briefwechsel zwischen uns, ohne viel Ehrgeiz und ohne viel Eitelkeit, aber mit viel schweizerischer Schulmeisterei. Wir versuchten uns gegenseitig zu belehren. Oft hatte ich den Eindruck, er brauche meine Entwürfe nur, weil er ohne Gespräch nicht reden könne, und reden hieß bei ihm oft auch denken. Er hat mitunter Reden geschrieben gegen meine Entwürfe, aber wie war ich stolz und geschmeichelt, wenn er wieder einmal eine ganze Passage von mir übernahm oder – sehr selten – auch fast einen ganzen Entwurf. Er tat das nicht einfach so, sondern er schrieb vorerst alles von Hand ab. Er hatte es zu übernehmen, in seine Handschrift zu übernehmen, in seine Person zu integrieren. Niemand wird je erfahren, welche Stellen das waren, aber auf keine meiner eigenen Veröffentlichungen bin ich so stolz wie auf die anonymen Veröffentlichungen durch seine Person und seine Stimme. Ich hatte nie einen besseren Leser als ihn, nämlich einen Leser, der alles in seine Verantwortung übernimmt, einen Leser auch, der hartnäckig dagegen lesen kann.

Es ist eine lächerliche Vorstellung der Leute, daß ein Ghostwriter einfach das tut, was der andere nicht kann. Ich kenne seine Reden, und ich kenne viele seiner Reden, die er noch vor unserer Zeit als Regierungsrat gehalten hat – er konnte das, er konnte das mit seiner Person, mit seiner Stimme, mit seiner Überzeugung. Zur Popularität von Ritschard habe ich überhaupt nichts beigetragen, ich war auch als Entwerfer nichts anderes als sein Gesprächspartner. Wir haben uns über keine einzige Rede – nachdem er sie geschrieben und gehalten hatte – unterhalten oder sie gar analysiert. Der Prozeß war unsere Sache, das Resultat seine.

Und ich habe auch gewußt, wie hoch mein Risiko ist, wenn ich diese Arbeit antrete. Der Preis heißt Resignation. Ich habe zum voraus gewußt, daß der Blick hinter die Kulissen des Staates ein enttäuschender Blick werden würde. Nicht etwa, weil hinter diesen Kulissen Schreckliches und Korruptes und Unanständiges geschähe, sondern einfach deshalb, weil ein Staat immer so tut, als ob es da noch ganz viel an Geheimnissen gäbe, die eben nur ihm, nur dem innersten Kern des Bundeshauses bekannt wären. Mit nichtexistierenden Geheimnissen übt der Staat mitunter Macht aus.

Die Novosti-Geschichte ist einer der Beweise dafür. Als es Bedenken gab gegen die Schließung dieser Agentur – ich meine nicht, daß dieser Entscheid nicht rechtens war –, da behauptete man, man wisse eben noch viel mehr. Doch als dann durch Indiskretion der ganze Bericht bekannt wurde, war das, was man bereits wußte, schon alles.

Ich erwähne das nicht, weil Ritschard damals in Verdacht kam, die Indiskretion begangen zu haben. Er war es nicht gewesen, aber daß der Verdacht auf ihn fiel, war im Prinzip nicht unbegründet. Ritschard hat nie viel gehalten von Staatsgeheimnissen. Er wollte einen transparenten Staat, dem der Bürger vertraut, weil er ihn durch und durch kennt. Es fiel ihm jedenfalls sehr schwer, als Bundesrat Geheimnisträger sein zu müssen. Das fiel ihm oft schwerer als die Kompromisse, die er mit seinen bürgerlichen Kollegen eingehen mußte, denn mitunter hat er diese Geheimnisse nur als Geheimnisse des bürgerlichen Staates empfunden und nicht als die Geheimnisse des Staates schlechthin. Solche Belastungen – anderen mögen sie leichtfallen – haben ihm mehr zugesetzt als das, was man als Arbeit bezeichnet. Denn Staat hatte für ihn nie mit Macht zu tun, sondern mit Solidarität. Er hat den Juristen mißtraut, weil sie nicht im Gesprächston formulieren können, weil ihnen die Mündlichkeit fehlt, weil sie postulieren und nicht erklären. Politik war für ihn nichts anderes als Pädagogik. Sein berühmter Zeigefinger war nicht drohend, sondern erklärend. Sein Zeigefinger deutete mehr Engagement an als seine Faust: Der Staat hat sich nicht einfach dauernd zu behaupten, er hat sich dauernd zu erklären.

Ich habe einmal in der Beiz einen Arbeiter gehört, der offensichtlich nur deshalb, weil die anderen ihn so lobten, für einmal dagegen war. Er sagte: «Dieser Ritschard spricht so, daß ich ihn verstehe – das nützt mir gar nichts, er müßte so reden, daß ihn die Mächtigen verstehen. Er müßte mich dort, bei den Mächtigen, vertreten.» Das leuchtet fast ein bißchen ein. Aber Ritschard war offensichtlich aus Überzeugung anderer Meinung. Er versprach sich wenig davon, wenn man dem Staat, den Politikern den Arbeiter erklärt – er sah im Gegenteil seine Hoffnung darin, den Arbeitern den Staat zu erklären, denn würden sie den Staat verstehen, dann würden sie ihn auch besitzen.

Er war schon als Gewerkschafter, als Gemeindepräsident und Regierungsrat ein Mann mit pädagogischer Absicht. Was er hier tat, das war vorläufig – sein Ziel war ein anderes, nämlich ein Staat, der einer aufgeklärten Mehrheit gehört. Also betrieb er Aufklärung. Darauf verlegte er auch als Bundesrat seine ganze Kraft. Er hatte als Bundesrat nun auch die Prominenz, die mithalf, daß man dem Aufklärer zuhörte. Zählt man zusammen, was er als Bundesrat wirklich durchgebracht und verwirklicht hat, dann ist das gar nicht so viel. Seine politische Leistung ist eine pädagogische, seine Reden sind das Zentrum seiner Politik, er betrachtete sie nicht als Hilfsmittel, sondern als zentrale politische Aufgabe.

Man könnte ihm vorwerfen – und radikale Linke tun es –, daß er damit Vertrauen in einen bürgerlichen Staat geschaffen und so eher das Geschäft der Bürgerlichen betrieben habe als das der Sozialisten. Er hat auch das gewußt, und er hat auch das bewußt getan; denn er war überzeugt davon, daß man mit einem Arbeiter, der sein Vertrauen in das Staatsprinzip verliert, nie mehr einen Staat machen kann, auch keinen modernen, auch keinen sozialen.

Das fiel dem ehemaligen radikalen Jungsozialisten gar nicht so leicht. In seinem Herzen trug er noch die Revolution. «Wer sie ganz und für immer ausschließt, der kann kein richtiger Sozialdemokrat sein», sagte er mir einmal. Er hat sie für sich nicht ausgeschlossen, sondern eingeschlossen in seinem Herzen. In seinem Herzen, das ausgefüllt war mit politischen Hoffnungen und Träumen, ein gläubiger Konservativer, ein gläubiger Liberaler, ein gläubiger

Sozialist. Er hat sich mehr als einmal darüber beklagt, daß die schwachen Sozialdemokraten inzwischen fast alles hätten übernehmen müssen, den Liberalismus und den echten Konservatismus auch.

Kein Satz hat ihn so sehr geschmerzt wie jenes fast einleuchtende «Mehr Freiheit und weniger Staat». Er kannte keine andere Freiheit als die Freiheit der Gemeinschaft, die Freiheit in der gemeinsamen Ordnung. Er mißtraute anderen Freiheiten, weil er wußte und erfahren hatte, daß sie von den Schwachen nie benützt werden können. Deshalb brauchte er vorerst einen Staat, in den man vertraut, dem man vertrauen darf. Mitunter war sein Dilemma – das ihn oft fast zerrissen hat –, daß der Staat, den er verteidigte, ein bürgerlicher Staat war, aber auch ein Staat mit humaner Tradition, ein Staat mit demokratischen, mit liberalen und sozialen Möglichkeiten.

Ob so einer vielleicht doch ein Staatsmann war? Er hätte das von sich gewiesen, denn er selbst hatte von sich nie den Eindruck, daß er jetzt drin sitze im Staat und ein besonderer Teil dieses Staates sei. Und wenn wir wieder hinunterstiegen vom Berg – nachdem er erfolglos jemandem die Subventionen oder die gerechte Behandlung von ausländischen Arbeitern hatte erklären wollen –, dann sagte er: «Das si haut scho liebi Cheibe do obe.» Und: «Wenn man mit solchen spricht, dann hält man es wieder eine Woche in der Politik aus.» Nicht dafür liebte er sie, daß sie ihn verstanden, sondern vorläufig nur, daß sie ihm überhaupt zuhörten. Das war ihm vorläufig Hoffnung genug.

Vorläufigkeit, das verstand er unter Pragmatismus. Jedes politische Handeln war für ihn vorläufig. Er schob nicht Pragmatismus vor, um die großen Ziele zu verhindern, sondern er glaubte daran, daß man Schritt für Schritt vorgehen müsse. Auch dies im Grunde genommen aus pädagogischer Überzeugung. So wurde erst kürzlich im Abstimmungskampf von einer Zeitung behauptet, Ritschard selbst sei gegen die Bankeninitiative gewesen. Ich weiß, daß er dafür war – aber er hatte Bedenken, ob man das den Leuten beibringen könne. Der Schritt war ihm – nicht aus politischen, sondern aus pädagogischen Gründen – zu groß. Er hielt wenig von politischen Zielen, die an und für sich richtig waren, die ihm selbst absolut einleuchteten und ihm am Herzen lagen; er mußte eine Chance sehen, sie erklären zu können. Er hielt nichts von einer elitären Politik, weil er diese Demokratie, die man mit diesen einfachen Menschen machen muß, für eine soziale Errungenschaft hielt.

Ein Mensch mit einer solchen Überzeugung muß reden und reden und reden. Seine ganze Umgebung hat ihm dauernd gesagt, er müsse lernen, «nein» zu sagen, und nicht die hinterste Einladung zu einem Vortrag annehmen. Er hat auch geklagt über sein dauerndes Reden-halten-müssen. Er konnte nicht anders.

Aber nach und nach haben ihn alle verstanden, und keiner hat ihm mehr zugehört. Die Leute hatten sich so sehr mit ihm identifiziert, daß sie sich nicht mehr vorstellen konnten, daß Willi nicht genauso denke wie sie. Wie oft habe ich erlebt, wie nach einer Rede Leute zu ihm gekommen sind und ihn gelobt haben für etwas, von dem er genau das Gegenteil gesagt hat. Er hat sich hingesetzt und es noch einmal erklärt. Aber nach und nach hat ihn das müde gemacht. Er kam in die Situation des geliebten Lehrers, den man unabhängig davon, was er sagt, liebt; den man unabhängig davon, daß er Sozialdemokrat ist, liebt; den man unabhängig von seinen politischen Absichten liebt.

Sein eigenes Charisma hatte ihn eingeholt. Das Vertrauen, das er sich anfänglich mit seinen Äußerungen erwarb und mit dem er anfänglich erreichte, daß man ihm zuhörte, wurde mehr und mehr auf seine Person übertragen. Jeder einfache Mann in der Schweiz glaubte nun zu wissen, was Willi denke, nämlich genau dasselbe wie er. Man versuchte – und auch die Presse versuchte es –, ihn von seiner eigenen politischen Meinung zu trennen. Man versuchte es, indem man von einem Graben zwischen ihm und der Partei zu sprechen begann, indem man aus zwei politischen Freunden – Helmut Hubacher und ihm – persönliche Feinde machen wollte.

Er war zu stark geworden – seine Person wurde stärker als seine Sache. Das war nicht seine Schuld, sondern sein politisches Temperament. Aber ein Lehrer, der seine pädagogische Absicht nur an seinen pädagogischen Erfolgen mißt, der ist ein schlechter Lehrer. Man erklärt, weil es erklärt sein muß, weil es doch so etwas wie eine Wahrheit gibt, die man nicht im Stich lassen darf. Willi mag ein erfolgloser Lehrer gewesen sein – aber er war ein guter Lehrer, ein sehr guter Lehrer. Vielleicht erinnert sich einer seiner Tausenden von liebenden und unaufmerksamen Schülern später einmal daran.

Ich erinnere mich an die Tage nach seiner Wahl. Er war stolz darauf, er erzählte ganz privat, was er tun werde, und er schlug dazu mit der Faust auf den Tisch. Und ich erinnere mich an seine kleine Angst davor, die er nicht gezeigt hat, die er überspielte, an seine kleine Angst, ob er das denn auch so gut könne, wie er das wolle; ich erinnere mich an das Tonbändchen, mit dem er Französisch lernte, etwas lernte, das alle anderen bereits konnten. Ein Mann, der die oberste Stufe seiner politischen Karriere erreicht, beginnt zu lernen. Er hat das nicht nur in dieser Sache getan. Er hat gelernt und gelernt und gelernt.

Er wußte, daß er den Beweis anzutreten hatte, daß so einer wie er das könne. Er wußte, daß er nun zu beweisen hatte, was man ihm in der Schule beigebracht hatte – und was auch in der Verfassung steht –, daß jeder Bürger Bundesrat werden kann. Er wußte, daß er vor diesem Satz der Verfassung nicht scheitern durfte. Er wußte auch, daß andere das vielleicht dürfen. Das war seine große Belastung, und von der hat er mit niemandem gesprochen. Sie hat ihn einsam gemacht.

Ich habe diesen Willi Ritschard von sehr nahe gesehen. Ich bin dankbar für diese Nähe. Aber auch ich kenne eigentlich nur den politischen Willi Ritschard – über sich selbst sprach er nicht, kein Wort, seine Ängste mußte man erahnen. Er glaubte daran, daß er sich zur Verfügung zu stellen habe, und er hat sich ganz zur Verfügung gestellt, mit Haut und Haar.

Lieber Willi, unsere Freundschaft erinnert mich ab und zu an Dein Verhältnis zum Staat. Du hast am Montag oft gelitten wie ein Arbeiter, wenn Du nach «Bern» mußtest. Dein Staat, den Du als Idee so liebtest, fand für Dich eher am Tisch des «Hofberglis» statt als in Bern. Aber du hast einen Staat gewollt, mit der ganzen Kraft Deines Herzens einen Staat gewollt, und du hast dauernd versucht, dies zu erklären.

Lieber Willi, wir wollten Freunde werden, das ist uns auch nicht sehr gelungen, aber eine Freundschaft war es zum mindesten schon.

«Zum mindesten ist es ein Staat, der versucht, human, sozial und demokratisch zu sein», hast Du gesagt. Willi, ich habe Dich gern, und weil Du dieses Land so liebtest, habe ich es auch ein bißchen gern.

Vorhergehende Seite: Willi Ritschard nach seiner Wahl am 5. Dezember 1973 bei der Vereidigung: Vom Solothurner Regierungsrat wechselte er in den Bundesrat. Links Bundesrat Hans Hürlimann, zwischen den beiden Ritschards zukünftiger Nachfolger, Otto Stich.

Unten links: Der Verkehrsminister mit dem Helikopter unterwegs.

Unten: Der Energieminister im Kühlturm des Kernkraftwerkes Gösgen.

Die Mittwochsitzung des Bundesrats: Von links nach rechts Fritz Honegger, Bundespräsident 1982, Bundesrat Hans Hürlimann, Bundesrat Leon Schlumpf, Vizekanzler François Couchepin, Bundeskanzler Walter Buser, Vizekanzler Achille Casanova, Bundesrat Pierre Aubert und Willi Ritschard. Verdeckt hinter ihm Bundesrat Georges-André Chevallaz; auf diesem Ausschnitt fehlt Bundesrat Kurt Furgler; er sitzt links neben dem Bundespräsidenten.

Willi und Greti im Bundeshaus.

Unten: Die Freunde auf der sonntäglichen Wanderung. Auch der Widerspruch von Peter Bichsel brachte Willi Ritschard manchmal ins Schwitzen.

Rechts: Der leidenschaftliche Wanderer auf dem Balmberg.

Folgende Doppelseite: Der Garten war für den Politiker ein wichtiger Ort der Entspannung.

Willi Ritschard mit seinem Enkel Dani, links in Luterbach, rechts in den Tessiner Ferien.

Fußball war für Willi Ritschard mehr als die Bundesratspflicht, am Cupfinal den Pokal zu übergeben.

An einem Ball konnte er nicht vorbeigehen, ohne danach zu treten...

Folgende Doppelseite: Der Bundespräsident spricht am Neujahrsempfang 1978 vor dem diplomatischen Corps.

Seite 32: Willi Ritschard, nachdenklich, müde...

Rede zum Putsch in Chile

12. Dezember 1973

Am 12. Dezember 1973 ist Willi Ritschard bereits als Bundesrat gewählt, aber noch nicht im Amt. Zum Rechtsputsch in Chile nimmt er trotzdem kein Blatt vor den Mund.

Ich bin stolz darauf, in die Regierung eines demokratischen Landes gewählt worden zu sein. Ich werde als Sozialdemokrat in diese Regierung gehen, und ich werde als Sozialdemokrat dort arbeiten.

Ich weiß, daß das schwer ist, und ich weiß, daß Demokratie etwas Schweres ist. Auch in unserem Land gibt es eine mächtige Minderheit, der demokratisches Denken oft schwerfällt. Sie hält den Satz «Alle Macht dem Volk» für linksextrem, dabei ist er nichts anderes als die Grundlage der Demokratie.

Nach den Ereignissen in der Tschechoslowakei konnte man auch in bürgerlichen Kreisen hören, daß Sozialismus und Demokratie sich gegenseitig bedingen, und es ist wahr, es gibt nur einen demokratischen Sozialismus. Es gibt aber auch nur eine soziale Demokratie.

Heute wird davon gesprochen, daß in Chile Allendes Experiment gescheitert sei. Aber das war kein Experiment, sondern eine legale, vom Volk gewählte Regierung, und sie ist nicht gescheitert, sondern mit Waffengewalt zerstört worden. Gescheitert sind letztlich jene, die den Beweis liefern mußten, daß sich die bourgeoise Politik einer mächtigen Minderheit nur noch mit Gewalt durchsetzen läßt.

Diese Minderheit aber ist in der ganzen Welt mächtig. Multinationale Konzerne entziehen sich mehr und mehr der Kontrolle des Staates und versuchen – über die Grenzen der Staaten hinweg –, die Macht über eine ganze Welt an sich zu reißen. Es ist eine große Illusion, wenn jemand glaubt, daß solche außerstaatlichen Machtkonzentrationen nur eine Gefahr für arme Entwicklungsländer seien.

Wer auch die Drahtzieher immer waren, eines ist sicher, die Militärs in Chile haben nicht in eigener Regie gehandelt – Chile hat seine Unabhängigkeit verloren. Ausländische Drahtzieher arbeiten – wo auch immer – unter dem Deckmantel des Patriotismus, der vaterländischen Gesinnung. Was sind das für Patrioten, die nichts anderes als ihren eigenen Profit meinen? Was sind das für Vaterländer, in denen das Volk nicht würdig leben kann?

Wir Schweizer neigen dazu, uns zum vornherein sicher zu fühlen – das ist eine gefährliche Tradition. Denn dieselben Kräfte können

Es ist wahr, es gibt nur einen demokratischen Sozialismus. Es gibt aber auch nur eine soziale Demokratie.

Unsere Demokratie ist keine natürliche Selbstverständlichkeit. Wir müssen uns tagtäglich um sie bemühen. Wir müssen für sie arbeiten und für sie kämpfen. Wenn wir sie nicht dauernd neu errichten, geht sie zugrunde.

Wir Schweizer neigen dazu, uns zum vornherein sicher zu fühlen.

auch unsere Demokratie gefährden, weil eine Staatsform ihnen nur so lange etwas wert ist, als sie ihren persönlichen Interessen dient.

Deshalb sind die Ereignisse in Chile für uns mehr als nur Vorkommnisse in einem anderen Land. Wir haben uns Gedanken dazu zu machen. Gedanken darüber, wo wir selbst stehen, Gedanken darüber, wieviel uns unsere eigene Demokratie wert ist, denn unsere Demokratie ist keine natürliche Selbstverständlichkeit – auch sie ist dauernd in Gefahr – und wir müssen uns tagtäglich um sie bemühen. Wir müssen für sie arbeiten und für sie kämpfen. Wenn wir sie nicht dauernd neu errichten, geht sie zugrunde.

Über den Sinn des Sportes

26. OKTOBER 1974

Mit seiner Rede zum hundertsten Geburtstag des Schweizerischen Arbeiter-, Turn- und Sportverbandes (Satus) löst Willi Ritschard heftige Diskussionen aus. Grund ist folgender Satz über den Spitzensport: «Je höher der Affe steigt, desto mehr sieht man nur noch seinen Hintern.»

Wir scheinen in einer Zeit diesen Planeten zu bevölkern, wo auf breiter Ebene der Sport daran ist, sich selbst ad absurdum zu führen. Ihr kennt das Beispiel Fußball. Natürlich kann man sich als Sportler der Faszination dieser Gladiatorenspiele nur schwer entziehen. Auch ich begeistere mich am Fernsehen für athletische Leistungen, für Körperbeherrschung und witzige Spieleinlagen. Ich begeistere mich an der Schau. Aber ich begeistere mich immer nur so lange, als ich mir nicht des Preises bewußt werde, der hier Bestandteil des Spitzensportes geworden ist. Und ich meine mit «Preis» nicht nur die Unsummen von Geld, die durch den Fußball in Bewegung gesetzt werden. Ich meine damit, daß hier ein sinnvolles Spiel mehr und mehr zum sinnlosen Ernst umfunktioniert wird, daß man hier aus jungen Menschen nicht gesunde Menschen, sondern gerissene, mit allen Wassern gewaschene Geschäftsleute züchtet.

Was wir beim professionellen Fußball (und auch anderswo) zu sehen bekommen, ist eine Parodie auf Begriffe wie Volkssport oder Volksgesundheit. Hier kann man wirklich sagen: Je höher der Affe steigt, desto mehr sieht man nur noch seinen Hintern. Daß der Sport völkerverbindend sein kann, davon bin ich überzeugt. Aber ich glaube auch, daß das, was man heute an Welt- und andern Meisterschaften an Nationalismus und an Chauvinismus sehen, hören und spüren kann – ich denke an Fußball und anderes –, eher eine Parodie auf die Verbindung der Völker ist. Hier, so scheint es oft, werden haßerfüllte Kriege gewonnen oder verloren, und es sind – wenn auch in Südamerika – wegen einem verlorenen Fußballmatch schon Kriege erklärt worden. Es findet sich leider für jeden Blödsinn einer, der ihn macht.

Dabei ist es natürlich, daß Sport mitunter auch mit Wettkampf und Kräftemessen zu tun haben muß. Ich erinnere mich selber auch daran, daß es Lust und Befriedigung verschaffen kann, ein Tor zu schießen, wenn der Ball nicht gerade in das eigene fliegt. Ich habe selber auch schon den Kopf etwas höher getragen, wenn ich eine besonders anstrengende, lange und auch beschwerliche Wanderung hinter mir hatte. Vielleicht überflüssigerweise auch noch in einer Zeit, die einem andern Eindruck machte. Man wird bekanntlich nicht nur gescheiter mit dem Alter, in vielem ist es eher umgekehrt.

Ich kenne viele kranke und invalide Menschen, die bei weitem mehr Geist haben als jeder Kraftprotz.

Was wir heute zu gern vergessen, ist, daß der sportliche Wettkampf vor allem immer wieder ein Wettkampf mit sich selber sein muß. Es sollte nicht in erster Linie darum gehen, den anderen zu überwinden. Sich selber sollte man überwinden. Seine eigene Leistung sollte man zu steigern versuchen und sich selbst beherrschen lernen. Das sind wichtige Voraussetzungen zur Bildung einer Gemeinschaft. Und in diesem Sinne sollte der Sport politisch werden, nämlich mithelfen, eine Polis, eine Gemeinschaft zu bilden.

Wenn von Auswüchsen des Sportes gesprochen wird, denkt man vor allem an den Professionalismus. Aber ähnliches ist auch im Amateursport möglich. Auswüchse im Sport haben nicht nur mit der Frage «damit etwas verdienen» oder «nichts verdienen damit» zu tun.

Der Soziologe Iring Fetscher hat in einem Aufsatz über Sport und Arbeit festgestellt, daß bis ins letzte Jahrhundert hinein Sport ausschließlich eine Angelegenheit der Wohlhabenden und Noblen war. Dabei, so Fetscher, ging es ihnen nicht etwa in erster Linie um Gesundheit und körperliche Ertüchtigung. Die Herren wollten zeigen, daß sie es sich leisten können, sich zu bewegen, ohne Geld verdienen zu müssen.

Vielleicht hat sich ein Teil dieses Denkens auch in die olympischen Amateurregeln eingeschlichen. Ein olympischer Amateur muß ja nur nachweisen, daß er mit dem Sport nichts verdient. Daß er daneben auch noch etwas arbeitet, muß er nicht beweisen. Er schwört auch keinen olympischen Meineid, wenn er ein Vermögen in die Ausrüstung und in das Training investiert und sich damit in Startlöcher stellen kann, die ein paar Meter vor denen der andern liegen.

Zur Zeit der Gründung des Grütli-Turnvereins, vor hundert Jahren, war jedenfalls die Vorstellung, Sport sei eine Angelegenheit der Noblen, noch stark verbreitet, und in einzelnen Sportarten ist man auch erst in unserer Zeit daran, sich von diesem Denken zu lösen.

Aber es waren nicht etwa nur die Noblen, die den Arbeiter daran hindern wollten, Sport zu betreiben. Selbst in den eigenen Reihen gab es deswegen großen Widerstand. Noch 1910 ist Herman Greulich in einer Schrift, die von den Zürcher Sozialdemokraten herausgegeben wurde, in deutlichen Worten gegen die Sportfeindlichkeit innerhalb der eigenen Reihen aufgetreten. Er hat geschrieben:

«Ein Genfer warnte die Arbeiter davor, in Turnvereine zu gehen. Da es viele Arbeiterturnvereine gibt und solche leicht zu gründen sind, ist diese Warnung ganz sinnlos. Aus lauter Antimilitarismus soll der Arbeiter darauf verzichten, seinen Körper durch angemessene Übungen zu kräftigen, gelenkig zu machen, zu stählen und das Selbstvertrauen zu gewinnen, das im Bewußtsein des sichern Gebrauchs der Glieder beruht...»

Und an anderer Stelle sagte Greulich einmal, daß die Gründung auch des kleinsten Arbeitervereins von größerer Bedeutung für die Kulturentwicklung sei als ein wichtiger Parlamentsbeschluß.

Jedenfalls gab es innerhalb und außerhalb der Arbeiterbewegung Gegner des «Sport-für-alle»-Gedankens, wenn auch aus verschiedenen Gründen. Und wenn es Sektionen des Grütlivereins gab – der ja

Was wir heute zu gern vergessen, ist, daß der sportliche Wettkampf vor allem immer wieder ein Wettkampf mit sich selber sein muß.

Ein olympischer Amateur muß ja nur nachweisen, daß er mit dem Sport nichts verdient. Daß er daneben auch noch etwas arbeitet, muß er nicht beweisen.

eher eine politische Vereinigung war –, die die Teilnahme am Turnunterricht für alle Mitglieder als obligatorisch erklärten, so waren das sicher große Ausnahmen, wenn auch bemerkenswerte. Ich glaube, es würde auch unsern heutigen Parteitagen nichts schaden, wenn man sie von Zeit zu Zeit mit ein paar Freiübungen auflockern würde, damit dieser oder jener Teilnehmer hier etwas seinen Schnauf verliert.

Schon vor hundert Jahren, als man um den Elfstundentag kämpfen mußte, kannte man das Argument, daß die Leute mit der Freizeit nichts anfangen könnten. Das hören wir auch heute noch. Und es ist nicht zu bestreiten: Freizeit sinnvoll zu gestalten, das mußte und muß gelernt sein. Die Noblen der vergangenen Jahrhunderte wurden jedenfalls darin geschult.

Gerade hier übernahmen die kulturellen Arbeitervereine eine wichtige Schulungsarbeit: Eine Schulungsarbeit, von der ich den Eindruck habe, daß sie von unserer Volksschule heute noch stark vernachlässigt wird. Den Menschen auf sein Leben vorzubereiten muß auch heißen, ihn auf seine Freizeit vorzubereiten. Mit der Vorbereitung auf Arbeit und erarbeitetes Geld allein läßt sich kein Leben sinnvoll gestalten. Wahrscheinlich gerade aus dieser Erkenntnis heraus ist es dem Satus gelungen, aus dem Sport eine andere Sache zu machen als eine neue Arbeit. Zum Beispiel vom steifen Kraftsport wegzukommen, Sport als lustbetonte Tätigkeit aufzufassen, deren Ziel nicht ein äußerer, sondern ein innerer Erfolg ist.

Ich denke dabei immer an das Beispiel Finnland, um nicht nur immer uns selbst loben zu müssen. Kaum sonstwo hat die Arbeitersportbewegung eine so breite Wirkung gehabt wie in Finnland. Es gibt auch heute noch kaum ein anderes Land mit so vielen aktiven Sportlern. Man muß aber in dieses Land selbst gehen, um sich davon zu überzeugen. Denn im internationalen Wettkampf sieht man eher selten Finnen auf dem Siegerpodest. Und zwar wohl deshalb, weil ihre Auffassung von Sport nicht in erster Linie den Sieg meint.

Ich gebe es gern zu, auch ich freue mich, wenn man nach einem Wettkampf einem Schweizer eine Medaille an den Hals hängt. Ich bin kein Gegner von Wettkämpfen, und in einem Wettkampf versucht man selbstverständlich zu siegen. Aber ich fürchte mich davor, wenn diesem Sieg alles geopfert wird: die Gesundheit und jede freie Minute. Wenn jedes Getränk, jede Nahrung, die man einnimmt, sozusagen jeder Schritt, den man tut, diesem einen Ziel – zu siegen – zu dienen hat. Hier wird dann so etwas gezüchtet wie ein Sportkrüppel, und wir wissen alle, daß dies nicht nur im sogenannten Professionalismus, sondern auch mit Amateuren geschieht.

Der vielzitierte Satz: «In einem gesunden Körper ein gesunder Geist» heißt sicher nicht «in einem übertrainierten Körper ein gesunder Geist». Ganz abgesehen davon, daß in einem Menschen, der durch und durch aus Körper besteht, kein Geist mehr Platz hat. Der totale Sportler ist ein halber Mensch. Und was für vieles gilt, gilt auch hier: Der Sport hat dem Menschen zu dienen, nicht der Mensch dem Sport. Der Tiger im Tank nützt nichts, wenn ein Esel am Steuer sitzt.

Ich glaube, es würde auch unsern heutigen Parteitagen nichts schaden, wenn man sie von Zeit zu Zeit mit ein paar Freiübungen auflockern würde, damit dieser oder jener Teilnehmer hier etwas seinen Schnauf verliert.

Ich bin kein Gegner von Wettkämpfen, und in einem Wettkampf versucht man selbstverständlich zu siegen. Aber ich fürchte mich davor, wenn diesem Sieg alles geopfert wird: die Gesundheit und jede freie Minute.

Willi Ritschard am Eidgenössischen Hornusserfest 1982 in Belp.

Im übrigen ist der Spruch vom «gesunden Geist in einem gesunden Körper» eine so dumme Redensart, daß nicht einmal das Gegenteil richtig sein kann. Ein gesunder Körper ist nämlich auch nicht immer das Produkt eines gesunden Geistes, obwohl das auch sehr klug klingt. Ich kenne viele kranke und invalide Menschen, die bei weitem mehr Geist haben als jeder Kraftprotz. Gottlob gibt es heute auch einen Invalidensport, der zeigt, daß Sport nicht nur ein Privileg gesunder Körper ist.

Verbände aller Sorten laufen gerne Gefahr, daß sie nur noch ihr eigenes und einziges Ziel vor Augen haben und schließlich dem Glauben verfallen, daß im Erreichen dieses einen Zieles der Sinn des Lebens liege. Der Satus hat den großen Vorteil, daß er zwei Dingen verpflichtet ist: der Arbeiterbewegung und dem Sport. Dadurch werden seine Bemühungen um den Volkssport zu einer echten kulturellen Aufgabe. Wenn im Satus Sport betrieben wird, dann nicht einfach als Selbstzweck. Man hofft dabei auf eine Ausstrahlung auf alle Bereiche des Lebens.

Mit dieser Haltung ist das Jagen nach Rekorden, das Züchten von Spitzensportlern und von Siegern unvereinbar. Sicher ist es erfreulich, wenn auch aus dem Satus Spitzensportler (wenn auch wenige) hervorgegangen sind. Aber sie waren nie das erstrebenswerte Ziel. Es waren Nebenprodukte, die gerade als Ausnahmen die gesamte Arbeit bestätigten. Sicher bleibt es dabei richtig, neue Wettkampfmöglichkeiten zu suchen. Vor allem der Jugend immer wieder Gelegenheit zu geben, sich mit andern zu messen. Aber der letzte Platz in der Rangliste ist nach wie vor der bessere als der beste auf der Zuschauertribüne.

Die Qualität einer Satus-Sektion läßt sich eher daran messen, wie viele Untalentierte sie begeistern als wie viele Talentierte sie fördern kann. Die Sektion mit den durchschnittlichsten und untalentiertesten Turnern wäre dann in diesem Sinne die beste.

Der Schweizerische Grütli-Turnverein, dem später der Arbeiterturnverein folgte und aus dem der Schweizerische Arbeiter-Turn- und Sportverband hervorging, hat in diesem Sinne Pionierarbeit geleistet. Ohne diese Organisationen wäre der geistige und der kulturelle Aufstieg der Arbeiter vom Lohnknecht und Proleten zu selbstbewußten Staatsbürgern wahrscheinlich nicht in dieser Weise möglich geworden.

Es ist bei einem Jubiläum üblich, daß man auf die großen Namen der Bewegung hinweist und ihre Leistungen würdigt. Ich glaube aber, dem Satus entspricht es eher, wenn man all der Namenlosen seiner Bewegung gedenkt. All jener, die auf keiner Rangliste figurieren. All jener, die mit viel Mühe und Aufwand vielleicht kleine Sektionen gegründet und geführt haben. Der unbekannten Kassierer, Aktuare und Vorstandsmitglieder, die sich für Sportplätze und Turnhallen eingesetzt haben. Und all jener, die mitgemacht haben, mitgeturnt, sich mitgefreut und mitgetragen haben.

Der totale Sportler ist ein halber Mensch. Und was für vieles gilt, gilt auch hier: Der Sport hat dem Menschen zu dienen, nicht der Mensch dem Sport.

Der letzte Platz in der Rangliste ist nach wie vor der bessere als der beste auf der Zuschauertribüne.

Trauerrede für Bundesrat Max Weber

6. DEZEMBER 1974

Für Willi Ritschard war Max Weber Freund, politischer Lehrer und auch Vater, wie er in dieser Rede bekennt.

Max Weber versuchte mit seiner ganzen Kraft, sich an diesem Leben zu freuen. Aber er gehörte zu den Menschen, die nur glücklich sein können, wenn sie Glück mit andern teilen können.

Max Weber ist von uns gegangen. Ich habe die Aufgabe, für die heutigen und für die früheren Mitglieder des Bundesrates ihm hier zu danken. Ganz besonders aber nehme ich von ihm als dankbarer Schüler und als ein Mensch Abschied, der zu seinem engen Freundeskreis gehören durfte.

Nicht allein seine Kinder verlieren mit ihm einen guten Vater. Eine ganze Generation schweizerischer Arbeitnehmer, Gewerkschafter und Sozialdemokraten werden nach dieser Stunde ein schmerzliches Gefühl der Verlorenheit empfinden. Wir spüren, daß wir ärmer geworden sind. Wir haben an Halt verloren.

Mir scheint, daß mit dem Tod von Max Weber auch eine Zeit zu Ende geht. Max Weber war nicht das, was man einen Vollblutpolitiker nennt. Es fehlte ihm die Lust an der Macht, und es fehlte ihm dazu auch der persönliche Ehrgeiz. Fanatismus war ihm fremd.

Die Verpflichtung zur Politik hatte bei ihm eine Selbstverständlichkeit, die selten ist. Und in dieser Selbstverständlichkeit lag das Väterliche in Max Webers Wirken. Ich bestaunte immer wieder seinen stillen Mut, seine stille Tapferkeit. Und ich fragte mich oft, woher er sie bezog. Es schien, als hätte er keine Motivation nötig zum Politisieren, außer der einen: der Liebe zum Menschen, der Liebe zu diesem Leben und auch der Liebe zu seinem Land.

Max Weber versuchte mit seiner ganzen Kraft, sich an diesem Leben zu freuen. Aber er gehörte zu den Menschen, die nur glücklich sein können, wenn sie Glück mit andern teilen können. Zu jenen, die wissen, daß keiner unter Unglücklichen glücklich sein kann. Dieses Teilen hieß für ihn Politik, und dieses Teilen hieß für ihn auch bis zum Ende seines Lebens mitteilen.

Max Weber wurde mir Freund, Lehrer und – weil ich Waise war – auch mein Vater. Von ihm lernte ich, was Sozialdemokrat sein heißt. Von ihm bekam ich das Rüstzeug, um als Sozialdemokrat und Gewerkschafter arbeiten zu können.

Schlagworte waren nicht seine Sache. Er war der Mann des geduldigen Erklärens. Er war viel mehr ein Arbeiterlehrer als ein Arbeiterführer. Er war kein brillanter, mitreißender Führer. Aber gerade weil er das nicht war, vertraute man ihm. Bei jedem seiner geschriebenen und gesprochenen Sätze wußte man, daß hier jemand ein Anliegen zu vertreten hatte und eine Einsicht sichtbar machen wollte. Max Weber stellte nie sich selber, er stellte immer nur die Sache dar. Er war ein begeisternder Mann. Aber auch Begeisterung war bei ihm etwas Stilles. Ein inneres Feuer.

Ebenso selbstverständlich war ihm Arbeit. Er war ein harter, ausdauernder Arbeiter. Ich habe nie gehört, daß er sich über zuviel Arbeit beklagt hätte. Im Gegenteil. Er nahm jede neue Arbeit und jede neue Aufgabe dankbar an, und keine war ihm zu unbedeutend. Er fragte nie und dachte auch nie nur einen Augenblick, ob ihm Arbeit Gewinn brächte. Er fragte immer, ob sie andern nützen könnte.

Der Wissenschafter Max Weber verstand Wissenschaft so, daß Wissen zur Praxis verpflichtet und vor allem, daß Wissen dem Menschen zu dienen hat. In der Arbeiterschule, die seine Schule war, haben wir nicht nur die Fakten gelernt. Wir haben auch ein Verhältnis zum Wissen an und für sich bekommen. Er hat uns die Angst vor der Wissenschaft genommen, die vorher mancher von uns als eine Sache betrachtete, zu der wir keinen Zutritt hatten. Wissenschaft hieß für ihn, sich verständlich machen, Zusammenhänge klären und erklären. Er machte keinen Unterschied zwischen Lehren und Lernen. Er war geduldig im Zuhören, und er war geduldig im Sprechen.

Zwei Schweizer Arbeiterführer haben ihn ganz besonders geprägt, Leonhard Ragaz und Hermann Greulich. Für beide hatte er eine große Verehrung.

Max Weber sagte 1955 an einem Gewerkschaftskongreß: «Drei Generationen haben mitgeholfen, die Arbeiterbewegung zu dem zu machen, was sie heute ist. Die erste Generation war die der Pioniere und Gründer. Als ihren bekanntesten Vertreter nenne ich Herman Greulich. Die zweite Generation wird verkörpert durch Männer, die mit ergrauten Häuptern unter uns sind wie Robert Grimm. Es ist die Generation, die den Ausbau der Arbeiterbewegung zur heutigen Stärke zustandebrachte, die ihr die Richtung in ihrer praktischen Tätigkeit wies und die am Aufbau der Sozialpolitik maßgebend beteiligt war. Die dritte Generation ist heute am Steuer und sucht sich im Kampf um den weitern Aufstieg des werktätigen Volkes ihrer Vorkämpfer würdig zu erweisen.»

Max Weber ist – ich empfinde es so – die hervorragendste Persönlichkeit dieser dritten Generation. Er hat sich seiner Vorläufer und Vorbilder gerade deshalb würdig erwiesen, weil er sie nicht nachzuahmen versuchte. Er hat sich mit seinen Voraussetzungen und mit seinen Fähigkeiten in die Bewegung eingereiht, in deren Dienst zu stehen er sich zur Lebensaufgabe gemacht hatte.

Ich weiß nicht, ob der Name Max Weber in der Geschichte den Klang von Herman Greulich und Robert Grimm erhalten wird. Er selber hätte wahrscheinlich einen solchen Gedanken weit von sich gewiesen. Aber ich bin überzeugt, daß seine Arbeit dasselbe Gewicht hat und behalten wird wie die Arbeit seiner großen Vorbilder.

Max Weber hat nie geschwiegen, wenn er etwas zu sagen hatte, und er hat gekämpft, wenn es etwas zu erkämpfen gab. Er war kein Schweigender. Aber ein Stiller. Er gehörte nicht zur schweigenden Mehrheit. Er gehörte zur stillen, aktiven Minderheit.

Solidarität war für ihn immer eine Frage der persönlichen Bescheidenheit. Nicht zuletzt diese Bescheidenheit war mit schuld daran, daß sein unvermittelter Rücktritt aus dem Bundesrat nach der

Ich weiß nicht, ob der Name Max Weber in der Geschichte den Klang von Herman Greulich und Robert Grimm erhalten wird. Er selber hätte wahrscheinlich einen solchen Gedanken weit von sich gewiesen. Aber ich bin überzeugt, daß seine Arbeit dasselbe Gewicht hat und behalten wird wie die Arbeit seiner großen Vorbilder.

Verwerfung «seiner» Finanzordnung von 1953 von seiner Partei verstanden und akzeptiert wurde. Man hatte Vertrauen in seine persönlichen Entscheide, weil man wußte, daß sie nicht irgendeinem persönlichen Stolz oder Trotz entsprangen. Man hatte Vertrauen, weil man wußte, daß bei ihm ein Abschied von einem Amt nie den Abschied von der Politik bedeuten konnte.

Sein Rücktritt war zu bedauern. Unser Land verlor mit ihm einen bedeutenden Bundesrat, und mancher – auch aus andern politischen Lagern – wird gerade in unserer heutigen finanziellen Situation an jenen 6. Dezember 1953 zurückdenken müssen. Es lohnt sich heute noch, seine Vorstellungen vom Finanzhaushalt des Bundes anzuschauen. Wegweisend könnten sie heute noch sein, zwanzig Jahre später, nur daß sie noch dringlicher geworden sind.

Ich kann und will hier nicht auf die vielen Aktivitäten und die unglaublich zahlreichen Arbeiten von Max Weber eingehen. Sie werden nachwirken, und es wird lange dauern, bis wir sie in ihrer ganzen Fülle überblicken können.

Aber ich muß zum Schluß auch von meiner persönlichen Beziehung zu Max Weber sprechen, weil ich es ihm selber nie sagen konnte und weil er es auch nicht hätte hören wollen. Als ich 1943 als Sekretär zum Schweizerischen Bau- und Holzarbeiterverband kam, war Max Weber Präsident dieses Verbandes. Die Arbeit mit ihm prägte mich. Er wurde mir Freund, Lehrer und – weil ich Waise war – auch mein Vater. Von ihm lernte ich, was Sozialdemokrat sein heißt. Von ihm bekam ich das Rüstzeug, um als Sozialdemokrat und Gewerkschafter arbeiten zu können.

Ab 1955 saßen wir zusammen im Nationalrat, und er stand mir bis heute mit Rat und guten Worten zur Seite. Wenn ich sage, daß ich ihm viel zu verdanken habe, dann meine ich damit nicht eine politische Karriere, sondern Einsichten in dieses Leben. Ich sage das hier stellvertretend für all jene, hier und in der ganzen Schweiz, die ein ähnliches Verhältnis zu ihm haben durften. Max Weber hat nicht allein seine leiblichen Kinder hinterlassen. Ich weiß, daß er in diesem Land viele angenommene Söhne und Töchter hat. Und daß wir viele sind, ist uns in dieser Stunde auch ein Trost.

Max Weber hat von drei Generationen in der schweizerischen Arbeiterbewegung gesprochen. Ich hoffe aus ganzem Herzen, daß er zu einem Vorbild der vierten Generation wird. Ich hoffe auch, daß es diese vierte Generation gibt, denn der Weiterbestand der Arbeiterbewegung ganz besonders wird seinem Leben den wahren Sinn geben.

Was der neunundzwanzigjährige Max Weber 1926 gesagt hat, muß für diese Bewegung seine Gültigkeit behalten: «Nicht wissenschaftliche Erkenntnis, sondern das Sittengesetz bildet die Grundlage, um die Welt umzugestalten. Nur aus einem Sozialismus, dessen Wurzeln der Glaube an die Gerechtigkeit und die Liebe zur Menschheit sind, kann die ungeheure Kraft kommen, die nötig ist zur Erneuerung des menschlichen Lebens und zum Aufbau einer wirklichen Gemeinschaft.»

Wir wollen dieses Vermächtnis mitnehmen und so diesen lieben, gütigen, klugen und großen Max Weber in uns weiterleben lassen.

Max Weber hat nie geschwiegen, wenn er etwas zu sagen hatte, und er hat gekämpft, wenn es etwas zu erkämpfen gab. Er war kein Schweigender. Aber ein Stiller. Er gehörte nicht zur schweigenden Mehrheit. Er gehörte zur stillen, aktiven Minderheit.

Max Weber stellte nie sich selber, er stellte immer nur die Sache dar. Er war ein begeisternder Mann. Aber auch Begeisterung war bei ihm etwas Stilles. Ein inneres Feuer.

Sozialdemokratisches Regieren

22. MÄRZ 1975

Am Parteitag der Zürcher Sozialdemokraten erklärt Willi Ritschard seinen linken Genossen den Sinn der SPS-Regierungsbeteiligung

Das Thema «Sozialdemokratisches Regieren» habe ich nicht selber gewählt. Ich hatte eher etwas Mühe, zu diesem Titel einen Vortrag zu basteln. Deshalb halte ich mich nicht allzu tierisch an das Thema. Ich hoffe dabei zuversichtlich, daß Sie sich bei Ihrem Urteil über meine Rede daran erinnern, daß wir vor allem auch deshalb zwei Augen haben, damit man gelegentlich eines zudrücken kann.

Regieren, Regierung, Regierungsverantwortung sind große, fast etwas pathetische Worte. Eigentlich sollte ein echter Demokrat ein bißchen Hühnerhaut bekommen, wenn er sie hört. Wir lernen zwar bereits in der Schule, daß in der Schweiz das Volk regiere. Trotzdem werden aber Begriffe wie «regieren» und «Regierung» bei uns meistens auf den Bundesrat bezogen. Mit den «Herren von Bern» (oder etwas freundlicher «die z'Bärn obe»), die nichts machen und auch dabei noch versagen, sind fast immer die sieben Bundesräte gemeint. Nur selten die Bundesversammlung und auch nicht die Verwaltung. Der Bürger weiß wenig über die Kompetenzen des Bundesrates. Sie werden dauernd überschätzt, und viele Leute haben geradezu märchenhafte Vorstellungen von seinen Möglichkeiten. Dabei hat dieser Bundesrat zur Hauptsache die Aufgabe, Beschlüsse auszuführen, die das Parlament und das Volk beschlossen haben. Kaum eine politische Behörde in einem anderen Land kann wie der Bundesrat für sich die Bezeichnung «Exekutive» – «ausführende Behörde» – in Anspruch nehmen.

Wenn der Bundesrat so mächtig wäre, wie es dem Volk von gewissen Leuten gelegentlich eingeredet wird, dann müßten wir wirklich etwas unternehmen, damit wir in diesem Lande zu einer echten Demokratie kämen. Aber vorläufig singen wir also im Bundesratszimmer noch jede Woche siebenstimmig und deshalb auch reichlich polyphon mit Martin Luther den Psalm 342: «Mit unserer Macht ist nichts getan, wir sind gar bald verloren.»

Natürlich sind Bundesräte nicht einfach Statisten. Wir schreiben das Drehbuch. Im Parlament sind wir auch so etwas wie Regieassistenten. Aber ob die Stücke, die wir so bis zur Hauptprobe bringen, dann auch wirklich auf den Spielplan kommen, entscheidet bei uns nicht der Bundesrat, sondern das Volk. Auf der Klaviatur der wirklichen Macht spielen wir also eher die kleineren Töne.

Ich hoffe dabei zuversichtlich, daß Sie sich bei Ihrem Urteil über meine Rede daran erinnern, daß wir vor allem auch deshalb zwei Augen haben, damit man gelegentlich eines zudrücken kann.

Regieren, Regierung, Regierungsverantwortung sind große, fast etwas pathetische Worte. Eigentlich sollte ein echter Demokrat ein bißchen Hühnerhaut bekommen, wenn er sie hört.

Wir kennen in unserem Lande auch nicht den starken Mann, nach dem oft gerufen wird, wenn der Karren irgendwo steckengeblieben ist wie jetzt bei den Finanzen. Unsere Demokratie ist nicht so angelegt, daß ein einzelner die Richtung verändern könnte. Ich erschrecke immer wieder, wenn man auch bei uns anfängt, an den starken Mann zu glauben und nach ihm zu rufen. Starke Männer sind fast immer gefährlich. Macht berauscht und macht süchtig. Sie ist böse, hat Jakob Burckhardt gesagt.

Wir sind ein Land ohne Regierungskrisen. Der Gesamtbundesrat tritt bei uns nicht zurück, wenn seine Vorstellungen nicht die Zustimmung des Parlamentes oder des Volkes finden. Auch das ist ein Beweis dafür, daß der Bundesrat eine echte Exekutive ist. Er hat zu leiten, nicht zu regieren. Er hat den Willen des Volkes zu vollziehen.

Unsere Verfassung – und damit sage ich das Wichtigste, was ich in meinem Referat sagen möchte –, unsere Verfassung macht das Volk zur Regierung. Davon hat zwar jeder in der Schule gehört. Aber ich glaube nicht mehr so recht daran, ob das Volk es auch glaubt. Weiß bei uns der Bürger, daß er es ist, der die vielen Abstimmungen verlangt, an denen er teilnehmen sollte? Weiß und glaubt der Bürger eigentlich noch, daß fast jeder Entscheid – oft auch Bagatellen – in diesem Staat in seinen Händen liegt?

Man spricht jetzt davon, daß wir uns in einer «Nein-Welle» befinden. Wenn das wirklich der Fall ist, dann müssen wir das sehr ernst nehmen. Ist – so müssen wir fragen – dieses Nein ein Nein zum Staat? Oder ist es ein Nein zu den Abstimmungen an und für sich. Ist es ein Nein zur Zukunft und bedeutet es eine nostalgische Sehnsucht nach Vergangenem? Der Mensch trauert bekanntlich immer den Zeiten nach, über die er sein ganzes Leben lang geflucht hat. Das ist aber eine gefährliche Denkweise. Nicht nur deshalb, weil sich die Welt auch gegen den Willen der Nostalgiker weiter drehen wird.

Wer vor dem sozialen Fortschritt warnt – und die Zahl jener, die das tun, nimmt zu –, meint immer als Ziel irgendeine Vergangenheit.

Ein Sozialdemokrat kann niemals die Vergangenheit glorifizieren helfen. Die Vergangenheit war nicht besser als die Gegenwart. Es war eine Vergangenheit ohne Alters- und Invalidenversicherung, eine Vergangenheit des Zwölfstundentags ohne Anspruch auf Ferien. Eine Vergangenheit der Krisen und der Kriege. Oft genug auch der Not. Fast jede Zukunft kann nur besser sein als diese Vergangenheit.

Unser Staat ist besser und sozialer geworden. Durch den Willen des Volkes, das jedem Schritt zu diesem Aufbau ausdrücklich oder stillschweigend zugestimmt hat. In der letzten Zeit wird manches, das wir gerne verwirklichen würden, vom Volk verworfen. Ich erinnere an den Bildungsartikel, die Krankenversicherung, Finanzvorlagen, Konjunkturartikel usw. Es gibt Leute, die deswegen resignieren. Aber das sind für mich Flüchtlinge, die vor sich selber flüchten.

Von Bertolt Brecht stammt der Satz: «Die Regierung ist mit dem Volk nicht zufrieden, soll sie sich doch ein anderes Volk suchen.»

Ich erschrecke immer wieder, wenn man auch bei uns anfängt, an den starken Mann zu glauben und nach ihm zu rufen. Starke Männer sind fast immer gefährlich. Macht berauscht und macht süchtig. Sie ist böse, hat Jakob Burckhardt gesagt.

Weiß bei uns der Bürger, daß er es ist, der die vielen Abstimmungen verlangt, an denen er teilnehmen sollte?

Wollen wir auch anfangen, mit dem Volk zu hadern? Wir haben kein anderes. Und selbst wenn wir ein anderes hätten, würde das an den Problemen nichts ändern. Ganz sicher ist die Flucht aus der Verantwortung kein Weg.

Ich habe gesagt, daß wir in der Schweiz keine Regierungskrisen kennen. Vielleicht muß man diese Behauptung etwas korrigieren. Wir kennen zwar keine Krisen der Exekutive. Aber muß man nicht die Tatsache, daß ein großer Teil des Volkes nicht mehr zur Urne geht und daß ein anderer, nicht unbeträchtlicher Teil des Volkes chronisch nein stimmt (auch wenn nur die Hälfte dieses Teils weiß, zu was er überhaupt nein sagt), als Regierungskrise bezeichnen? Nimmt hier nicht eine Regierung – nämlich das Volk – Abschied vom Staat?

Ich will hier nicht mit einer leeren Kanone Rhetorik verschießen. Aber wir müssen uns bewußt sein, daß wir ohne ein aktives Volk ein Land ohne Regierung sind.

In einer parlamentarischen, also in einer nicht direkten Demokratie, spricht man von der Regierungsfähigkeit einer Partei, und die Opposition geht dort darauf aus, sich regierungsfähig zu machen. Was wir in diesem Lande brauchen, ist ein regierungsfähiges und ein regierungswilliges Volk. Das ist ein hoher Anspruch. Aber wir haben uns eben auch für ein sehr anspruchsvolles politisches System entschieden.

Die Macht ist dem Volk durch unsere Verfassung garantiert. Aber wenn der Bürger diese Möglichkeit ergreifen soll, dann muß er dazu auch bereit und in der Lage sein. Wir Sozialdemokraten haben uns vorgenommen, eine Politik für die breiten Schichten des Volkes zu machen. Deshalb müssen wir ganz besonders helfen, dieses Volk regierungswillig zu machen und dafür sorgen, daß es seine Macht nutzt.

Günter Grass hat einmal formuliert, daß sich Sozialismus und Demokratie gegenseitig bedingen. Das heißt: Eine echte Demokratie muß sozial und der echte Sozialismus muß demokratisch sein.

Sozialdemokratische Politik kann und darf also nicht über die Köpfe der Bürger hinweg gemacht werden. Wenn wir uns Sozialdemokratische Partei nennen, meinen wir damit nicht nur, daß wir den Sozialismus auf demokratischem Weg erreichen wollen. Wir wollen auch die Demokratie erreichen.

Demokratie ist eine Daueraufgabe. Sie ist mit den rechtlichen Garantien allein nicht verwirklicht. Hier hat sozialdemokratisches Regieren einzusetzen. Wir müssen unsere Volksregierung zurückholen. Wir müssen sie daran hindern, sich vom Staate abzusetzen und zu resignieren.

Regierungsfähig sein heißt, aufgrund von Einsichten frei entscheiden können und überzeugt davon sein, daß wir ein Staatswesen, eine staatliche Organisation, nötig haben. Es gibt zwar den Satz, daß man ab und zu die Leute zu ihrem Glück zwingen müsse. Aber das ist keine demokratische Einsicht. Wer versucht, Politik über die Köpfe der Bürger hinweg zu machen, wird früher oder später immer scheitern müssen.

Wir kennen zwar keine Krisen der Exekutive. Aber muß man nicht die Tatsache, daß ein großer Teil des Volkes nicht mehr zur Urne geht und daß ein anderer, nicht unbeträchtlicher Teil des Volkes chronisch nein stimmt, als Regierungskrise bezeichnen?

Was wir in diesem Lande brauchen, ist ein regierungsfähiges und ein regierungswilliges Volk.

Es gibt zwar den Satz, daß man ab und zu die Leute zu ihrem Glück zwingen müsse. Aber das ist keine demokratische Einsicht.

Jeder einzelne Denkschritt – ich sage das besonders an die Adresse der Theoretiker in unserer Partei – muß von unseren Wählern nachvollzogen werden können. Geistige Höhenflüge, so verlockend sie auch klingen mögen, werden uns nicht abgenommen. Ein guter Bergführer ist nicht, wer im Alleingang möglichst schnell den Gipfel erreicht und damit den anderen vormacht, wie gut er es kann. Ein guter Bergführer geht so langsam, daß der hinterste mitkommt. Vielleicht wird er ungeduldig dabei. Aber Geduld ist seine Aufgabe.

Ich spreche von Bildungsarbeit und von der Geduld des Lehrers. Bildungsarbeit heißt nicht einfach Agitation. Die Aktiven oder die Aktivisten unter uns haben es sich vielleicht in den letzten Jahren doch etwas zu einfach gemacht. Sie haben sich mehr oder weniger darauf beschränkt, Feindbilder zu entwerfen, die Mächtigen zu entlarven, darzustellen, wer hier Macht ausübt und mit welchen Mitteln. Sicher, den Feind muß man kennen. Aber man muß ihm auch etwas entgegenstellen. Wenn wir uns lediglich auf seine Darstellung beschränken, werden die Leute mit Resignation reagieren und erklären: «Da kann man nichts machen, wir sind zu schwach.»

Ich vergleiche gewisse Politologen gerne mit den Meteorologen. Nach ihrer Meinung ist immer die Voraussage richtig, aber das Wetter eben falsch.

Ich vergleiche gewisse Politologen gerne mit den Meteorologen. Nach ihrer Meinung ist immer die Voraussage richtig, aber das Wetter eben falsch. Aber ich habe es schon gesagt: Wir haben nur dieses Volk, und es macht sich das Wetter nicht nach Theorien. Die beste Predigt heilt kein Zahnweh, und wenn sie ein Erzbischof hält.

Die Aufklärung und Diskussion über unsere Absichten hat zu beginnen, lange bevor wir damit in die Kommission, ins Parlament oder in die Aktion gehen. Wir müssen Demokratisierung und Mitbestimmung praktizieren und nicht nur davon reden. Wir müssen unserem Wähler unsere Anliegen so erklären können, daß er zu fordern beginnt. Denn erst wenn er fordert, hat seine Forderung genügend Gewicht, und nur seine Forderung kann uns zur Arbeit genügend motivieren. Unser Wähler wird erst überzeugt sein, daß wir ihn vertreten, wenn unsere Arbeit seinen Forderungen entspricht. Von ihm haben wir unsere Aufträge entgegenzunehmen, und deshalb müssen wir ihn fähig machen, Aufträge erteilen zu können.

Ich meine damit keineswegs, daß wir uns von vagen, unreflektierten, allgemeinen Volksmeinungen tragen lassen sollen. Wir haben für meinen Geschmack auch bei uns etwas zu viele Leute von der Sorte, die nach dem Spruch handeln: «Ich muß ihnen folgen, ich bin ja ihr Führer.» Ich meine, daß ein Führer mit seinem Verstand aktiv in die Meinungsbildung eingreifen muß. Aber er darf sie nicht behindern und sie nicht mit seinem Sachverstand erdrücken.

Bildung, Schulung, Aufklärung sind unsere wichtigsten Aufgaben. Nur wenn wir uns ihnen mit dem gleichen Eifer widmen, mit dem wir uns gelegentlich mit Theorien und Dogmen beschießen, wird unsere weitere Arbeit leichter sein.

Wir müssen eine Mitgliederpartei bleiben und dürfen keine Partei von Funktionären und Beamten werden. Nicht die hohen politischen Funktionäre, nicht die professionellen Politiker sind die ersten in unserer Partei. An der Spitze stehen bei uns alle unsere Genossen in den Sektionen, vor allem auch in den kleinsten. Wer mit ihnen den Kontakt verliert, hat aufgehört, für unsere Partei tätig zu sein.

Die Forderung, daß wir eine einfache Sprache sprechen müssen, ist bekannt. Sie wird seit Jahren wiederholt. Es ist nicht damit getan, daß wir einen komplizierten, theoretischen Sozialismus in langen Arbeitspapieren und in einer komplizierten Fachsprache niederlegen, um ihn dann schließlich für unsere Wähler zurechtzustutzen.

Kommissionen oder irgendein kluger Kopf genügen hier nicht. Es kommt zwar gelegentlich vor, daß der Berg eine Maus gebiert, aber manchmal tritt der entsetzliche Fall ein, daß die Maus einen Berg gebären will.

Wenn theoretische Erkenntnisse die Partei erreichen sollen, müssen sie in Praxis umgesetzt werden können. Die Sozialdemokratische Partei ist kein wissenschaftliches Institut. Hier muß man oft auch noch die Hälften ein paarmal spalten, damit aus den vielen Stücken wieder ein Ganzes entsteht. Unter Praxis allerdings verstehe ich nicht einfach losstürmen und handeln. Auch das Denken ist ein Teil der Praxis.

Wir müssen nicht nur lernen, einfach zu sprechen. Wir müssen auch lernen, einfach zu denken. Kompliziertheit des Denkens war noch nie der Ausdruck seiner Qualität.

Ein Arbeiter muß unseren theoretischen Auseinandersetzungen von Anfang an folgen können – und dies vermehrt im Zeichen der Mitbestimmung. Er wäre mit Recht beleidigt, wenn man ihm das Durchgedachte in eine Kindersprache übersetzen müßte. Was nicht in seiner Sprache gedacht werden kann, gibt es für ihn nicht. Und es ist Arroganz, wenn einer von uns glaubt, er müsse für unsere Wähler denken. Wenn es nicht gelingt, mit ihnen zu denken, sie dazu zu

Wir müssen unserem Wähler unsere Anliegen so erklären können, daß er zu fordern beginnt. Denn erst wenn er fordert, hat seine Forderung genügend Gewicht, und nur seine Forderung kann uns zur Arbeit genügend motivieren.

Wenn theoretische Erkenntnisse die Partei erreichen sollen, müssen sie in Praxis umgesetzt werden können. Die Sozialdemokratische Partei ist kein wissenschaftliches Institut.

bringen, mit uns zusammen zu denken, dann wird unsere Arbeit nicht nur erfolglos, sondern auch wertlos sein. Sie wird dann die berühmte Laterne, die außer ihrem eigenen Pfahl nichts beleuchtet.

Ich weiß, daß langfristige Programme und Zielvorstellungen nötig und wertvoll sind. Wir waren immer eine Partei mit hochgesteckten Zielen. Aber wir dürfen uns nicht darin verlieren, diese Langzeitprogramme stets wieder neu formulieren zu wollen. Wahlen und Abstimmungen werden nicht mit solchen Programmen gewonnen. Der Wähler will von uns nicht allein einen Katalog des idealen Staates. Er will nicht wissen, ob und wann die Milchstraße pasteurisiert werden muß. Er will wissen, was wir heute, morgen und übermorgen tun.

Damit will ich nicht einen simplen Pragmatismus predigen. Immer mehr müssen auch wir für unsere Enkel und Urenkel denken. Wir müssen uns Vorstellungen über die kommenden Jahrzehnte oder sogar Jahrhunderte machen. Aber wir können von den Lebenden nicht einfach Idealismus fordern und ihnen für eine ferne Zukunft eine bessere Zeit und eine bessere Gesellschaft versprechen. Sonst müssen wir uns nicht wundern, wenn die Früchte unserer mühseligen Erziehung schließlich zu Fallobst werden. Die Lebenden haben ein Recht darauf, jetzt – heute und morgen – zu leben... frei, ohne Angst und hoffend zu leben.

Unser Programm muß ein Programm der Möglichkeiten sein. Ich meine damit nicht ein Programm der voreiligen Kompromisse. Ich meine damit nicht einmal, daß wir es Punkt für Punkt durchsetzen können müssen. Aber es muß nach vier Jahren sichtbar werden, daß wir uns dafür eingesetzt haben. Dazu brauchen wir Prioritäten, auf die wir uns konzentrieren und die uns verpflichten.

Über die Priorität dieser Programmpunkte müssen unsere Mitglieder bestimmen und müssen unsere Wähler informiert werden, bevor sie in die parlamentarische Diskussion kommen. Es sollte nicht vorkommen, daß wir Politik machen müssen über die Köpfe unserer Mitglieder und Wähler hinweg. Oft zwang uns in gewissen Fragen der Zeitdruck zu solchen Höhenflügen. In der Überfremdungsfrage, um nur dieses Beispiel zu nehmen, hatten wir nicht die geschlossene Gefolgschaft unserer Mitglieder. Jeder weiß, daß unsere Entscheide in dieser Frage richtig waren. Aber hier haben wir zu lange den Kopf in den Sand gesteckt und dabei geglaubt, unsere Parteimitglieder und Wähler streckten mit uns auch ihre Beine in die Höhe. Aber das war eben nicht so. Der Arbeiter war mit der Überfremdung sehr direkt konfrontiert, und wir haben es versäumt, uns rechtzeitig mit ihm über das Problem auseinanderzusetzen.

Das tun wir oft auch mit anderen Problemen und glauben, daß es später genügt, mit irgendeinem Flugblatt dem Wähler ein Ja oder ein Nein mundgerecht zu machen. Darauf reagieren viele Mitglieder sauer. Mit Recht, denn mit Druckerschwärze kann man sich nicht sauber waschen.

Propagandamittel kann man einsetzen nach außen, gegenüber einem Unentschiedenen oder gegenüber einem politischen Gegner. Aber gegenüber einem politischen Freund halte ich Propaganda für

Es ist Arroganz, wenn einer von uns glaubt, er müsse für unsere Wähler denken. Wenn es nicht gelingt, sie dazu zu bringen, mit uns zusammen zu denken, dann wird unsere Arbeit nicht nur erfolglos, sondern auch wertlos sein.

Gegenüber einem politischen Freund halte ich Propaganda für unfair. Mit ihm muß man sich mit geduldiger Aufklärung auseinandersetzen. Er hat Anspruch darauf.

unfair. Mit ihm muß man sich mit geduldiger Aufklärung auseinandersetzen. Er hat Anspruch darauf. Ich weiß, daß das leichter gesagt als getan ist. Aber es bleibt uns kein anderes Mittel, und diese Aufgabe wird immer langwierig und auch hart sein.

Es gibt – Gott sei's geklagt – auch in unseren Reihen Leute, die mit der Idee hausieren, man müsse das Bürgertum sich seinen kapitalistischen Gaul einfach bis auf die Knie durchreiten lassen, und wenn er dann schließlich umstehe, würde die Krise den Leuten dann die Augen aufmachen.

Die Geschichte sollte uns doch längst gelehrt haben, daß Notsituationen immer den Sozialismus und unsere Bewegung zurückgeworfen haben. Trotzdem hört man es aber gerade heute wieder, «so ein wenig Krise werde den Arbeiter wieder zur Besinnung bringen». Ich schäme mich immer, wenn ich solche Wünsche aus dem Mund eines Sozialdemokraten höre. Was wäre das für ein schäbiger Sozialismus, der die Not erst herbeiwünscht, um sie dann bekämpfen zu können.

Man spricht von der Nostalgiewelle, auch von der politischen. Es gibt aber nicht nur eine bürgerliche, sondern auch eine gefährliche sozialistische Nostalgie. Für sie ist der Arbeiter immer noch ein Verzweifelter und Hungernder mit einer Schirmmütze. Ich habe Verständnis dafür, daß vor allem junge Genossen ab und zu Sehnsucht nach echtem Klassenkampf verspüren und daß sie dabei nach den Zeiten einer verhetzten und kämpferischen Opposition lechzen. Sie träumen von großen Kundgebungen voll roter Fahnen, und vor allem fehlt ihnen auch ein junger, kräftiger, polternder Robert Grimm. Aber vergessen wir nicht, daß auch kämpferische Arbeit nur an ihrem Erfolg gemessen wird.

Es ist schwärmerisches Wunschdenken, wenn jemand glaubt, Krisen stellten das kapitalistische Wirtschaftssystem von selber in Frage und sie würden zu seiner Überwindung beitragen. Wenn wir als Sozialisten schon sagen, daß es uns um den Menschen geht, dann müssen wir dafür sorgen, daß er auch in einem Wirtschaftssystem leben und überleben kann, das wir ändern wollen.

Es darf keine Rolle spielen, daß wir vielleicht mit unseren gewerkschaftlichen und politischen Bemühungen dem kapitalistischen System ein Alibi liefern und daß wir damit möglicherweise mithelfen, dieses System zu erhalten, wie das von einzelnen Genossen und Gruppen immer wieder behauptet wird. Es geht auch hier um den heute lebenden Menschen, und vor dieser Priorität haben auch taktische Überlegungen zurückzutreten.

Niemand wird uns den Glauben an eine bessere Welt abkaufen, wenn er nicht sieht, daß wir bereits in dieser Welt alles unternehmen, um den Menschen zu schützen.

Wir haben bei den vergangenen Abstimmungen gehört, wie man mit liberalistischen Aussprüchen gegen den Staat losgezogen ist, und jeder weiß, daß auch Tausende von Arbeitern diesen Rufern nachgelaufen sind und diese Verhetzung des Staates weiter mitmachen. Es ist ein extremer Liberalismus, der nicht an der Verteilung von Freiheit und Gerechtigkeit interessiert ist, der darauf ausgeht, diesen

Man spricht von der Nostalgiewelle, auch von der politischen. Es gibt aber nicht nur eine bürgerliche, sondern auch eine gefährliche sozialistische Nostalgie. Für sie ist der Arbeiter immer noch ein Verzweifelter und Hungernder mit einer Schirmmütze.

Es ist schwärmerisches Wunschdenken, wenn jemand glaubt, Krisen stellten das kapitalistische Wirtschaftssystem von selber in Frage und sie würden zu seiner Überwindung beitragen.

Staat auszuhungern und ihn in den Augen des Volkes zu diskreditieren. Der rechtsliberale Ruf nach einem minimalistischen Staat, der nur in der allerletzten Not eingreifen soll, ist der alte bürgerliche Kampf gegen die soziale Gerechtigkeit.

Wir erleben jetzt gerade die Realisierung dieser Strategie. Man verweigert dem Staat zuerst die Einnahmen, und dann fängt man an, ihn lauthals zu verschreien, weil er kein Geld hat, um notwendige Investitionen zu finanzieren. Übermorgen wird man auch den sozialen Errungenschaften in die Knochen sägen. Bei der AHV hat man im Januar bereits damit angefangen, wenn auch noch erfolglos. Und nicht wenige Menschen in diesem Staat wollen diese asoziale Strategie nicht erkennen und glauben, sie schone auch ihr Portemonnaie. Aber ich muß es mit Blick auf den 8. Juni auch hier wieder sagen: «Ein armer Staat kann nie ein sozialer Staat sein.»

Ein Staat, der seine sozialen Aufgaben abbauen muß, weil ihm das Geld fehlt, baut sich selber ab. Wir sind an einem intakten und respektierten Staat nicht allein deshalb interessiert, weil er den sozialen Ausgleich verwirklichen muß. Der Sozialdemokrat ist am Staat interessiert, weil nur er Gerechtigkeit garantieren kann. Und Gerechtigkeit ist verteilte Freiheit. Hier unterscheidet sich unser sozialdemokratischer Freiheitsbegriff deutlich von einem bürgerlich-liberalen. Der Liberale verlangt vom Staat nur, daß er die Möglichkeit zur Freiheit garantiert. Daß also ein einzelner diese Möglichkeit ergreifen kann, nach der Devise: «Freie Bahn dem Tüchtigen.» Damit sind wir nicht zufrieden. Wie tüchtig kann ein Invalider sein, ein Alter, ein Armer, ein Ungebildeter, ein Arbeitsloser? Ist denn die Voraussetzung zur Tüchtigkeit immer nur ein persönliches Verdienst?

Der Schwache und Benachteiligte ist kein freier Mensch. Freiheit ist nicht allein eine Frage der Möglichkeiten und der Verfassung. Freiheit erfordert auch die materielle Voraussetzung. Materielle Unsicherheit führt zu Angst. Und es gibt kein schlimmeres Gefängnis als die Angst.

Man kann nicht einfach das Land der Freiheit sein. Das Land der Freiheit kann man immer nur werden. Keiner kann frei sein, solange es Unfreie gibt. Freiheit heißt lebenswertes Leben. Freiheit heißt Sicherheit, Sicherung der Zukunft aller Menschen. Das Lied der Freiheit kann man nicht auf dem Instrument der Gewalt spielen. Man kann sie nicht erzwingen. Freiheit ist, daß man sein Leben nicht erkaufen muß. Man muß leben können in der Achtung vor sich selber.

Ich muß noch ein Wort zu unserer Regierungsbeteiligung sagen: Wir stellen in einer mehrheitlich bürgerlichen Exekutive zwei Mitglieder. Die Verhandlungen dieser Exekutive sind vertraulich. Niemand erfährt – es sei denn durch Indiskretionen oder Mutmaßungen –, was die zwei Sozialdemokraten im Bundesrat unternehmen. Oft mögen Beschlüsse des Bundesrates so aussehen, als hätten die Sozialdemokraten geschlafen. Der Bürger bekommt ja nur Beschlüsse und nicht die einzelnen Voten zu sehen. Das kann – nicht allein für die sozialdemokratischen Vertreter in diesem Bundesrat – gelegentlich recht frustrierend sein. Aber ich halte es trotzdem für richtig, daß

Der rechtsliberale Ruf nach einem minimalistischen Staat, der nur in der allerletzten Not eingreifen soll, ist der alte bürgerliche Kampf gegen die soziale Gerechtigkeit.

Ein Staat, der seine sozialen Aufgaben abbauen muß, weil ihm das Geld fehlt, baut sich selber ab.

Der Schwache und Benachteiligte ist kein freier Mensch. Freiheit ist nicht allein eine Frage der Möglichkeiten und der Verfassung. Freiheit erfordert auch die materielle Voraussetzung. Materielle Unsicherheit führt zu Angst. Und es gibt kein schlimmeres Gefängnis als die Angst.

sozialdemokratische Auffassungen auch in diesem Gremium dauernd vertreten werden können.

Ich habe es schon gesagt: Der Bundesrat ist nicht die eigentliche Regierung in diesem Land. Das ist der Grund dafür, daß keine eigentliche Opposition, kein eigentliches Gegenüber in der Exekutive sichtbar wird. Deshalb wahrscheinlich hört man auch immer wieder die Forderung aus unseren Reihen, in die Opposition zu gehen und die Regierungsbeteiligung aufzugeben. Ich habe als Nationalrat eine

Das Lied der Freiheit kann man nicht auf dem Instrument der Gewalt spielen.

Bundesrat Ritschard mit SP-Parteipräsident Helmut Hubacher.

Zeit ohne sozialdemokratische Bundesratsbeteiligung erlebt. Wir saßen damals in der Fraktion wie die Journalisten im Vorzimmer, um jeweils zu vernehmen, was dieser Bundesrat beschlossen habe. Diese Situation ist in keiner Weise zu einem Jungbrunnen für die Partei geworden. Wir wurden auch damals nur älter.

Es gibt Leute, die glauben, wenn man aus der Regierung austrete, komme die Opposition von selber. Das ist nicht so. Wenn es uns nicht gelingt, eine Mehrheit des Volkes von unseren politischen Absichten zu überzeugen, wird es uns auch nicht gelingen, diese Mehrheit von unserer Opposition zu überzeugen.

Die letzten Abstimmungsergebnisse sind keineswegs der Ausdruck von Opposition. Sie sind leider eher ein Ausdruck der Resignation. Aus der Resignation gegenüber dem Staat (und auch gegenüber der Partei) müssen wir die Leute herausreißen. Das werden wir nur tun können, wenn wir im Staat mitarbeiten und hier unsere Meinung vertreten. Der Kampf um die Mitbestimmung in der Wirtschaft würde unglaubwürdig, wenn wir sie im Staat nicht erstreben und nicht praktizieren wollten. Zudem streben wir als demokratische Sozialisten nach einer Mehrheit. Sollen wir dabei einmal erkämpfte Positionen einfach aufgeben? Wer an ein blitzartiges Erringen der Mehrheit glaubt, der sollte niemandem mehr erzählen, daß nicht der Storch die Kinder bringt.

In dieser Regierungsarbeit fällt übrigens nicht einfach jedes unserer Voten unter den Tisch. Wir dürfen sicher den ehemaligen sozialdemokratischen Bundesräten attestieren, daß ihre Arbeit im Bundesrat nicht kinderlos geblieben ist. Entscheidend ist auch hier, was für den einzelnen Menschen aus dieser Arbeit spürbar geworden ist. Der

Der Ausbau der AHV ist nicht eine Oppositionsleistung, sondern die Leistung der Regierung mit sozialdemokratischer Beteiligung und auch einer starken sozialdemokratischen Vertretung im Parlament.

Ausbau der AHV ist nicht eine Oppositionsleistung, sondern die Leistung der Regierung mit sozialdemokratischer Beteiligung und auch einer starken sozialdemokratischen Vertretung im Parlament.

Wir müssen unsere Arbeit im Staat sichtbar machen können. Ich bin überzeugt, daß sozialdemokratische Arbeit in der Opposition in unserer staatspolitischen Struktur sehr schnell im Theoretischen, in einem Negativismus und im Verbalen verlaufen würde. Regierungsbeteiligung und Regierungsverantwortung heißt in diesem Land etwas anderes als in einer parlamentarischen Demokratie. Die Referendumsdemokratie ist so angelegt, daß jeder Verantwortung übernimmt. Ein Bürger kann sich hier selbst mit Stimmabstinenz nicht der Verantwortung entziehen.

Unser demokratischer Staat kann nicht ein Gegenüber zum Volk sein. Er muß das Volk selber sein. Wenn der Staat – wie es heute den Anschein macht – vom Volk als Gegenüber empfunden wird, dann greift dieses Volk zum Nein-Stimmzettel und flüchtet schließlich in die Resignation. Mit Nein kann man aber nicht einmal eine Hundehütte bauen, und mit Nein wird auch dieser Staat schließlich zur Krabbe, die bekanntlich rückwärts läuft. Dieses scheinbare Gegenüber können wir nur abbauen helfen, wenn wir mitarbeiten. Alles andere würde zum Gegenteil führen.

Mein Thema heißt – ich habe es nicht vergessen – «Sozialdemokratisches Regieren». Ich wollte diesem Thema nicht ausweichen. Ich meine und glaube daran, daß sozialdemokratisches Regieren nichts anderes heißen kann, als das Volk regierungsfähig zu machen. Regierungsfähig durch Aufklärung und Bildung. Das Volk hat von uns Politikern zu fordern, nicht wir von ihm. Und zum Fordern müssen wir es erziehen. Aber erziehen kann nur, wer sich bückt.

Ich habe von der Geduld des Lehrers gesprochen. Dazu gehört auch, daß der Lehrer seine Schüler nicht überfordert. Daß er sie nicht mit Aufgaben überhäuft. Es ist sicher ein Glück, daß es unter uns noch echte und leidenschaftliche Politiker gibt, die sich mit Haut und Haar der Politik verschrieben haben. Aber Politik allein ist nicht das Leben. Wer den Menschen mit aller Gewalt total verpolitisieren will, der entpolitisiert ihn letztlich. Bei zementierten Grundsätzen besteht immer erhöhte Rißgefahr.

Ich glaube an den Sozialismus, und ich glaube an die Möglichkeiten der Demokratie. Ich glaube auch daran, daß die Demokratie dauernd verbesserungsfähig ist. Ich bin überzeugt, daß die Demokratie eine starke Sozialdemokratie nötig hat.

Wir leben in einem sehr bürgerlichen Land. Unsere Arbeit hier ist hart. Aber eines müssen unsere Mitbürger aller politischen Färbungen wissen: Wir werden daran nicht verzweifeln, und wir wollen hier unsere Arbeit im Dienste der unteren Schichten unseres Volkes fortsetzen, unter was für Bedingungen auch immer.

Die große Freiheit, liebe Genossinnen und Genossen, setzt sich aus vielen kleinen Freiheiten zusammen. Wir Sozialdemokraten betrachten es als unsere Aufgabe, mit dafür zu sorgen, daß das Höchste, was der Mensch durch sich selber haben kann, das Selbstbewußtsein seines Wesens, nicht erlösche und nicht untergehe.

Unser demokratischer Staat kann nicht ein Gegenüber zum Volk sein. Er muß das Volk selber sein.

Ich glaube an den Sozialismus, und ich glaube an die Möglichkeiten der Demokratie. Ich glaube auch daran, daß die Demokratie dauernd verbesserungsfähig ist. Ich bin überzeugt, daß die Demokratie eine starke Sozialdemokratie nötig hat.

Energie und Umwelt

14. MAI 1976

Vor der Schweizerischen Gesellschaft für Umweltschutz plädiert Willi Ritschard für den Schutz des Menschen und für politische Umweltschützer.

Ich könnte es mir an sich leicht machen mit Reden über Energieprobleme. Vor einem Teil des Volkes könnte ich mir mit den zwei Worten «Kernkraftwerke nein», vor einem andern Teil mit dem Ausruf «Kernkraftwerke ja» den begehrten Beifall holen. Aber diese Reden sind mir zu kurz. Ich habe zudem etwas gegen sprechende Puppen.

Energiepolitik kann nicht eine Sache des Ja oder des Nein sein. Man kann sie nicht als Einäugiger entweder nur vom technischen oder nur vom wirtschaftlichen oder nur vom sozialen Standpunkt aus betrachten. Das Spektrum ist weiter, trotzdem das viele viel einfacher sehen. Deshalb nützt eine Wahrheit auch immer nur dem, der sie hört. Dem, der sie sagt, schadet sie meistens.

Aber wer klares Wasser will, darf nicht im Trüben fischen. Und ich habe oft den Eindruck, daß die elitäre Sprache gewisser Energiesachverständiger einfach eine gehobene Form der Unbeholfenheit ist.

Ich kenne den Satz aus dem zweiten Bericht des Club of Rome: «Wir stehen in diesem Augenblick der Geschichte vor einer beispiellosen Entscheidungssituation. Zum ersten Mal, seit der Mensch überhaupt existiert, wird er herausgefordert, sich gegen das vom wirtschaftlichen und technologischen Standpunkt aus Machbare zu entscheiden und sich dafür einzusetzen, was seine Moral und seine Verantwortung von ihm verlangen.»

Das wird jeder unterschreiben. Aber es ist wie mit der Bibel. Die Schwierigkeiten beginnen mit der Auslegung. Die Frage heißt eben nicht «Energie ja oder nein». Sie heißt auch nicht «Energie oder Umweltschutz». Das ist zu simpel. Die Energiekrise hat uns zwar wachgerüttelt. Aber wir reiben uns immer noch die Augen und sehen kaum klar. Wir sind höchstens ein wenig energiebewußter geworden.

Ich möchte nicht fragen, wer in diesem Saal heute mit dem Auto hierher gekommen ist. Ich nicht! Doch ich würde lügen, wenn ich behaupten wollte, daß ich jedes Mal eine Kosten-Nutzen-Analyse zwischen Umweltverschmutzung und Zeitgewinn mache, wenn ich in mein Auto sitze.

Aber – das ist schon ein Fortschritt – ich habe doch gelegentlich eine schlechtes Gewissen, wenn ich den Motor anlasse. Und dieses

Energiepolitik kann nicht eine Sache des Ja oder des Nein sein. Man kann sie nicht als Einäugiger entweder nur vom technischen oder nur vom wirtschaftlichen oder nur vom sozialen Standpunkt aus betrachten. Das Spektrum ist weiter, trotzdem das viele viel einfacher sehen. Deshalb nützt eine Wahrheit auch immer nur dem, der sie hört. Dem, der sie sagt, schadet sie meistens.

Ich würde lügen, wenn ich behaupten wollte, daß ich jedes Mal eine Kosten-Nutzen-Analyse zwischen Umweltverschmutzung und Zeitgewinn mache, wenn ich in mein Auto sitze.

schlechte Gewissen – ich sage das ohne Vorwurf oder Ironie – ist wahrscheinlich auch eine wesentliche Motivation der Kernkraftgegner. Man schämt sich über sein persönliches Verhalten beim Energieverbrauch und versucht dann, wenigstens in einem Punkt ganz sauber und konsequent dazustehen.

Es ist den kritischen Fachleuten gelungen, die Energie zum Problem zu machen. Es gibt kaum noch eine Energie-Begeisterung. (Das gab es noch vor kurzer Zeit.) Heute sieht man Probleme, und der Gedanke an Energie belastet unser Gewissen. Und trotzdem sind wahrscheinlich die Probleme, die wir mit der Energie haben, noch klein, wenn man sie an dem zu messen versucht, was kommende Generationen damit haben werden. In dieser Einsicht liegt ja auch unsere Verpflichtung. Ginge es nur um die Menschen, die heute leben, wäre das Problem vielleicht zu lösen. Aber schon die Tatsache, daß nur eine Minderheit der Menschen ohne Hunger leben kann, zeigt, daß das Energieproblem auch für unsere Zeit nicht gelöst ist. Und zu der Sorge um die Lebenden kommt eben auch die Sorge um kommende Generationen. Das macht die Sache nicht einfacher.

Ich stelle in meinem Vortrag zuerst sechs Behauptungen auf. Nachher werde ich über ihre Möglichkeiten, wie ich sie sehe, etwas sagen:

1. Ohne Energie keine menschliche Tätigkeit

Es ist sicher in Ihrem Kreis unbestritten, daß es im weitesten Sinne ohne Energie keine menschliche Tätigkeit gibt. Wir brauchen Energie, um unsere Nahrung, unsere Kleidung und unsere Wohnungen herzustellen. Am Anfang unserer Zivilisation war das Feuer. Mit seiner Entdeckung hat der Mensch seinen Weg in die Zivilisation angetreten. Bestimmt hat er nicht gewußt, durch was alles und wohin dieser Weg führen wird. Aber er hat sehr schnell erfahren, daß dieses nützliche Feuer auch gefährlich ist und daß es auch den Menschen sehr direkt gefährden kann. Sehr wahrscheinlich war er sich dieser Gefährdung noch bewußter als der Mensch der letzten Jahrzehnte. Aber trotzdem: Auf das Feuer wollte und konnte man nie verzichten. Unser heutiger Wohlstand hat sehr viel damit zu tun, daß wir immer genügend billige Energie zur Verfügung hatten.

Um bei den einfachen Dingen des täglichen Gebrauchs zu bleiben: Bei der Produktion von Nahrungsmitteln wird Energie verbraucht. Natürliche Körperkraft, natürliche Sonnenenergie, Energie für Maschinen, für Düngemittel und Pestizide. Diese Energie wird umgewandelt in Nahrungsmittel. Diese liefern dem Menschen Kalorien, also Energie. Heute schon ist die Fremdenergie, die wir in die Landwirtschaft investieren, größer als die Energie, welche uns die Landwirtschaft in Form von Nahrungsmitteln liefert.

Die Landwirtschaft ist also energiepolitisch ein Defizitgeschäft. Aber niemand wird wohl daraus den Schluß ziehen wollen, daß wir deshalb auf die Produktion von Nahrungsmitteln verzichten sollten.

Das Beispiel gilt ohnehin eher nur für entwickelte Länder. Es gibt noch große Teile in der Welt, in denen Landwirtschaft fast ohne Fremdenergie betrieben wird. Dort wohnen aber meistens die hun-

---

Unser heutiger Wohlstand hat sehr viel damit zu tun, daß wir immer genügend billige Energie zur Verfügung hatten.

Heute schon ist die Fremdenergie, die wir in die Landwirtschaft investieren, größer als die Energie, welche uns die Landwirtschaft in Form von Nahrungsmitteln liefert.

Die Landwirtschaft ist energiepolitisch ein Defizitgeschäft. Aber niemand wird wohl daraus den Schluß ziehen wollen, daß wir deshalb auf die Produktion von Nahrungsmitteln verzichten sollten.

gernden Völker. Nur mit vermehrtem Einsatz von Energie kann für sie das Hungerproblem gelöst werden.

Wenn es uns ernst ist mit der Bekämpfung der Armut und des Hungers auf der Welt, müssen wir global mit einem steigenden Energiebedarf rechnen. Man kann mir sagen, das habe mit schweizerischer Energiepolitik nichts zu tun. Aber wenn wir hier verschwenderisch Erdöl verbrennen, dann verbrennen wir einen guten Anteil von dem, was andere nötig hätten. Wir können nicht mehr unsere Energiepolitik abgeschlossen für unser kleines Land betreiben, womöglich vom berühmten Gebet zum heiligen Florian begleitet, der lieber andere Häuser anzünden soll.

Ich glaube nicht, daß das größte Problem darin liegt, woher wir diese Energie beziehen und wie wir sie herstellen. Das größere Problem war, ist und bleibt die Umweltbelastung durch die Energie.

2. Ohne Energie gäbe es auch kein Umweltproblem

Ich komme damit zu einem zweiten Grundsatz: Jede menschliche Tätigkeit ist mit einer Belastung der Umwelt verbunden, weil wir für jede menschliche Tätigkeit Energie brauchen. Im einfachsten Fall durch die Aufnahme von Nahrungsmitteln. Ein totaler Umweltschutz ist also zum vornherein unmöglich. Und wenn wir Umweltschutz sagen, dann meinen wir ja auch nicht, daß wir die Umwelt vor dem Menschen schützen wollen. Wir wollen die Umwelt für den Menschen schützen.

Umweltschutzpolitik ist Energiepolitik. Und dieser Grundsatz gilt auch umgekehrt. Energiepolitik ist Umweltschutzpolitik. Das wird man mir in Kaiseraugst zwar nie abkaufen. Aber Wahrheiten verschwinden nicht aus der Welt, indem man sie verschweigt. Der Vogel Strauß versucht das. Allerdings immer unter Lebensgefahr. Ich verstehe unter Umwelt nicht nur sauberes Wasser, saubere Luft, Edelweiß und Alpenglühen. Unter einer gesunden Umwelt verstehe ich auch eine Umwelt, die alle Menschen ernähren und die allen Menschen ein menschenwürdiges Leben ohne Hunger garantieren kann. Ich erstrebe die Wohlfahrt aller Menschen. Dabei vermeide ich mit Absicht das Wort «Wohlstand», weil es nicht das gleiche ist. Aber ich weiß, daß etwas Wohlstand auch für die Wohlfahrt nötig ist. Wer also human denkt, muß in Kauf nehmen, daß dadurch die Umwelt belastet wird. Vielleicht, oder sogar sicher, weniger intensiv als heute. Auf jeden Fall nur so weit, als noch ein sicherer, humaner Gewinn für das menschliche Leben dabei herausschaut. Und dabei dürfen wir nicht nur an unsere, wir müssen auch an kommende Generationen denken. Das ist schnell gesagt. Jeder ist da einverstanden. Aber wie ist es, wenn es darum geht, diese Erkenntnisse in Praxis umzusetzen?

Wir sind mit der Belastung und der Vernichtung unserer Umwelt schon sehr weit fortgeschritten. Und die Bedürfnisse, die wir geschaffen haben, fordern Tag für Tag neue Opfer. Das Automobil ist für die meisten von uns ein Symbol der persönlichen Bewegungsfreiheit. Es hat unsere heutige Gesellschaft weitgehend geprägt. Es hat Streusiedlungen ermöglicht. Es hat aus jedem erreichbaren Grundstück potentielles Bauland gemacht. Nicht immer nur als negative

Wenn es uns ernst ist mit der Bekämpfung der Armut und des Hungers auf der Welt, müssen wir global mit einem steigenden Energiebedarf rechnen. Man kann mir sagen, das habe mit schweizerischer Energiepolitik nichts zu tun. Aber wenn wir hier verschwenderisch Erdöl verbrennen, dann verbrennen wir einen guten Anteil von dem, was andere nötig hätten.

Wahrheiten verschwinden nicht aus der Welt, indem man sie verschweigt. Der Vogel Strauß versucht das. Allerdings immer unter Lebensgefahr.

Wir sind mit der Belastung und der Vernichtung unserer Umwelt schon sehr weit fortgeschritten. Und die Bedürfnisse, die wir geschaffen haben, fordern Tag für Tag neue Opfer.

Erscheinung. Aber das Auto fordert dauernd mehr. Zum Erreichen eines neuen Bauplatzes genügt ihm noch ein schmaler Weg. Für die Rückfahrt erfordert es bereits eine Autobahn, und für diese Autobahn opfern wir wiederum Land. Wir opfern ihm auch unsere Luft – und anderes.

Was tun wir dagegen? Es werden Rechnungen gemacht. Das Auto soll als Verursacher zahlen. Als ob man mit Geld saubere Luft kaufen oder verbrauchtes Erdöl wieder zum Nachwachsen bringen könnte. Ich bin heute mit dem Zug gekommen. Mir und der Umwelt zuliebe. Aber ich bin diese Strecke von Bern nach Zürich schon oft auch mit dem Auto gefahren. Ich benütze mein Auto, weil ich glaube, daß ich mit einem Fahrzeug Zeit spare. Aber eigentlich verliere ich Zeit. Denn für einen Bundesrat vor der Mitte des 19. Jahrhunderts hätte die Strecke Bern–Zürich eine beschwerliche Zweitagesreise mit der Postkutsche bedeutet. So hätte er wohl darauf verzichtet. Also hätte er Zeit gewonnen. Und ich habe mit dem Fahrzeug Zeit verloren. Ich weiß, daß diese Rechnung auf wackligen Füßen steht. Sie nützt uns auch nichts. Das «goldene Zeitalter» war noch nie die Gegenwart!

Wir müssen uns damit abfinden, daß das Symbol der Bewegungsfreiheit, das Auto, uns unfrei macht. Mitunter auch damit, daß es sich dauernd unentbehrlicher macht. Es steht trotzdem bei den meisten Menschen in der Kolonne «Aktiven», wenn sie Lebensqualität denken oder sagen. Wir hören von den Gefahren der Abgase, von SO_2 und Kohlenmonoxid. Es gibt ferner Vermutungen, daß ein Übermaß von Kohlendioxid in der Atmosphäre zu klimatischen Veränderungen führen könnte. Es ist eine sehr ernste Frage geworden, ob die Menschheit die Fähigkeit haben wird, auf Technik zu verzichten, wenn ihre absolute Gefährlichkeit nachgewiesen ist. Sie kennen alle die erschreckenden Prognosen über das Treibgas in den Spraydosen. Offensichtlich scheint sie niemand zu glauben. Vielleicht, weil Prognosen keine Realität besitzen.

3. Unsere Umwelt ist überlastet

Die Umweltbelastung ist ein ernstes Problem. Es ist erfreulich, daß so viel darüber gesprochen wird. Aber das größte Problem ist, daß wir uns im Innersten weigern, an die Bedrohung zu glauben. Daß wir keine Konsequenzen ziehen. Nicht nur beim Auto und beim Haarspray. Es gibt viele andere Umweltbelastungen.

Die pessimistischen Prognosen des ersten Berichts des Club of Rome waren nicht Hirngespinste. Aber schon der zweite Bericht wurde von vielen Journalisten so interpretiert, daß jetzt alles in Ordnung sei. Es sei nicht so schlimm. Es gäbe Lösungsmodelle. Alles schien wieder im Gleis. Diese Interpreten übersahen aber, daß diese Lösungsmodelle politische Anstrengungen verlangen. Anstrengungen, die heute noch in keinem einzigen Staat aus politischen und materiellen Gründen durchsetzbar sind. Wenn man das in die Beurteilung mit einbezieht, ist der zweite Bericht des Club of Rome, der aufzeigt, was zu tun wäre, eigentlich noch deprimierender. Er führt uns nämlich unsere Ohnmacht vor Augen. Aber das nützt uns nichts. Es hat eben leider noch keiner erlebt, daß er gestorben ist.

Es ist eine sehr ernste Frage geworden, ob die Menschheit die Fähigkeit haben wird, auf Technik zu verzichten, wenn ihre absolute Gefährlichkeit nachgewiesen ist.

4. Endlichkeit der Ressourcen

Die nächste grundsätzliche Feststellung mache ich nur der Vollständigkeit halber. Sie ist Ihnen allen bekannt und betrifft die Endlichkeit der Ressourcen. Die Experten der Internationalen Energieagentur rechnen aus, daß die heute bekannten, gewinnungswürdigen Vorräte von Öl und Gas in vierzig bis fünfzig Jahren aufgebraucht sind, falls der Verbrauch auf dem Niveau von 1975 bleibt.

Ich weiß, daß es gefährlich ist, solche Zahlen zu nennen. Es gibt andere Experten und andere Zahlen. Aber was sie uns bringen können, sind nur günstigere Zahlen. Mehr Erdöl bringt uns kein Experte. Die Endlichkeit der Ressourcen bleibt so oder so eine Tatsache. Dazu kommt, daß wir von diesem Erdöl nicht nur als Energieträger abhängig sind. Erdöl enthält Eiweiß, das wir zur Bekämpfung des Hungers auf der Welt dringend brauchen. Erdöl ist Rohstoff für Plastik, Textilien, Düngemittel, medizinische Instrumente und Medikamente. Wir aber verbrennen dieses Erdöl mit sehr kleinem Wirkungsgrad und bestehlen damit auch unsere Nachkommen.

Aber – und hier wieder mein Gewissen –: Ich habe kürzlich eine Reise gemacht in ein Land, das eigentlich im Normalfall nur noch mit dem Flugzeug erreichbar ist. Ich nehme an, daß man mit dem Öl, das auf diesem Flug verbrannt wurde, recht viel hätte herstellen können.

Ich muß also ständig auch an meine eigene Brust klopfen, und es tröstet mich sehr, daß wenigstens die Mitglieder der Schweizerischen Gesellschaft für Umweltschutz dieser Welt ständig ein besseres Beispiel geben. Ich bitte Sie eindringlich, darin auszuharren. Auch die Bibel ist nicht von Jesus selber geschrieben worden. Das taten erst seine Jünger, und sie hatten es schon zu Lebzeiten – wie Sie heute – nicht leicht.

5. Umweltschutz

Wenn man im Zusammenhang mit einem Flugzeug von Umweltschutz hört, denkt man vor allem an die Abgase und an den Fluglärm. Aber auch die Schonung der Ressourcen gehört eben zum Umweltschutz. Immer noch – das ist auch ein Trugschluß – verwechseln viele Leute Umweltschutz mit der alten Formel des Naturschutzes. Die ehemaligen Naturschützer wollten die Natur zwar auch zugunsten des Menschen schützen. Umweltschutz geht aber einen Schritt weiter. Er bezweckt den Schutz des Menschen selbst. Und zwar nicht etwa nur den Schutz des Schweizers. Es geht um den Schutz aller Menschen. Vor allem auch jener in der dritten und vierten und fünften Welt.

Die bisherige Entwicklungshilfe hat nicht entscheidend dazu beigetragen, die bestehenden traurigen Verhältnisse zu verbessern. Deshalb verlangen die Entwicklungsländer nun eine neue, eine gerechtere Wirtschaftsordnung. Sie wollen höhere Preise für ihre Rohstoffe. Sie wollen ihre Wirtschaft entwickeln. Sie möchten ihre Ölvorräte langsamer abbauen. Wir sollten ihnen dabei helfen können. Das ist eine Frage der Solidarität. Aber wir können Erdöl nicht einfach substituieren, indem wir vermehrt Elektrizität zur Verfügung stellen. Für eine nützliche Substituierung würde der Staat auch die Kompe-

Erdöl ist Rohstoff für Plastik, Textilien, Düngemittel, medizinische Instrumente und Medikamente. Wir aber verbrennen dieses Erdöl mit sehr kleinem Wirkungsgrad und bestehlen damit auch unsere Nachkommen.

Die ehemaligen Naturschützer wollten die Natur zwar auch zugunsten des Menschen schützen. Umweltschutz geht aber einen Schritt weiter. Er bezweckt den Schutz des Menschen selbst. Und zwar nicht etwa nur den Schutz des Schweizers. Es geht um den Schutz aller Menschen. Vor allem auch jener in der dritten und vierten und fünften Welt.

tenz brauchen, den Energiekonsum gezielt zu beeinflussen. Wer ist bereit, ihm diese Kompetenzen zu geben?

Ein anderes Beispiel: Im zweiten Bericht des Club of Rome wird vorgeschlagen, den Ländern der Dritten Welt auch über das Erdölzeitalter hinaus die Rolle des Energielieferanten zuzuordnen. Ich möchte dazu persönlich nicht Stellung nehmen, sondern es hier einfach als interessante Möglichkeit erwähnen. Gedacht ist an die Einrichtung von Sonnenenergiefarmen in den Wüstengebieten. Die Hitze, die diesen Ländern bis anhin zum Schaden geworden ist, würde ihnen zum Nutzen. Ihre Wüstengebiete würden auf einen Schlag wertvoll. Allerdings: Auch hier wären – abgesehen von den technischen Schwierigkeiten – die politischen Anstrengungen zur Verwirklichung riesig.

Die Kosten für die Einrichtung solcher Sonnenfarmen würden sich nach heutigem Wert auf 20 000 bis 50 000 Milliarden Dollar belaufen. Die Sonnenfarmen würden etwa ein Prozent des heutigen Festlandes der Erde bedecken. Würde dann die Primärenergie – sehr wahrscheinlich in Form von Wasserstoff – zu dem Preis verkauft, den heute eine Wärmeeinheit kostet, könnten die Sonnenenergiefarmen frühestens in dreißig bis vierzig Jahren amortisiert werden.

Ich erwähne diese Zahlen nicht, um Ihnen etwas Neues mitzuteilen. Ich nehme an, Sie kennen diese Berichte. Aber ich möchte an diesem Beispiel aufzeigen, wieviel Geld und politische Mobilität und vor allem wieviel internationale Solidarität nötig wäre, um so anspruchsvolle Modelle zu verwirklichen.

Es ist etwas traurig, annehmen zu müssen, daß unsere heutige Gesellschaft – unsere Staaten – kaum zu großen Realisierungen fähig sein werden. Selbst wenn die Politiker den Willen dazu hätten, würden ihnen die Mittel dazu vermutlich verweigert. Auch die Wirtschaft wird das nicht tun können. Wenigstens so lange nicht, als die Ressourcen noch fließen. Marktkräfte sind stärker als politische Einsichten.

Sicher hat der liebe Gott nichts geschaffen, was unvollkommen ist. Aber bei den Menschen war er offensichtlich nahe daran.

6. Umweltschutz ist eine politische Frage

Ich komme deshalb zu meinem letzten Grundsatz: Umweltschutz ist eine politische Frage. Ich meine damit: Wenn wir scheitern, dann werden wir nicht an technischen Unzulänglichkeiten scheitern. Wir scheitern an unseren politischen Unzulänglichkeiten. Als Problem sind zwar die Anliegen des Umweltschutzes schon weiten Kreisen der Bevölkerung bekannt. Aber die meisten Leute sind immer noch davon überzeugt, daß Umweltschutz mit einigen individuellen und öffentlichen Einzelentscheiden zu bewältigen wäre.

Letztlich scheitern wir aber daran, daß wir uns nicht vorstellen können oder uns nicht vorstellen wollen, wie die Welt in zwanzig oder fünfzig Jahren aussehen soll. Und wenn wir davon schon Vorstellungen haben, dann fehlt uns die Möglichkeit, diese Vorstellungen auf einen Nenner zu bringen. Ohne eine Vorstellung, wie unsere Zukunft aussehen könnte, ist aber jede Energiepolitik und damit auch jeder Umweltschutz reines Flickwerk.

Sicher hat der liebe Gott nichts geschaffen, was unvollkommen ist. Aber bei den Menschen war er offensichtlich nahe daran.

Als Problem sind zwar die Anliegen des Umweltschutzes schon weiten Kreisen der Bevölkerung bekannt. Aber die meisten Leute sind immer noch davon überzeugt, daß Umweltschutz mit einigen individuellen und öffentlichen Einzelentscheiden zu bewältigen wäre.

Nun behauptet zwar jeder Politiker, daß seine Aufgabe die Zukunft sei. Aber wo ist die Regierung, wo ist das Parlament, die Zeit und Muße haben, sich mit einem umfassenden Zukunftsbild auseinanderzusetzen? Und selbst wenn sie es täten, würde man es ihnen vermutlich übelnehmen, weil die meisten Leute Dringlicheres sehen. Wir leben ja jetzt und in dieser Welt: Unsere Blicke richten sich lieber rückwärts. Jede Vergangenheit ist bequemer als die Zukunft, die uns mit ihrer Ungewißheit oft genug auch Angst macht.

Auch in diesen Fragen ist es eben so, daß der Fachmann, daß der Wissenschaftler den politischen Gremien den Entscheid nicht abnehmen kann. Und es ist eine Tatsache, daß die Politik nie die Möglichkeit haben wird, ein auch noch so überzeugendes Modell einer einzelnen Gruppe zu übernehmen.

Überlegen Sie sich nur, wie unser Stimmbürger eine Frage der internationalen Solidarität mit entsprechenden Kostenfolgen heute entscheiden würde. In hellen Scharen würde man mit dem Nein-Stimmzettel an die Urne marschieren. Hier liegt letztlich die entscheidende Aufgabe der Umweltschutzverbände. Sie müssen mithelfen, daß die Leute in großen Zusammenhängen denken lernen. Wir müssen die Einsicht vermitteln, daß wir in dieser Welt nur gemeinsam überleben werden.

Und noch etwas anderes müssen Sie vermitteln: Der einzige Ort, wo dieses Gemeinsame durchzusetzen ist, das ist die politische Gemeinschaft. Es ist der Staat, der uns schon jetzt in unserem dichtbesiedelten Gebiet auf Schritt und Tritt in Form von scheinbar schikanösen Vorschriften begegnet. Es ist der Staat, den wir so oft und so gerne mit «Zwang» gleichsetzen oder gleichsetzen lassen. Viele meinen Freiheit vom Staat, wenn sie Freiheit sagen. Aber wir müssen wissen, daß wir Vernunft beim Einsatz der Energie und Einsichten im Umweltschutz nur über und durch den Staat durchsetzen werden. Deshalb geht es hier nicht allein um Technik. Es geht um Politik. Ein unpolitischer Umweltschützer treibt keinen Umweltschutz. Er ist ein Eunuch, der sein Leben ohne Hoffnung auf Erfüllung verbringt.

Dies ist mein Appell an Sie, politisch zu werden. Politisch zu denken und politisch zu handeln. Es hat jedoch keinen Sinn, von einem demokratischen Staat etwas zu fordern, das er aufgrund des bestehenden Rechts nicht geben kann. Wir müssen zuerst auf demokratischem Weg in diesem Staat die Voraussetzungen schaffen, um eine bewußte und verantwortungsbewußte Energie- und Umweltpolitik machen zu können. Dazu braucht es nicht allein Gesetze. Es braucht das Vertrauen in die Möglichkeiten unserer Staatsform. Und auch etwas Geduld. Aber leider ist gerade Geduld das einzige Ding, das man verlieren kann, ohne es zu besitzen.

Doch die Demokratie ist immer noch die erträglichste Form menschlicher Unzulänglichkeit. Deshalb sollte auch der Ungeduldige immer wieder daran denken, daß selten etwas Rechtes entstehen kann, wenn man nicht immer wieder ganz vorne beginnt. Das ist ohne Zweifel auch in den Fragen so, die uns gemeinsam beschäftigen.

Nun behauptet zwar jeder Politiker, daß seine Aufgabe die Zukunft sei. Aber wo ist die Regierung, wo ist das Parlament, die Zeit und Muße haben, sich mit einem umfassenden Zukunftsbild auseinanderzusetzen?

Ein unpolitischer Umweltschützer treibt keinen Umweltschutz. Er ist ein Eunuch, der sein Leben ohne Hoffnung auf Erfüllung verbringt.

Von der Unwirtlichkeit unserer Städte

5. OKTOBER 1976

Die Rede vor dem Schweizerischen Städteverband ist ein Appell an die helvetischen Stadtväter, den urbanen Lebensraum für die Menschen zu retten.

Wie Wanderprediger wallen wir vom Jubiläum zur Generalversammlung und versuchen hier und dort zu rechtfertigen, daß die Schweiz regiert wird. Oft wird nicht nur bestritten, daß bei uns regiert wird, sondern auch, daß wir überhaupt eine Regierung haben. Andern ist auch das noch zuviel.

Vielleicht ist gerade das eine Ursache der Störung: Unser hektischer Drang des Ordnens und Regulierens. Seit der Bund die Gesetze im Loseblattsystem herausgibt, macht auch mir die Gesetzgebung ab und zu etwas Angst.

Es ist in der Eidgenossenschaft üblich, daß das Gespräch zwischen der Regierung und den großen Organisationen sich in bundesrätlichen Monologen abspielt. Wie Wanderprediger wallen wir vom Jubiläum zur Generalversammlung und versuchen hier und dort zu rechtfertigen, daß die Schweiz regiert wird. Oft wird nicht nur bestritten, daß bei uns regiert wird, sondern auch, daß wir überhaupt eine Regierung haben. Andern ist auch das noch zuviel.

Es ist immer gut, wenn man seine Rolle überdenkt, bevor man sie spielt. Das gilt auch für Bundesräte, die ja stets in Gefahr sind, ihre Stellung zu überschätzen. Das Volk zieht sie dann bei den Abstimmungen periodisch wieder an den Hosenstößen aus den Wolken herunter.

Wenn eine Hälfte des Volkes wichtige Vorlagen verwirft und die andere schweigt, sind die Beziehungen zwischen dem Bürger und den Behörden gestört. Und es hilft wenig, jetzt im Eifer noch mehr und noch bessere Gesetze zu entwerfen. Vielleicht ist gerade das eine Ursache der Störung: Unser hektischer Drang des Ordnens und Regulierens. Seit der Bund die Gesetze im Loseblattsystem herausgibt, macht auch mir die Gesetzgebung ab und zu etwas Angst.

In den stürmischen sechziger Jahren haben wir auf unseren Kleinstaat eine wirtschaftliche Großmacht zu pfropfen versucht. Das hat zwangsweise die Zentralisierung beschleunigt. Das war unvermeidlich. Viele Probleme können Kantone und Gemeinden nicht mehr aus eigener Kraft bewältigen. Sie brauchen die ordnende und auch helfende Hand des Bundes. Gefährlich ist es erst, seitdem man den Bund dazu gezwungen hat, auch alle möglichen hautnahen Detailfragen zu regeln, statt nur Rahmenbedingungen aufzustellen, die dem nachgeordneten Gemeinwesen den Spielraum lassen, ihre Bürger auf ihre Façon selig werden zu lassen. Damit ging die Übersicht verloren. Dem Bürger sind die Handlungen des Bundes nicht mehr vertraut. Er beginnt, sie als «Machenschaften» zu beargwöhnen. Der Ausdruck «die z'Bärn obe» deutet nicht mehr die jovial-kritische Mitverschworenheit des Bürgers an, der Tuchfühlung spürt. Der Ausspruch enthält teils resignierende, teils aufmuckende Nebentöne.

An dieser Entwicklung sind wir alle schuld. Wir haben laufend nach dem Geld des Bundes gerufen und vergessen, daß der, der borgt, der Knecht dessen wird, der gibt. Wir müssen – wie ich glaube – vor allem die Durchschaubarkeit zurückgewinnen. Das kann geschehen, wenn man das Volk näher an die Entscheide heranbringt, die in seinem Namen getroffen werden. Das Heil liegt vermutlich nicht in mehr eidgenössischen Referendums- und Initiativmöglichkeiten. Wenn in der Demokratie der Ruf nach dem Ombudsmann ertönt, dann stimmt etwas anderes nicht mehr. Dann heißt das, wir brauchen einen amtlichen Anwalt für das Gespräch zwischen Bürger und Behörden. Es ist eine schlimme Qualifikation für unsere demokratischen Einrichtungen, wenn die Besserung von einer Institution erhofft wird, die geistig der absolutistischen Monarchie entstammt. (Das wäre dann wirklich der «Wilhelm Tell» von hinten aufgeführt.)

Das militärische Marignano liegt hinter uns. Es war unschön. Geistig hat es von unserem Volk die ungeheure Anstrengung erfordert, sich selbstkritisch ins Maß zu zwingen. Ich glaube, in unserer staatspolitischen und volkswirtschaftlichen Entwicklung ist eine ähnliche Selbstüberwindung nötig. Sie kann nicht dekretiert werden. Sie kann nur aus dem Gärungsprozeß reifen, in dem wir – von vielen noch unerkannt – mittendrin stehen.

Ich halte die Gewitterwolken über unserer politischen Landschaft nicht einfach für drohend. Sie können Reinigung und Erfrischung versprechen. Auch in heißen Sommern schauen wir gerne sehnsüchtig nach reinigenden Gewittern aus.

Unserem kleinkammerigen Land entsprechen auch kleingliedrige Organisationsformen, die den Föderalismus und den Bundesstaat ausmachen. Der Föderalismus verpflichtet, Aufgaben und Entscheidungen auf der stets niedrigstmöglichen Stufe zu lösen. Der Bundesstaat sorgt als Spange für nationalen Zusammenhalt und für die internationale Handlungsfähigkeit. Wir haben aber dem Bundesstaat mehr Lasten aufgedrängt, in der irrigen Meinung, für unsere abgewälzten Pflichten bezahle stets irgendein Dritter. Es ist aber anders gekommen: Nun bezahlen wir alle stets die abgewälzten Aufgaben Dritter statt die eigenen.

In diesem Zustand hilft es wenig, jetzt ein Bundesgesetz zu erlassen über die «Durchsichtigkeit der Verwaltung und den Schutz des Föderalismus». Da könnte man auch gleich ein Erdbebenverbot anschließen. Der Kurswechsel muß von unten her ausgelöst werden. In einem geduldigen, jahrelangen Prozeß. Dem Prozeß, allmählich wieder die Aufgaben eigenständiger zu erfüllen, die dem Bürger auf der Haut brennen.

Wie sind die Probleme unserer Städte einzustufen? Wer von Los Angeles zurückkommt, dem kommen sie wie Oasen vor. Aber man kommt eben selten von Los Angeles zurück. Man fährt öfter vom Land in die Stadt. Und da fällt einem schon mehr auf. Es ist alles eine Frage des Verhältnisses. (Wenn einem Elefanten Kokosnüsse auf den Kopf fallen, meint er, es regne.)

Über Besonderheiten, Fehlentwicklungen und Lösungsmöglichkeiten städtischer Siedlungen zu sprechen ist für mich etwas gewagt. Ich bin als Dorfbewohner alles andere als urban aufgewachsen. Ich

Wenn in der Demokratie der Ruf nach dem Ombudsmann ertönt, dann stimmt etwas anderes nicht mehr. Dann heißt das, wir brauchen einen amtlichen Anwalt für das Gespräch zwischen Bürger und Behörden.

Ich halte die Gewitterwolken über unserer politischen Landschaft nicht einfach für drohend. Sie können Reinigung und Erfrischung versprechen. Auch in heißen Sommern schauen wir gerne sehnsüchtig nach reinigenden Gewittern aus.

kann mir nicht anmaßen, den vereinigten Stadtpräsidenten und Stadtammännern die Stadt zu erklären.

Nehmen Sie es mit Nachsicht auf. Es schimmert überall eine Liebeserklärung durch. Mehr Gefühl als Logik. Städte haben Europas Kultur geprägt. Schon diese generelle Behauptung ist emotionell, wie überhaupt das Gefühlsmäßige in der großen Literatur über Städtebau und städtisches Leben vorherrscht. Über das Wesen der Stadt läßt sich also nicht mehr viel Neues sagen. Aber viel Falsches. Das entlastet mich etwas. Denn dauernd wird über Städte gesprochen und geschrieben und manchmal auch nachgedacht.

Meine Rechtfertigung, mich an diesem Babel zu beteiligen, liegt im Verkehr. Und ich möchte behaupten, daß die Mobilität in allen ihren Spielarten die Stadtentwicklung geradezu erschreckend beeinflußt hat, trotz ihrer vielen positiven Seiten. Das Bild der modernen Stadt zeigt den Sieg des Verkehrs und des Bauens über den Menschen. Der heilige Fluß der Inder ist der Ganges. Bei uns ist es der Verkehrsfluß geworden. Diese Erscheinung ist «modern». Das darf uns die Hoffnung geben, daß sie auch wieder einmal unmodern werden wird.

Was allerdings die Stadt ausmacht, ist nicht in erster Linie ihr Verkehr. Es sind ihre Bauten. Die sogenannten Wahrzeichen von Städten sind fast ausschließlich Bauwerke. Sie haben sich uns so eingeprägt, daß wir auf Anhieb auch Städte erkennen können, die wir noch gar nie besucht haben. Mit den beiden Begriffen «Verkehr» und «Bau» läßt sich das Wesentliche einfangen, was die Städte seit je geprägt hat und was im besonderen auch die heutige moderne Stadt prägt.

Bei beiden Gebieten muß man die sekundären Nebenwirkungen einbeziehen. Zum Verkehr gehören auch seine Immissionen: die Trennung von Wohnen und Arbeiten, die Schmälerung der städtischen Grünräume und Naherholungsgebiete, auch der Steuerexport, der manchem Stadtkassier gerade heute die letzten, spärlichen Haare raubt.

Beim Sektor Bau wären etwa hinzuzuzählen: Verlust eines eigentlichen städtebaulichen Willens – ästhetisch und technisch – bei Einzel- und Quartierbauten, das Übergewicht von rein technischen Bauordnungen, ungebremster Grundeigentumsegoismus, Entmischung der städtischen Funktionen. Das sind nicht Qualifikationen, sondern Tatbestände.

Das Fach der Städteplanung ist zwar seit langem populär. Hunderte von Veröffentlichungen bezeugen das. Aber mir scheint, daß man auch hier das Problem immer wieder allzu technisch angegangen ist. Man hat zwar die Technik des Wohnens, des Zusammenlebens studiert, die Technik des Verkehrsflusses usw. Aber man hat sich offensichtlich zuwenig Gedanken gemacht über das Wesen einer Stadt, über ihre Funktionen, die mit Technik allein nicht zu definieren sind. Es ist immer gefährlich, wenn sich die Technik mit der menschlichen Glückseligkeit beschäftigt. Wir gehören zwar technisch zu den Raumfahrern, aber ethisch stecken wir noch in der Steinzeit.

Das Bild der modernen Stadt zeigt den Sieg des Verkehrs und des Bauens über den Menschen. Der heilige Fluß der Inder ist der Ganges. Bei uns ist es der Verkehrsfluß geworden.

Es ist immer gefährlich, wenn sich die Technik mit der menschlichen Glückseligkeit beschäftigt.

Der Mensch ist entweder ein Spät- oder Neuromantiker. Er lebt und denkt immer noch ungern in Glas und Stahl. Der ganze Städtetourismus ist ausschließlich auf Altstädte konzentriert. Für den Schiefen Turm von Pisa können Sie rasch einen Car füllen oder für die Kapellbrücke in Luzern. Aber versuchen Sie einmal, die Leute für eine moderne, seelenlose Massensiedlung zu begeistern, wie sie in den letzten Jahrzehnten vor allem an den Rändern der Städte entstanden sind. Und denken Sie an eine solche Siedlung bei ihrer ersten Jahrhundertfeier. Da wird man in Schutzhelmen tanzen müssen.

Viele unter Ihnen machen sich Gedanken darüber, wohin das schließlich führen wird, diese Zerstörung des Stadtgedankens mittelalterlicher Prägung, mit der die Zerstörung von viel eidgenössischer Staatsvorstellung einhergeht. Manches wird heute schon getan, um das noch Bestehende zu retten. Aber der Weg ist steinig. Je dichter die Besiedlung wird, desto schwieriger wird es, die privatrechtliche Freiheit des Grundeigentums und seiner Nutzung mit den öffentlichen Interessen in Einklang zu bringen.

Immer noch ist das unvermehrbare Gut «Boden» dem Eigentümer-Egoismus preisgegeben. Das drückt sich nicht nur in einer gewinnorientierten Bauerei aus. Es ist auch im Kleinen sichtbar. Vor allem in der Verwahrlosung von Grundstücken, unordentlichen Lagerplätzen, häßlichen Dauerprovisorien, abstoßenden Industrie- und Gewerbevierteln. Wer mit der Bahn von Olten nach Zürich fährt, sieht keine heile Welt mehr. Das ist nicht möglich. Wir sind ein Industriestaat geworden. Wir haben es uns dabei gutgehen lassen, und vieles – ich möchte sagen, das meiste – war sicher seinen Preis wert. Aber manches wäre auch anders und besser möglich gewesen. Unsere Visitenkarte hat Fettflecke erhalten. Der durchreisende Tourist hält sich bald besser an die Bildkalender, in denen wir unsere schöne Scheinwelt darstellen.

Ich bin nicht bereit, in den großen Chor einzustimmen, der uns weismachen will, das alles sei – so wie es sei – der Preis des Fortschritts und des hohen Lebensstandards. Vieles ist nichts anderes als der Preis unserer Verantwortungslosigkeit. Wenn jeder Reiche privat schön wohnt, warum baut sich dann unser reiches Volk diese häßliche Welt? Gilt vielleicht auch hier das Wort von der Privatisierung der Gewinne und der Sozialisierung der Verluste? Im privaten Bereich sind wir Ästheten. Im nach außen gerichteten, öffentlichen Bereich sind wir reine Kostendenker und Minimalisten.

Auch die öffentliche Hand selbst blieb von diesem einseitigen Denken nicht immer verschont. Ich sage das etwas zu verallgemeinernd, und es wird in so genereller Form da und dort zu Recht als zu hart und als ungerecht empfunden werden. Aber Großzügigkeit ist heute zum Schimpfwort geworden. Großzügigkeit zeigt Verschwendung an. Früher stellte sich die Gemeinschaft im öffentlichen Bau dar. Er war repräsentativ bis hinunter zu den Bahnhöfen und Schulhäusern. Das gibt es auch heute noch. Aber eher in löblichen Ausnahmen.

Natürlich haben wir heute andere, vor allem viel nationalere Auffassungen. Niemand wird im Ernst für wilhelminische Prunkbauten

Wer mit der Bahn von Olten nach Zürich fährt, sieht keine heile Welt mehr. Das ist nicht möglich. Wir sind ein Industriestaat geworden.

Ich bin nicht bereit, in den großen Chor einzustimmen, der uns weismachen will, das alles sei – so wie es sei – der Preis des Fortschritts und des hohen Lebensstandards. Vieles ist nichts anderes als der Preis unserer Verantwortungslosigkeit.

Heimat kann nur sein, was unverwechselbar ist. Die meisten modernen Großüberbauungen sind das nicht.

Seit Jahren versuchen uns die Architekten von der Gemütlichkeit des Sichtbetons zu überzeugen. Aber diese «Blöcke» – ein typisches Wort – atmen keine Geborgenheit. Sie rufen dem Bewohner nicht zu: «Bei mir findest du Schutz, Wärme, Ruhe...» Sie sagen nichts als: «Ich bringe 8 Prozent Rendite.»

plädieren. Aber versteckt sich hinter der gewünschten Funktionalität moderner öffentlicher Bauten nicht oft auch viel schäbige Kleinlichkeit?

Der wohl bedeutendste zeitgenössische Repräsentativbau in unserem Land und unserer Zeit sind die Nationalstraßen. Ihre Brücken- und Tunnelbauwerke haben eigenartigerweise noch den pathetischen Glanz des Erhabenen. Ist das vielleicht so, weil unsere Seele wirklich nur noch im Auto steckt und weil wir nur noch ein Herz für Dinge haben, die mit diesem Auto zu tun haben?

Wer über Städtebau und städtisches Leben nachdenkt, ist gerne versucht, die Leute zu ihrem Glück zwingen zu wollen. Aber in den Städten wissen viele nicht mehr genau, nach welchem Glück sie eigentlich streben sollten. Sie wissen nicht, was sie wollen. Aber sie wollen es. Ich möchte das am Begriff der «Wohnlichkeit» näher beschreiben. Und zwar nicht an der Wohnlichkeit der Wohnung selbst, sondern der Nachbarschaft, des Quartiers.

Heimat kann nur sein, was unverwechselbar ist. Die meisten modernen Großüberbauungen sind das nicht. Es sind fast immer so etwas wie Ansteck-Quartiere. Das heißt, man könnte sie ohne jede Änderung an die Stadt Rio de Janeiro oder auch an Helsinki anstecken. Sie liegen am Rande der Städte, als seien sie zufällig dort fallengelassen und nie abgeholt worden.

Nun schwärmen Soziologen in solche Quartiere aus und fragen die Leute, ob sie glücklich seien. Nach den Umfragen, von denen ich gelesen oder gehört habe, halten sich die Bewohner solcher Wohnwüsten im Durchschnitt für zufrieden. Das ist normal. Man arrangiert sich im Leben. Die Anpassungsgabe ist ein Selbstschutz. Viele haben nie oder seit Jahren nichts anderes, Besseres erlebt. Man ist heute schon glücklich, wenn man nicht gerade unglücklich ist. Menschliches Empfinden wird nur aus dem Gegensätzlichen bewußt. Man weiß erst, wie warm es im Bett ist, wenn die Decke zu kurz ist.

Der Massenquartierbewohner hat die Zufriedenheit des latenten Mißmuts. Das Gefährliche daran ist, daß er die Ursachen dieses Mißmuts nicht kennt. Er ist deshalb schwer behebbar. Man müßte erst die Ursachen klar machen, bevor man die Wirkung beseitigen kann. Ich kann es natürlich nicht beweisen: Aber ich glaube, einiges von dem, was wir als Staatsverdrossenheit bezeichnen, könnte aus der Lebensumgebung stammen, deren Einflüsse wir noch immer sehr unterschätzen. Wenn die Quartiere so ohne weiteres vertauschbar werden, dann können auch die Bewohner nicht recht verwurzeln. Der Mensch ist ein geselliges Wesen. Er braucht Nachbarschaft, die Gruppe, Gewohnheiten und Wohlbehagen in seiner Umgebung.

Die zeitgenössische Architektur – ich sage das sicher auch zu verallgemeinernd – ist auf vielen Gebieten von erdrückender Langeweile. Seit Jahren versuchen uns die Architekten von der Gemütlichkeit des Sichtbetons zu überzeugen. Aber diese «Blöcke» – ein typisches Wort – atmen keine Geborgenheit. Sie rufen dem Bewohner nicht zu: «Bei mir findest du Schutz, Wärme, Ruhe...» Sie sagen nichts als: «Ich bringe 8 Prozent Rendite.» Ein modernes Quartier ist meist

Die letzten Abstimmungsergebnisse sind keineswegs
der Ausdruck von Opposition. Sie sind leider eher
ein Ausdruck der Resignation.

Aus dieser Resignation gegenüber dem Staat (und
auch gegenüber der Partei) müssen wir die Leute
herausreissen. Das werden wir nur tun können, wenn
wir im Staat mitarbeiten und hier unsere Meinung
vertreten. Der Kampf um die Mitbestimmung in der
Wirtschaft würde unglaubwürdig, wenn wir sie im
Staat nicht erstreben und nicht praktizierten.

In dieser Regierungsarbeit fällt übrigens nicht
einfach jedes unserer Voten unter den Tisch. Wir
dürfen - zwar nicht den jetzt amtierenden - aber

Der rechtsliberale Ruf nach einem minimalistischen
Staat, der nur in der allerletzten Not eingreifen
soll, ist der alte bürgerliche Kampf gegen die
soziale Gerechtigkeit.

"Ein armer Staat kann nie ein sozialer Staat sein."

weniger darauf beschränkt, Feindbilder zu entwerfen,
die Mächtigen zu entlarven, darzustellen, wer hier
Macht ausübt und mit welchen Mitteln. Sicher, den
Feind muss man kennen. Aber man muss ihm auch etwas
entgegenstellen. Wenn wir uns lediglich auf seine Darstellung beschränken, werden die Leute mit Resignation
reagieren und erklären: "Da kann man nichts machen,
wir sind zu schwach."

Ich vergleiche gewisse Politologen gerne mit den
Meterologen. Nach ihrer Meinung war die Voraussage
schon richtig, aber das Wetter war eben falsch.

Aber ich habe es schon gesagt: Wir haben nur
dieses Volk und es macht sich das Wetter nicht nach
unseren Theorien.

sich ängstigen muss um seine Existenz und seine
Zukunft ist ein unfreier Mensch.

Man kann nicht das Land der Freiheit sein. Das
Land der Freiheit kann man immer nur werden.
Keiner kann frei sein, solange es Unfreie gibt.

Freiheit heisst lebenswertes Leben. Freiheit heisst
Sicherheit. Nicht nur Sicherung der Landesgrenzen,
sondern Sicherung der Zukunft aller Menschen.
Das Lied der Freiheit nicht auf dem Instrument
der Gewalt spielen.

Willi Ritschard überarbeitete seine Manuskripte immer wieder und versah sie wie Partituren mit Auszeichnungen für die rednerische Akzentuierung.

wenig mehr als eine präzis kalkulierte Addition von Einzelegoismen. Man braucht beileibe nicht das private Eigentum aufzugeben. Aber man muß dafür sorgen, daß seine Verpflichtungen für die Gemeinschaft besser gewährleistet werden.

Die Flucht aus den Städten hat auch bei uns eingesetzt. Ich habe zu sagen versucht, daß es dafür viele Gründe gibt. Auf einen einfachen Nenner gebracht, möchte ich sagen: Die übermäßige Mobilität hat diese Flucht gleichzeitig verursacht und ermöglicht. Die großen und teils auch die mittleren Städte nehmen ab. Die Agglomerationen wachsen. Wir müssen einen immer größeren Teil unseres Verdienstes zwangsweise dafür verwenden, um die zunehmenden Distanzen zwischen Wohnen, Arbeiten, Einkaufen und Erholen zu überwinden.

1972 hat der Stadtrat von Zürich geschrieben: «Die Stadt Zürich ist an einem Wendepunkt ihrer Geschichte angelangt. Ihr quantitatives Wachstum ist abgeschlossen...» Das Ende des Wachstums schafft uns in allen Bereichen wenig neue Probleme. Aber es enthüllt brutal die alten, ungelösten. Solange die Bevölkerung gewachsen ist, sorgten sich nur wenige um den Zug der ländlichen Jugend in die Stadt. Denn die Landgebiete konnten den Bestand im großen und ganzen halten, eben dank des Wachstums. Wenn nun aber im entstandenen Gleichgewicht oder sogar Rückgang die Agglomerationen weiter wuchern, dann wird notgedrungen die Landbevölkerung noch rascher abnehmen. Und mit unserer vielgepriesenen guten Siedlungsstruktur wird es bald einmal vorbei sein. Unser Volk wohnt dann in Gürteln zwischen entleertem Land und entleerten Altstädten. Dieses Volk wird dann auch bald genug bekommen, diese Altstädte, in denen niemand mehr wohnen kann, zu sanieren und zu pflegen. Es wird die Mittel brauchen, um seine Zweitwohnungen zu amortisieren.

Auch auf finanziellem Gebiet hat das Wachstum uns die Wendung zum Bösen versüßt. Solange die Steuereinnahmen stiegen, konnten die Städte den Steuerexport in die Vororte verschmerzen. Nun rutschen langsam die Nullen hinter das Komma.

Das Ende des Wachstums heißt nicht Stagnation. Es bietet uns auch eine ungeahnte Chance: Erstmals seit Jahrzehnten werden wir vom Zwang befreit, alles zurückzustellen, um uns auf den dauernden Nachholbedarf an Infrastrukturen aller Art zu konzentrieren. Nun bekommen wir doch allmählich Zeit, damit wir uns wieder den Qualitäten zuwenden können.

Qualität ist anspruchsvoll. Es genügt nicht, ein Trottoir schöner zu teeren und einen Baum zu pflanzen. Um Qualität zu erzielen, müssen wir auf verschiedensten Gebieten zusammenspielende Maßnahmen treffen. Meist genügen einfache, pragmatische Dinge. Doch darf man sich nicht täuschen lassen durch diese Einfachheit. Es braucht alle Register der Regierungskunst, um behutsam und geduldig aus allen Bereichen des städtischen Lebens heraus dieses gemeinsame Ziel der Qualität anzustreben.

Sie fragen mich – zu Recht –, welche Rezepte Ihnen der helvetische Verkehrsminister denn anzubieten habe. Ich muß Ihnen sagen:

Das Ende des Wachstums schafft uns in allen Bereichen wenig neue Probleme. Aber es enthüllt brutal die alten, ungelösten.

Das Ende des Wachstums heißt nicht Stagnation. Es bietet uns auch eine ungeahnte Chance: Nun bekommen wir doch allmählich Zeit, damit wir uns wieder den Qualitäten zuwenden können.

Mit Alternativ-Energien die das Oel ersetzen ist das Energieproblem aber allein nicht zu lösen.

Wir müssen den Gesamtverbrauch an Energie auch aus Gründen der Oekologie zu reduzieren suchen.

Jede Erzeugung und jeder Verbrauch von Energie erzeugt Wärme. Selbst die Glühlampe wird heiss, wenn sie eine Zeitlang gebrannt hat.

Diese Wärme geht in die Luft. Sie lässt sich aber nicht einfach auf. Sie vermischt sich nur mit der kalten Luft und macht so diese immer wie wärmer.

Man hat über Essen, also im Ruhrgebiet gemessen, dass sich dort die Luft auf 1000 Meter Höhe in den letzten 30 Jahren um durchschnittlich 1 Grad Celsius erwärmt hat. Wenn man dort weiterhin gleich-

Faksimile der ersten, handschriftlichen Fassung einer Rede.

«Keine». Nicht einmal Geld, das der Schwerkraft gehorcht und von oben nach unten fließt. Ich weiß auch nur, was ich nicht möchte, wie Sie: Wir wollen alle, daß nicht auch bei uns die Angst, Aggression, Armut, Unzufriedenheit, Einsamkeit und Hoffnungslosigkeit zum Stadtleben ebenso gehört wie die Unfähigkeit, Auswege und menschlichere Formen des Zusammenlebens zu finden. Am Ende unserer Überlegungen darf nicht wie in New York die Bankrotterklärung stehen.

Es werden Eingriffe in die Freiheit der Mobilität notwendig sein. Vielleicht auch in die Freiheit der Verfügbarkeit über das Grundeigentum. Mit solchen Maßnahmen soll aber nicht Freiheit eingeschränkt, sondern geschaffen werden. Im heutigen Zustand vermeintlicher Freiheit sind wir in Wahrheit in ein Netz von dirigistischen Regeln, oft kleinlicher Art, verstrickt. Dieses Netz von Vorschriften schützt und bewahrt nicht. Es schnürt nur ein. Unsere komplizierten und unübersichtlichen Bauvorschriften haben die Entstehung der seelenlosen Siedlungswüsten nicht verhindert. Sie haben sie eher ermöglicht. Freiheit kann eben nicht darin bestehen, daß man zuerst alles gewähren läßt und dann mit öffentlichen Mitteln krampfhaft versucht, Reste zu retten.

Freiheit kann eben nicht darin bestehen, daß man zuerst alles gewähren läßt und dann mit öffentlichen Mitteln krampfhaft versucht, Reste zu retten.

Ich möchte die Qualität der Städte verbessern. Aber bei dieser Qualitätsverbesserung sollen nach unseren nationalen Vorstellungen über die Siedlungsstruktur unsere großen Agglomerationen nicht weiter wachsen. Das wird die alles überlagernde Sorge der Zukunft sein. Die Attraktivität der Stadt darf nicht die Öde des Landes bewirken. Es braucht nicht viele Worte, um zu begründen, warum diese Sorge nicht über Niederlassungsbeschränkungen oder andere Behinderungen der freien Wohnsitzwahl geschehen kann.

Diktaturen können das so brachial tun. Aber sie erzielen eben doch damit nichts als die totale Öde. Wir müssen nach Wegen suchen, auf denen uns der Bürger folgen will. Man könnte ein bekanntes militärisches Wortspiel abwandeln und sagen: Der Bürger hat Sinn für Ordnung, wenn die Ordnungen Sinn haben. Auf der Suche nach dem Sinn sind seit vielen Jahren ganze Scharen von Wissenschaftern, Politikern und Verwaltungsleuten. Aber noch haben wir keine ideale, nicht einmal eine halbwegs erfolgreiche Lösung bereit.

Der Bürger hat Sinn für Ordnung, wenn die Ordnungen Sinn haben.

Diese Lösung müßte aus dem «philosophischen Reservoir» stammen, das bei unseren Bürgern akzeptiert ist. Denn nur im totalitären Staat besteht Politik darin, die Bürger von ihren eigenen Angelegenheiten fernzuhalten. Bei uns kann sie nur aus der gewogenen Summe der Angelegenheiten aller Bürger bestehen. Aber eben: Wie sieht dieses Gesamtbild bei unserem komplizierten Siedlungsproblem aus?

Ich habe schon vom Sieg des Verkehrs gesprochen. Nachhaltigste Einflüsse auf Stadtbild und Stadtentwicklung gingen vom Verkehr aus. Die Entwicklung der Mobilität überschwemmte förmlich die Städte. In den letzten fünfundzwanzig Jahren gab es keine überlegten, vielfächerischen Entwicklungsplanungen mehr. Die Themen Verkehr und Erschließung verdrängten alle Versuche, den Gesamtorganismus «Stadt» im Auge zu behalten. Aber wenn man Jahrzehnte nichts anderes tun kann als Hochwasser bekämpfen, denkt man

Die Themen Verkehr und Erschließung verdrängten alle Versuche, den Gesamtorganismus «Stadt» im Auge zu behalten.

doch langsam darüber nach, ob man noch am richtigen Ort wohnt. Und wenn unsere Städte allmählich in den Verkehrsfluten versinken, benehmen wir uns, als ob wir auch diesen Verkehr wie ein Hochwasser hinnehmen und die Stadt verlegen müßten. Die Intensität, mit der wir die Schwierigkeiten des Verkehrs bereden, hat uns glauben gemacht, er sei wie das Hochwasser ein Naturereignis.

Der Ausschließlichkeitsanspruch des Verkehrs bewirkt, daß wir ihm mit ebenso ausschließlichen, also einseitigen Maßnahmen begegnen. Lange Jahre haben wir das erwähnte Fluß-Denken geübt. Wir haben die Autowellen kommen sehen und uns an ihnen gefreut. Wir haben Straßen geradegelegt und die Trottoirs verschmälert. Als es uns allmählich etwas viel wurde, sind wir zum Wehr-Denken übergegangen. Immer noch lieben wir das Auto, aber wir lieben es am wenigsten da, wo es auftritt. «Lobet den Herrn, aber haltet ihn fern.»

Schon lange haben wir unsere Liebe zum öffentlichen Verkehr entdeckt. Zum kollektiven, gebündelten Verkehr. Wir möchten versuchen, durch schwerpunktmäßigen Ausbau der Agglomerations- und Regionalnetze die Segnungen des Verkehrs für die Innenstädte zu bewahren, ohne zuviel Störungen in Kauf nehmen zu müssen. Nicht nur die Maßnahmen, mit denen wir den Verkehr bändigen wollen, sind einseitig. Noch einseitiger wird das Ganze, weil diese Verkehrsmaßnahmen meist noch allein auf weiter Flur stehen. Sie wirken sich deshalb nicht nur positiv aus. Man kann meistens gar nicht übersehen und abschätzen, welche Folgen eine einzelne Maßnahme haben könnte. Die Stadt ist ein dermaßen labiles gesellschaftlich-wirtschaftliches Gebilde, daß Eingriffe höchst vorsichtig gemacht werden müssen. Außerdem muß auf verschiedenen Gebieten und Ebenen gleichzeitig gehandelt werden.

Das ist leicht gesagt. Da sind die berühmten «Maßnahmenbündel», von denen man dauernd spricht. Aber keiner weiß, wie sich das Bündel zusammensetzen und wie es rechtlich und politisch verwirklicht werden soll. Als ich Unterlagen für diesen Vortrag gelesen habe, fiel mir auch der Geschäftsbericht 1969 des Bundesrates in die Hände. Dort schreibt er – das sind nun rund sieben Jahre her:

«Es wird eine der Hauptaufgaben der Zukunft sein, den Verkehrsfluß in den dichtbesiedelten Gebieten nicht nur aufrechtzuerhalten, sondern auf menschlichere Dimensionen zurückzuführen... Allmählich setzt sich die Erkenntnis durch, daß die dem individuellen Verkehrsmittel heutiger Art schrankenlos geöffnete, autogerechte Stadt nicht erstrebenswert ist. Nicht die verkehrsgerechte Stadt, sondern der stadtgerechte Verkehr muß deshalb das Ziel der Verkehrspolitik bleiben...»

Das sind, wie gesagt, siebenjährige Worte. Und die Tatsache, daß wir noch am gleichen Ort treten wie damals, sollte uns nachdenklich stimmen. Der Text ist unmißverständlich und allgemein anerkannt. Er hat bloß einen Fehler: Der Schluß ist falsch. Es sollte nicht heißen: «Der stadtgerechte Verkehr muß das Ziel der Verkehrspolitik *bleiben*.» Das war eine Beschönigung. Er muß es *werden*. Denn er war es nicht, und er ist es auch heute kaum. Nicht, weil Behörden und

Die Stadt ist ein dermaßen labiles gesellschaftlich-wirtschaftliches Gebilde, daß Eingriffe höchst vorsichtig gemacht werden müssen.

Eine Stadt soll ein Ort für Menschen sein und nicht eine Ansammlung von Baudenkmälern, die sich auf Postkarten gut ansehen und zudem den Eindruck erwecken, daß eigentlich alles in Ordnung sei.

Politiker es nicht wollten. Aber wir haben eben hier den klassischen Fall, daß wir den Verkehrsknoten nicht mit Verkehrsmaßnahmen lösen können. Es hilft nichts, wenn wir dem Hund einen Zahn ziehen, weil er heult. Wir müssen den ganzen Hund sehen, also auch seinen Schwanz, der in der Tür eingeklemmt ist. Dieser Hund liegt auch im Verkehr begraben.

Wenn wir also das bundesrätliche Zitat von 1969 wahrmachen wollen, dann können wir den Dialog nicht in Verkehrssubventions-

Der Verkehrsminister, Willi Ritschard, Dezember 1981.

prozenten des Bundes erschöpfen. Der städtische Verkehr ist nur die Spitze des Eisbergs. Sie wird vom Eis getragen, das unsere Siedlungspolitik umschließt. Das muß gebrochen werden, denn dort liegen die heute drohenden Gefahren, die körperlichen und geistigen. Auch die politischen.

Der Verkehr ist bloß das unmittelbare, störende, bedrängende Ereignis unseres täglichen Lebens. Aber er wird bestimmt durch das allmähliche, kaum merkliche Wuchern unserer Siedlungen. Und in diesem Wuchern sehen viele immer noch die sinnvolle Erfüllung einer Freiheit. Aber ich will auf die philosophische Abhandlung der Freiheit hier nicht weiter eingehen. Es genügt anzudeuten, daß auch die Freiheit zwei Gesichter hat, und in der Bodennutzung deuten schon die einfachen nachbarrechtlichen Regeln des Sachenrechts an, wie rasch eine Freiheit auf der einen Seite des Zauns zum Mißbrauch auf der andern werden kann.

Mit der Weisheit, daß Verkehr und Siedlung sich gegenseitig durchdringen und bedingen, ist wohl schon viel erreicht, aber noch wenig gewonnen. Nur Naive und Schwärmer mögen glauben, man könne einfach ganze Wohnquartiere auflösen und die Leute zu ihren Arbeitsplätzen umsiedeln, um das Verkehrsvolumen zu verringern.

Wenn man das private Haus- und Grundeigentum bejaht, sind im Siedlungsbereich nur behutsame, belohnende Maßnahmen möglich, die sich erst nach Jahren und Jahrzehnten vielleicht – ich betone vielleicht – auswirken und so auswirken, wie man es sich vorgestellt hat. Die letzte rasche Umsiedlungsaktion, die mir in lebhafter Erinnerung blieb, fand im Kalmükenland statt. Und da wurden nicht nur viele Wohnungen frei, sondern es wurden auch am neuen Ort viel weniger gebraucht. Das war also ein voller «Erfolg». Bloß kamen die meisten Kalmüken dabei um. Es ist oft betrüblich, Realist sein zu müssen. Aber so lange, wie es ging, in unsere Schwierigkeiten zu geraten, so lange wird es mindestens dauern, die Verhältnisse zu sanieren. Um so rascher müssen wir damit beginnen, und viele Städte und

Ein herzlicher Empfang beim Staatsempfang für den französischen Staatspräsidenten François Mitterrand, in Solothurn.

Agglomerationen sind da schon auf dem Weg. Es hat keinen Sinn, die Leute glauben zu machen, die störenden Einflüsse des Verkehrs ließen sich auf einen Schlag für alle so verbessern, wie eine Kläranlage das Wasser säubert. Wir müssen mit den Städten leben, die wir heute haben, lange noch. Denn auch der genialste Metzger kann aus einer alten Kuh nicht mehr als Suppenfleisch machen.

Die Bewegungsfreiheit ist keinesfalls so beschränkbar, daß der Verkehr in heutiger Technik störungsfrei wird. An einer solchen Beschränkung würden auch die Städte zugrunde gehen. Aber ich frage: Warum versuchen wir stets den Menschen zu ändern, wenn eine seiner vielen technischen Errungenschaften überbordet? Warum meistern wir denn nicht einmal das Instrument? Und zwar so, daß seine Vorteile erhalten bleiben. Gegen Lärm, Luftverunreinigung und Gefahr gäbe es eine Anzahl von Korrekturen, die den Nutzen des Motorfahrzeuges nicht schmälern. Jeder halbwegs Eingeweihte kann mehrere aus dem Handgelenk schütteln. Zum Beispiel: allgemeine Einführung des automatischen Getriebes, Verminderung der PS-Zahl pro Sitzplatz, bessere Isolation, Abgasentgiftung und schließlich Geschwindigkeitsbeschränkung.

Bis jetzt haben wir stets die Friktionen zwischen Mensch und Motorfahrzeug mit der Trennung zu lösen versucht. Immer mehr werden in den Stadtkernen und Altstädten Fußgängerzonen ausgeschieden. Das Auto wird in die übrigen Quartiere verdrängt. Das ist bestimmt ein Fortschritt für die Leute der Altstadt. Aber wir haben gesehen, daß dort immer weniger Menschen wohnen, daß also die Fußgängerzone vielfach nur den ungestörten Konsum bezweckt, während das Auto nach den üblichen Störmaßstäben die Wohnquartiere durchfährt.

Aber die Stadt ist viel mehr als ein Konsumort. Uns sind wahrscheinlich die Supermärkte in die Knochen gefahren, diese Tempel der neuen Religion «Konsum». Einkaufserlebnis ist fast eine Andacht. Wer in der Schweiz von ferne Fahnen flattern sieht, nähert sich einer Tankstelle oder einem Shopping-Center. Und was Martin Walser für Köln sagt, könnte man auch für Bern abwandeln: «... es gibt eben zuviel Geld, und das Geld will Kapital sein, das heißt, es will immer noch mehr Zinsen raffen, das heißt, es will zur Zeit am liebsten Kaufhäuser bauen. Ich bin gespannt, wann irgendein Supermarkt-Unternehmen in Bern die Heiliggeistkirche kaufen will. Die hat nämlich eine prima Marktlage.»

In dieser Geisteshaltung ist für uns eine Verkehrsordnung vor allem gleichbedeutend mit einer Konsumverschönerung. Wir verdrängen die Autos in die Wohnstraßen und passen dort die Kinder und Alten dem Verkehr an. Das Instrument bleibt heilig.

Ich stelle diesen Umstand bewußt grell dar. Behaften Sie mich nicht dabei. Vieles, was uns bedrängt, bleibt bloß unterbewußt. Deshalb fühlen wir uns so machtlos. Einfach ausgesetzt. Mehr noch: Wenn ich sage: In den Wohn- und Erholungsgebieten bestimmt der Fußgänger, der unbewehrte Mensch, allgemein die Geschwindigkeit, dann sehen in mir gewisse Leute ein weiteres Mal den Verketzer und Verteufler des Automobils. Sie sehen die Freiheit bedroht und krempeln die Ärmel auf, sie zu verteidigen. Doch auch Freiheit kann zu einem schlimmen Wort werden. Wenn es aber gelänge, das Instrument zu beherrschen, brauchten wir es nirgends mehr auszuschließen. Es wandelte sich erst dann von der Lebensnotwendigkeit zum Teil zur Lebensqualität, von der wir ja unablässig reden.

Nun zum Agglomerationsverkehr. Im gleichen Kapitel des bereits erwähnten Geschäftsberichts hat der Bundesrat eine kleine Morgenröte durchschimmern lassen. Er stellte nämlich in Aussicht, die Möglichkeit einer Bundeshilfe für den Agglomerationsverkehr prüfen zu lassen. Er knüpfte eine mögliche Hilfe aber von vornherein an zusätzliche Einnahmen. Das war in der Höchstkonjunktur. Heute sieht dieses Einnahmenproblem nicht mehr so platonisch aus. Zudem hat unterdessen auch das Zürcher Volk die U- und S-Bahn-Vorlage abgelehnt. Erst in jüngster Zeit sind nun die Gespräche über eine Bundesbeteiligung wieder aktuell geworden. Sie wird noch einiges zu reden geben. Mittlerweile wurden auch die Ziele zurückgesteckt, und ich glaube, das geschah weniger aus Resignation als in der Erkenntnis, daß gegenwärtig – und glücklicherweise, möchte ich sagen – keine Schweizer Stadt U-Bahn-reif ist. Und es soll es auch keine werden.

Ich weiß, daß Ihnen vieles oder alles, was ich gesagt habe, bereits bekannt war. Es würde mir viel leichter fallen, Euch zu rühmen und zu sagen, es sei alles in Ordnung. Der Bund werde bezahlen und subventionieren. Dieser Traum ist für lange Zeit ausgeträumt. Wer auf Bundeshilfe hofft, wartet auf Godot, der bekanntlich nicht gekommen ist.

Man spricht immer vom Verursacherprinzip im Umweltschutz. Das tönt sehr schön. Aber auch es ist vermutlich nicht integral durchführbar. Umweltschutz wird am wirtschaftlichsten dadurch gelöst, daß wir ihn rasch verwirklichen. Eine saubere Luft kann man nicht kaufen. Ein Luftverschmutzer kann mir so viel Geld geben, wie er will. Es wird trotzdem fade schmecken, wenn ich meine Frau in der Gasmaske küssen muß.

In letzter Zeit wurde viel über den Begriff der Lebensqualität diskutiert. Er kam ins Gespräch, weil die Volkswirtschafter einsehen mußten, daß man das Wohlergehen eines Volkes nicht einfach nur an der Höhe des Bruttosozialproduktes ablesen kann. In solchen Diskussionen wird dann sehr schnell festgestellt, daß man Lebensqualität nicht definieren könne. Für den einen hat das etwas mit Fischen zu tun. Für den anderen mit seinem täglichen Platz am Stammtisch usw. Ich glaube, wir sollten den Begriff nicht so leichtfertig unter den Tisch wischen. Daß Lebensqualität allgemein so schwer zu definieren ist, heißt noch lange nicht, daß wir auf die Diskussion darüber verzichten sollten. Und sehr wahrscheinlich machen wir uns gerade hier die Sache oft etwas zu einfach.

Altstadtsanierungen heben die Lebensqualität wenig, wenn sie eine Sache von schönen Fassaden bleiben. Viele unserer Altstädte sind bereits so etwas wie Potemkinsche Dörfer. Hinter den Scheinfassaden von Wohnhäusern mit Balkonen und Fensterläden wohnt niemand mehr. Man restauriert die Stadt dem Historiker zuliebe. Es

Eine saubere Luft kann man nicht kaufen. Ein Luftverschmutzer kann mir so viel Geld geben, wie er will. Es wird trotzdem fade schmecken, wenn ich meine Frau in der Gasmaske küssen muß.

Altstadtsanierungen heben die Lebensqualität wenig, wenn sie eine Sache von schönen Fassaden bleiben. Viele unserer Altstädte sind bereits so etwas wie Potemkinsche Dörfer. Hinter den Scheinfassaden von Wohnhäusern mit Balkonen und Fensterläden wohnt niemand mehr.

wird damit wenigstens von außen sichtbar, daß hier einmal menschliches Leben stattgefunden hat.

Optisch mögen solche Altstadtsiedlungen für den Touristen eine Augenweide sein. Aber optisch Schönes hebt die Lebensqualität des Stadtbewohners selbst nicht. Eine Stadt soll ein Ort für Menschen sein und nicht eine Ansammlung von Baudenkmälern, die auf Postkarten gut aussehen und zudem den Eindruck erwecken, daß eigentlich alles in Ordnung sei.

Ich möchte behaupten, daß man die politische, das heißt die planerische Überlebensfähigkeit eines Staates am Zustand seiner Städte messen kann. Und wir tun das alles eigentlich schon lange. Wenn wir eine Bildungsreise in ein fremdes Land machen, dann besuchen wir in der Regel seine Städte. Wir möchten sehen, was hier die Menschen tun und was sie getan haben. Wir wollen die Quellen der Kultur erforschen.

Es gibt Kenner, die uns ankündigen, der Zerfall der europäischen, im Mittelalter entstandenen Stadt sei nicht aufzuhalten. Sie werde zum Opfer der Mobilität, die einen geistig neuen Menschen schaffe. Sein Merkmal sei die Wurzellosigkeit. Das heißt auch die völlige Gleichgültigkeit am Schicksal einer Siedlung.

In den USA wohnen Hunderttausende in Wohnwagen. Einmal hier, einmal dort. Und wer die amerikanischen Städte kennt, versteht diese Lösung von allen Bindungen und Traditionen. Die durchschnittliche amerikanische Stadt ist nichts als ein wüster Haufen längs einer Hauptstraße. Jede gleich wie die andere, und seien sie noch so weit voneinander entfernt. Solche Siedlungen sind wirklich nur im Motorfahrzeug zu ertragen. Im Auto ist noch der letzte Rest privaten, persönlichkeitsbezogenen Lebens möglich. Nicht umsonst findet auch die Liebe hier oft im Auto statt.

Wollen wir das? Das ist falsch gefragt. Genügt es, das nicht zu wollen? Das ist die Frage.

Ich glaube, daß unsere Auseinandersetzung mit den Zerfallserscheinungen unserer überlieferten Städte zu leichtfertig ist. Zu obenhin. Das läßt sich daran erkennen, daß wir diesen Veränderungen wenig mehr entgegensetzen als wilde Unentschlossenheit. Das unverkennbare Zeichen geistiger Trägheit ist die unverwüstliche Aktivität. Der Laufschritt an Ort.

Wir Behörden befassen uns mit den Stadtproblemen zu sehr von der Hand in den Mund. Man nimmt's, wie's kommt. Haben wir Verkehr, bauen wir Straßen. Gibt's Lärm, machen wir Wände. Grausen uns die Wände, setzen wir Efeu.

Die Stadt ist, wie unser Staat, eine Herausforderung. Aber ohne Stadt überlebt dieser Staat nicht. Und wir sollten immer daran denken: Das militärische und sparsame Sparta der griechischen Antike hat keine Spuren hinterlassen. Aber das friedliche, lebendige und menschenfreundliche Athen hat über die Jahrhunderte weg die Kultur befruchtet und sie beherrscht.

Das Vaterland der Menschenfreunde und Philosophen hat das Vaterland der Krieger und der Knauserer besiegt. Vielleicht wird man das mit Stolz auch einmal von helvetischen Stadtvätern sagen.

Wir Behörden befassen uns mit den Stadtproblemen zu sehr von der Hand in den Mund. Man nimmt's, wie's kommt. Haben wir Verkehr, bauen wir Straßen. Gibt's Lärm, machen wir Wände. Grausen uns die Wände, setzen wir Efeu.

Das militärische und sparsame Sparta der griechischen Antike hat keine Spuren hinterlassen. Aber das friedliche, lebendige und menschenfreundliche Athen hat über die Jahrhunderte weg die Kultur befruchtet und sie beherrscht.

Freiheit der Medien

13./14. NOVEMBER 1976

Die Rede am «Tag der Schweizer Presse» hält Willi Ritschard nach der Ablehnung des Verfassungsartikels für Radio und Fernsehen durch das Volk.
Sein Engagement gilt ganz der journalistischen Freiheit.

Was weiß ich schon von Journalismus und Journalisten? Wenn ich als Bundesrat mit der Presse zu tun habe, bewaffne ich mich meistens vorerst mit dem friedfertigen Regenschirm Neville Chamberlains. Und hinterher bedaure ich gelegentlich, daß man immer nur zwei oder drei Menschen miteinander auf den Mond schießen kann. Man sollte – nicht nur wegen der Journalisten – etwas größere Rampen bauen.

Ich weiß nicht, wie es meinen Kollegen geht. Aber im Zusammenleben mit Journalisten komme ich mir als Bundesrat meistens vor wie im Märchen vom Wolf und den sieben Geißlein. Da taucht mancher seine Pfote tief ins Mehl, frißt klumpenweise Kreide, und wenn man ihn dann hereinläßt, ist er eben doch der Wolf. Und wir sind immer das verschüchterte letzte Geißlein, das sich im Uhrenkasten versteckt hat. Damit ist auch umrissen, wie es mir jetzt – vor Ihnen – zumute ist.

Man sollte es im Umgang mit Information mit Gotthelf halten, der einmal gesagt hat, daß es besser sei, immer gleich punktum die Wahrheit zu sagen, weil die Leute sonst meistens selber etwas erfinden. Und Gotthelf sprach von «Leuten» und nicht von Journalisten, deren Erfindungsgabe bekanntlich überdurchschnittlich entwickelt ist. Da befindet sich der Bundesrat stets etwas in der Rolle des braven Leon in «Weh dem, der lügt»: Der sagt auch immer die Wahrheit, aber es glaubt ihm keiner. Aber gibt es denn zu wenig Information?

Es ist doch geradezu gigantisch, was seit der Erfindung der Buchdruckerkunst durch Gutenberg und der Übermittlungstechnik durch Bell & Howell aus der Information geworden ist. Nach der Statistik des Zeitungsverlegerverbandes gibt es in der Schweiz 292 Zeitungen mit einer Gesamtauflage von 2,7 Millionen Exemplaren täglich. Dies bedeutet, daß im Schnitt drei von vier Erwachsenen pro Tag eine Zeitung kaufen. Zeitschriften, Illustrierte, Anzeiger usw. sind in diesen Zahlen nicht inbegriffen.

Wir haben 2 Millionen Radio- und 1,7 Millionen Fernsehkonzessionäre in der Schweiz. Wir hören Radio im Auto und im Badezimmer, und manche können nicht einmal auf ihrem Sonntagsspaziergang auf Musik und Informationen verzichten. Von der Depeschen-

Im Zusammenleben mit Journalisten komme ich mir als Bundesrat meistens vor wie im Märchen vom Wolf und den sieben Geißlein. Da taucht mancher seine Pfote tief ins Mehl, frißt klumpenweise Kreide, und wenn man ihn dann hereinläßt, ist er eben doch der Wolf.

Man sollte es im Umgang mit Information mit Gotthelf halten, der einmal gesagt hat, daß es besser sei, immer gleich punktum die Wahrheit zu sagen, weil die Leute sonst meistens selber etwas erfinden.

Sie wissen ja ebensogut wie ich, daß jeder, der etwas verkaufen will, seine Reklame für reinste Information hält.

agentur habe ich erfahren, daß sie jeden Tag 100 000 bis 150 000 Wörter empfängt und davon etwa 50 000 an ihre Abonnenten weitergibt. Neben der Depeschenagentur gibt es weitere Informationsvermittler, ausländische Agenturen, Pressedienste, Parteinachrichten und Informationsblätter fast ohne Zahl. Das Radio vermittelt pro Woche über 100 Stunden lang Informationen und Kommentare. Jeden Werktag werden 58mal Nachrichten ausgestrahlt. Am Fernsehen sehen und hören wir täglich dreimal eine Tagesschau. Dazu kommen andere Rubriken (Tatsachen und Meinungen, Bericht vor 8, Rundschau, Telearena, Bericht aus dem Bundeshaus usw.). Das ergibt jede Woche etwa 33 Stunden Informationen.

Zu allem steht nun noch ganz ernsthaft das Kabelfernsehen (mit Reklame notabene, wie uns die zuständigen Verbände mitteilten) vor der Tür. Die Bildschirmzeitung und die Bildschirmillustrierte testen den Markt. Sie warten auf einen erkennbaren Bedarf und hoffen ebenfalls auf wohltätige Mitmenschen, die sie mit Reklame finanzieren. Und Sie wissen ja ebensogut wie ich, daß jeder, der etwas verkaufen will, seine Reklame für reinste Information hält.

Interessante Zahlen gibt es auch über die wissenschaftliche Information: Um die Jahrhundertwende gab es auf der Welt etwa 15 000 Wissenschafter, und sie teilten sich den Interessenten in ein paar tausend wissenschaftlichen Zeitschriften mit. 1964 aber gab es zwei Millionen Wissenschafter und bereits rund 100 000 wissenschaftliche Zeitschriften. Seither wird sich diese Entwicklung beschleunigt fortgesetzt haben.

Nach der Jahrhundertwende gab es – auch auf der ganzen Welt – 400 Zeitschriften für die Sachgebiete der chemischen Industrie. Jetzt gibt es 12 000, und in ihnen werden jedes Jahr über 800 000 Einzelinformationen publiziert. Sie wissen, daß ein Konzern der Chemie (oder eines andern Produktionsgebiets) heute die Informationen in Computern speichern und ordnen muß, damit nicht seine Forscher unabhängig voneinander zur gleichen Zeit über dasselbe nachdenken oder nicht gleichzeitig mit derselben Explosion ihr Laboratorium in die Luft jagen.

Ich habe ferner in einer Untersuchung gelesen, daß sich die Ausgaben für Forschung und Entwicklung alle 6, die wissenschaftlichen Zeitschriften alle 15 Jahre verdoppeln. Ich kann mich natürlich für alle diese Zahlen nicht verbürgen. Aber wer würde schon an etwas zweifeln, das gedruckt worden ist?

Wir müssen uns doch offen eingestehen, daß die Hörer und Leser, ja sogar die Zuschauer, bei weitem nicht mehr immer sicher sind, wann sie informiert und wann sie verführt werden. In diesem Sinn ist Information ein schillerndes Wort geworden.

Kann man im Hinblick auf solche Zahlen wirklich sagen, daß wir von der Menge der Information her ungenügend informiert sind? Ganz sicher nicht. Der Informationsfluß ist zur «Schwemme» geworden. Manche sprechen von einer «Informationslawine». In Anlehnung an den Umweltschutz habe ich auch schon das Wort «Informations-Verschmutzung» gelesen. Es beweist sicher wenig, mit diesen Zahlen und Begriffen um sich zu schlagen. Sie beweisen nur, daß der Informationsberg hoch ist.

Aber er könnte natürlich hohl sein. Doch niemand wird im Ernst nach einem Informations-Abbau rufen wollen. Das Rezept, das wir bei der Umweltverschmutzung propagieren – Verzicht und Beschränkung –, kann man sicher bei der Information nicht vorschreiben. Diese Schwemme bleibt jedoch für die Vermittler und für die Empfänger nicht ohne Folgen. Man kann – um das vorauszunehmen – nicht nur dem Politiker, Beamten oder Wissenschafter, sondern auch dem Journalisten jederzeit den Vorwurf machen, daß er nicht «umfassend» orientiere, daß er nicht sorgfältig genug recherchiere und daß er eben in einem Beitrag nicht alle verfügbaren Informationen berücksichtigt habe. Man darf in sehr vielen Fällen ohne große Skrupel behaupten, der Journalist habe sich einer «Unterschlagung» schuldig gemacht, womit dann der Vorwurf zur Beschimpfung wird, die zu ahnden ein Richter einige Mühe hätte.

Wann eine Information «umfassend», abgerundet und wertneutral ist, bleibt immer auch eine Frage des Standpunkts des Vermittlers. Schon die bloße Auswahl und Gliederung von Fakten kann viel Kommentar enthalten. Sogar Schweigen kann eine Sensation sein. Wie in vielen andern Bereichen unserer Überentwicklung belasten uns auch bei der Information besonders die beiden verknüpften Probleme der Masse und der Qualität.

Der Normalleser, der Normalhörer und der Normalzuschauer fühlen sich – generell gesehen – vorerst einmal durch Informationen eher überfüttert. Sie haben in unserer Lebensweise ohnehin den ganzen Tag hindurch viele akustische und optische Informationen aufzunehmen, denen sie nicht ausweichen und die sie sich nicht auslesen können (Verkehrssignale, Hinweise, Gebote, Verbote oder auch nur das Läuten des Telefons). So erreicht jede Information bald nur noch ein überreiztes Hirn, das sich mehr und mehr in einer Abwehrstellung verschanzt. Sie wissen alle, wie wütend man werden kann, wenn das Telefon zur Unzeit schellt. Nicht nur der Inhalt einer Information, schon die Existenz der Information an sich kann einen aus dem Sessel jagen. Wir lesen heute viel weniger, weil wir so viel lesen müssen. Und wir hören so vieles, daß wir nicht mehr zuhören.

Ich stehe gegenwärtig wegen des Energiesparens genau vor diesem Problem. Wir müßten diese Sparmaßnahmen propagieren. Sie sind wichtig, und die Forderung, daß wir hier mehr tun sollten, ist berechtigt. Aber wie bringe ich diese Information an? Was macht der Bürger, der bei der Fülle der Informationen zunehmend überdrüssig wird, mit dieser weiteren Information?

Der ständige Ruf der Journalisten, der Staat habe mehr und besser zu informieren, ist sicher auch berechtigt. In unserer Form von Demokratie, die von der Durchschaubarkeit lebt, ganz besonders. Aber man muß auch die Frage stellen, ob nicht manches, was wir unserem Bürger mit den Begriffen «Staatsverdrossenheit», «Stimmfaulheit» und andern «Tugenden» anhängen, nicht zum Teil eine Folge der Informations-Überreizung sein könnte. Die gegenwärtige journalistische Freude an der Staatskritik macht das Gespräch der Behörden mit dem Bürger noch viel heikler. Ihr Tun und Lassen ist stets qualifiziert: Schweigen sie, so vertuschen sie, und reden sie, so verwedeln sie.

Man fragt sich darum gerade als Politiker oft, ob diese Buchstabentonnagen, diese elektronischen Fluten, ob sie zur totalen Infor-

Der ständige Ruf der Journalisten, der Staat habe mehr und besser zu informieren, ist berechtigt. In unserer Form von Demokratie, die von der Durchschaubarkeit lebt, ganz besonders.

mation führen. Ist diese Flut die große Chance? Oder ist es die Selbstzerfleischung durch Überinformation? Versteht der Mensch mit dieser Hilfe überhaupt seine Zeit besser? Oder führt das Überangebot schließlich zur Verweigerung und damit zur Entscheidungslosigkeit, zum reinen Glaubensakt?

Bekommt – das fragt man sich – unsere Welt durch Information den wahren Bürger? Oder wird im Gegenteil durch Informations- und Meinungsfabriken die Stimmungs-Demokratie und die bewußtseinslose Gesellschaft vorbereitet? Es würde sich jedenfalls lohnen, über diese neue soziale Frage mehr nachzudenken und sich darüber klarere Vorstellungen zu machen. Bei aller Verwirrung, glaube ich, steht eines fest: Wir müssen uns doch offen eingestehen, daß die Hörer und Leser, ja sogar die Zuschauer, bei weitem nicht mehr immer sicher sind, wann sie informiert und wann sie verführt werden. In diesem Sinn ist Information ein schillerndes Wort geworden. Und das «Totale» dieser Information überfordert den Bürger nicht so sehr durch die Flut des Wissens und der Wahrheit, sondern durch die Flut des Halbwissens und der Halbwahrheit. Total bleiben am Schluß nur die Zweifel zurück. Hier wird die gewaltige Verantwortung aller Medien offenbar: Solcher staatsbürgerlicher Zweifel ist der Tod der Demokratie. Denn diese Sorte Zweifel ist nicht schöpferisch, sondern zerstörend. Daran anknüpfend darf man ruhig auch feststellen, selbst wenn man keinen Abbau der Information wünscht, daß etliches in unserer Informationsflut wenig mehr ist als eine mit dem Mantel des Anspruchsvollen verhüllte Leere. Denn manchmal hat man ja wirklich ein wenig das Gefühl, daß vielen Vermittlern solcher Information nur deswegen der Stoff nie ausgeht, weil sie ausschließlich Dinge behandeln, die sie nicht verstehen. Wir haben da einen paradoxen Fall vor uns: Je mehr die Information den Bürger bilden will, desto gebildeter müßte er sein, um sie zu durchschauen.

Aber wie und was könnte man anders und besser machen? Müssen und dürften wir selektionieren? Wollen wir Zeitungen sterben lassen? Sollen Radio und Fernsehen ihre Informationssendungen durch volkstümliche Musik und spannende Krimis ersetzen? Das sind keine ernsthafte Alternativen. Sie sind ebenso undenkbar wie falsch.

Vor dem 26. September habe ich in einem Artikel geschrieben, daß sich die Medien ergänzen und nicht konkurrenzieren. Das zeigte sich während des Druckerstreiks in Deutschland. Die Fernsehnachrichten stießen auf weniger Interesse als vor Streikbeginn. Dabei hätte man eigentlich das Gegenteil erwartet. Von mir glaube ich auch, daß ich mich mehr über die andern Medien informieren würde, wenn die Zeitungen ausfielen. Aber die Bevölkerung reagiert anders. Das zeigte sich nicht nur in Deutschland. Es war auch früher schon während Druckerstreiks in den USA so.

Das Informationsbedürfnis des Bürgers kann offenbar durch Radio und Fernsehen allein nicht befriedigt werden. Wir brauchen die Presse. Erst Zeitungen machen auch das Fernsehen schön. Dieses Beispiel der Verflechtung von Presse und Fernsehen ist nicht nur für sich allein merkwürdig. Es widerlegt anscheinend auch das, was ich

Wir haben da einen paradoxen Fall vor uns: Je mehr die Information den Bürger bilden will, desto gebildeter müßte er sein, um sie zu durchschauen.

Das Informationsbedürfnis des Bürgers kann offenbar durch Radio und Fernsehen allein nicht befriedigt werden. Wir brauchen die Presse. Erst Zeitungen machen auch das Fernsehen schön.

eben von der Überfütterung gesagt habe, indem es klarmacht, daß trotz aller Information und vielleicht gerade wegen der Masse der Information der Bürger sich ungenügend informiert vorkommt. Das heißt lapidar: Wir leben im Zeitalter der Desinformation. Aus dieser Situation heraus erscheint es an sich sinnvoll, nach einer Gesamtmedienkonzeption und nach einem Medienartikel zu rufen.

Der heutige Artikel 55 der Bundesverfassung macht mit dem Satz «Die Pressefreiheit ist gewährleistet» eine karge Aussage. Wörtlich heißt es zwar nicht «Pressefreiheit», sondern «Preß-Freiheit», was der Wahrheit bei gewissen Journalisten fast näher kommt. Eine Verpflichtung oder eine Aufgabe des Staates kann man aus diesem Artikel 55 nur schwerlich ableiten. Das hat seine Gründe:

Für den Liberalen im 19. Jahrhundert war die Pressefreiheit etwas Selbstverständliches. Er hat sie vor allem als Freiheit und als Unabhängigkeit vom Staat verstanden. So war für diesen Staat die Gewährleistung der Pressefreiheit ein passiver Akt. Er sollte auf jede Einflußnahme verzichten. Das war damals eine Errungenschaft. Unter den obrigkeitlichen und autoritären Regierungen am Anfang des letzten Jahrhunderts war es noch nicht eine solche Lust, Journalist zu sein, wie heute. Da waren die Rollen noch vertauscht.

Inzwischen fallen einem beim Begriff «Pressefreiheit» aber nicht mehr nur autoritäre Regierungs- und Bundesräte ein. Es gibt andere als staatliche Bedrohungen für dieses wichtige Grundrecht im demokratischen Staat. Den liberalen Autoren unserer Bundesverfassung wäre die Forderung nach einem Medienartikel fremd vorgekommen. Vermutlich hätten sie ihn abgelehnt, weil sie eine Medienpolitik nicht als Hilfe, sondern als Gefahr für die Presse angesehen hätten.

Den Begriff «Medienpolitik» gibt es erst, seitdem wir erkannt haben, daß die Pressefreiheit nicht mehr nur vom Staat, sondern auch von anderen Kräften, zum Beispiel wirtschaftlichen, bedroht werden kann. Sie kennen alle solche Beispiele. Sie haben dazu geführt, daß man in der Gewährleistung der Pressefreiheit nicht mehr nur einen Staat erwartet, der sich nicht einmischt. Man erkennt im Gegenteil, daß sich diese Gewährleistung vom passiven Gewährenlassen in ein wirkliches Gewährleisten, in einen Schutz wandelt. Der Schutz des Journalisten vor wirtschaftlichem Druck, vor dem Verleger, vor dem Inserenten und anderen Interessengruppen durch den Staat wird verlangt.

Ich hatte den Radio- und Fernsehartikel immer als einen Schutz verstanden. Der Medienschaffende sollte sich wegen des Monopols zwar in einem einmal festgesetzten Rahmen bewegen müssen. Aber er sollte so gut, als das möglich ist, vor außenstehenden, privaten, auch vor wirtschaftlichen Einflußnahmen und Pressionen geschützt werden. Die Diskussion über den Artikel drehte sich – wenn auch nicht so wörtlich – um zwei Auffassungen. Einerseits um die sogenannte «äußere» Pressefreiheit, also um die Unabhängigkeit vom Staat. Auf der andern Seite aber auch um die «innere» Pressefreiheit, um die Unabhängigkeit vom Unternehmer.

Das Dilemma zwischen innerer und äußerer Pressefreiheit ist in einem liberalen, demokratischen Staat gar nicht so leicht zu lösen.

Inzwischen fallen einem beim Begriff «Pressefreiheit» aber nicht mehr nur autoritäre Regierungs- und Bundesräte ein. Es gibt andere als staatliche Bedrohungen für dieses wichtige Grundrecht im demokratischen Staat.

Es ist ohne Zweifel das erklärte Ziel jedes echten Demokraten, die Pressefreiheit zu garantieren. Es ist nicht zu bestreiten, daß dieser Freiheit Gefahren erwachsen sind.

Sicher sind Verstaatlichung und amtliches Informationsministerium keine Lösung. Das würde zu einer traurigen Einengung führen. Aber auch die rein privatwirtschaftliche Lösung garantiert eben noch lange nicht das, was man unter Pressefreiheit versteht. Es ist ohne Zweifel das erklärte Ziel jedes echten Demokraten, die Pressefreiheit zu garantieren. Es ist nicht zu bestreiten, daß dieser Freiheit Gefahren erwachsen sind.

Es gibt aber auch den Standpunkt, die beste Medienpolitik sei keine. Diese Auffassung geht vor allem davon aus, nur der Staat könne die Freiheit der Presse einengen, und allein eine durch den Staat mit keinerlei Vorschriften bedachte Presse gewährleiste auch die Freiheit der Meinungsäußerung. Ich habe dargelegt, daß das nicht stimmt, und die meisten Journalisten wissen auch, daß es so ist. Sie bekommen Schranken aller Art ja immer als erste zu spüren. Deshalb sind sie auch auf Ereignisse zwischen Verlegern und Journalisten ganz besonders sensibilisiert. Aber ich will über diese Sache nicht weiter philosophieren. Es ging mir eigentlich nur darum, zu zeigen, daß ein Medienartikel außerordentlich schwer zu formulieren wäre. Er würde den Journalisten nicht von seinen Sorgen befreien.

Ich möchte noch etwas über die Sonderstellung der Monopolmedien beifügen. Vom Prinzip her kann man zwischen dem Medium Presse und den Monopolmedien Radio und Fernsehen keinen Unterschied machen. Trotzdem möchte man – wir haben es erlebt – beim Monopolmedium die Pressefreiheit begrenzen. Aber ich glaube, dieser Begriff «begrenzen» ist ein falscher Ansatz. Man muß hier nicht die Pressefreiheit einschränken oder begrenzen. Man muß – das gilt es vorzuschreiben – das Informations- und das Meinungsspektrum erweitern.

In der Informationsschwemme, von der ich gesprochen habe, hat ohnehin nur die Information eine Chance anzukommen, die persönlich formuliert, strukturiert und auch gewertet ist. Ich lese in den Zeitungen die Leitartikel von Journalisten, die ich kenne und von denen ich annehme, daß sie nicht nur Meldungen gelesen, sondern daß sie die auch verwertet und verarbeitet haben. Nur solche Artikel helfen mir.

Das ist beim Monopolmedium nicht anders. Das einzige, was hier gefordert werden muß, ist die Mehrgleisigkeit, die Vielfalt und auch eine im richtigen Sinne verstandene Ausgewogenheit. In einer Diktatur sind die Medien verpflichtet, dem Staat zu helfen. Einer Demokratie kann nur die Freiheit der Medien helfen.

Das einzige, was Radio und Fernsehen von den Zeitungen in dieser Hinsicht unterscheidet, ist ihre – vorläufige – Monopolstellung. Diese kann man sicher nicht mit Leisetreterei neutralisieren. Man muß die zwei Medien verpflichten, mehrere politische Spuren aufzuzeigen.

Ich kann mir gut vorstellen, daß eine Art Selbstzensur einem Journalisten gelegentlich sehr viel Überwindung abfordert. Ich weiß es um so besser, weil ich meine eigene Selbstzensur in der Regel sehr schlecht im Zaum habe. Genau das, was ich hier über die Medien gesagt habe, habe ich auch vor der Abstimmung über den Fernsehar-

In einer Diktatur sind die Medien verpflichtet, dem Staat zu helfen. Einer Demokratie kann nur die Freiheit der Medien helfen.

Das ist das Problem des Journalisten: Man fordert von ihm den vollen persönlichen Einsatz. Aber wehe, wenn dieser Einsatz Persönlichkeit verlangt. Da wird dann gerne Pressefreiheit zu Pressefeigheit.

tikel und für ihn gesagt. Aber die Gegner des Artikels haben dann die exakt gleichen Sätze dagegen verwendet.

Aber mich wird das nicht dazu bringen, vorsichtiger zu werden. Ich habe nämlich das Gefühl, daß die schleichende Form der Zensur – die erzwungene oder freiwillige Selbstzensur – fast die schlimmste ist. Das ist das Problem des Journalisten: Man fordert von ihm den vollen persönlichen Einsatz. Aber wehe, wenn dieser Einsatz Persönlichkeit verlangt. Da wird dann gerne Pressefreiheit zu Pressefeigheit.

Keine Gesellschaft, kein Staat, kein Gesetz kann den Journalisten von seinen Konflikten befreien. Sein Beruf setzt Konfliktfreudigkeit voraus. Es wird immer ein riskanter Beruf bleiben. Pressefreiheit und Freiheit des Journalisten kann letztlich nur die Bevölkerung allein gewährleisten. Und zwar mit Einsicht, Toleranz und vor allem mit demokratischer Gesinnung. Das Volk allein kann aktiv die Pressefreiheit benützen. Und passiv darf es sie nicht nur tolerieren oder ertragen. Es muß auch einsehen, daß sie notwendig ist.

Das wichtigste, was der Staat von der Presse erwarten kann, ist, daß der Staat ein Thema bleibt. Ein Thema, das man nicht einfach widerwillig zur Kenntnis nimmt, sondern das diskutiert wird, wenn Bürger dieses Staates zusammenkommen. Was der Staat und seine Bürger dem Pressemann in ihrer Verfassung zugestanden haben, als liberale Selbstverständlichkeit sozusagen – die Pressefreiheit –, das hat heute erst richtig die Bewährungsprobe zu bestehen in einer Welt, die sich verändert hat. Verändert erst einmal in ihrem Informationsangebot, verändert aber auch durch Kapitalkonzentrationen und vieles andere.

Ich habe am Anfang von der Un-Informiertheit eines Teils der Bürger gesprochen und sie auf die Überfülle der Information zurückgeführt. Ich habe aber auch gesagt, daß wir die Information nicht abbauen können. Die Demokratie setzt den informierten Bürger voraus. Der Journalist darf sich jedoch immer weniger darauf beschränken, Informationen auszulesen und weiterzugeben. Es ist zu seiner ebenso wichtigen Aufgabe geworden, Interesse zu wecken und das Interesse des Bürgers auch wachzuhalten. Ignoranz ist der Feind jeder Gemeinschaft und auch der Freiheit. In einem Staat wie dem unseren, in dem sich die Regierung nicht selbst darstellen kann, ist die freie und kritische Presse lebenswichtig. Sie sorgt für den dauernden demokratischen Prozeß der Meinungsbildung. Ohne eine solche Presse ist Demokratie undenkbar.

Der deutsche Humorist Jürgen von Manger hat einmal den Satz gesagt: «Sie – Sie haben überhaupt keinen Sinn für Interesse.» Das ist auf den ersten Blick ein komischer und unsinniger Satz. Aber vielleicht trifft er genau den Kern. Es müßte die Hauptaufgabe des Journalisten sein, Sinn für Interesse zu wecken.

Das wichtigste, was der Staat von der Presse erwarten kann, ist, daß der Staat ein Thema bleibt.

Es müßte die Hauptaufgabe des Journalisten sein, Sinn für Interesse zu wecken.

An die Kranken

6. MÄRZ 1977

Die Kranken geben den Gesunden mehr als umgekehrt: Diese Erfahrung vertritt Willi Ritschard in seiner Radioansprache zum «Tag der Kranken».

Der Kranke – das sage ich zu allen Gesunden – will nicht unsere Wohltätigkeit. Er will unsere Solidarität.

Ich habe von kranken Freunden immer viel gelernt. Und ich schäme mich gelegentlich nach Krankenbesuchen, weil ich feststellen mußte, daß eigentlich ich der Beschenkte war und nicht der Kranke: Ich habe meistens mehr mitgenommen, als ich brachte.

Liebe kranke Mitbürgerinnen und Mitbürger,
Ich entbiete euch allen zum «Tag der Kranken» die Grüße des Bundesrates und seine besten Wünsche für eine baldige Genesung.
Dabei weiß ich, daß ein Kranker vom Staat mehr erwartet als Zuspruch und Ratschläge. Er erwartet eine gute medizinische Versorgung, erschwingliche Spital- und Pflegebetten, und schließlich soll ein Kranker sozial so gesichert sein, daß ihn während seiner Krankheit nicht auch noch materielle Sorgen bedrücken. Der Kranke – das sage ich zu allen Gesunden – will nicht unsere Wohltätigkeit. Er will unsere Solidarität. Und diese Solidarität besteht nicht nur in der materiellen Fürsorge. Sie muß darüber hinausgehen. Eine große Last für viele kranke Menschen ist die Einsamkeit. Mancher von ihnen fühlt sich ausgeschlossen, verlassen, unbrauchbar.
Der Kranke gehört aber in die Welt der Gesunden. Er hat einen Anspruch auf Gemeinschaft und auch das Recht, sich an der Welt der Gesunden zu beteiligen. Und das nicht nur seinetwegen, sondern vor allem für uns. Ich habe von kranken Freunden immer viel gelernt. Und ich schäme mich gelegentlich nach Krankenbesuchen, weil ich feststellen mußte, daß eigentlich ich der Beschenkte war und nicht der Kranke. Ich habe meistens mehr mitgenommen, als ich brachte. Sie haben mir oft, bewußt und unbewußt, Weisheiten für mein ganzes Leben gegeben. Das lehrte mich, daß nicht nur der Kranke den Gesunden braucht. Der Gesunde braucht auch den Kranken.
Der Kranke – er sollte sich das selber immer wieder in Erinnerung rufen – hat darum eine große, nötige und schwere menschliche Aufgabe. Er macht uns bewußt, daß das Leben nicht nur aus der Jagd nach materiellem Glück besteht. Ich habe Freunde, die sich als Menschen eigentlich erst in ihrer Krankheit voll verwirklichen konnten. Und bei ihnen erkannte ich, was das wirklich bedeutet: Geduld üben, warten, tragen und auch ertragen.
Bei Krankenbesuchen habe ich erfahren, wie falsch der Ausspruch «In einem gesunden Körper wohnt ein gesunder Geist» sein kann, wenn er einfach so gedankenlos dahergeredet wird. Ich kenne manchen, der so kerngesund ist, daß kaum mehr Geist in ihm Platz hat. Ich will darum heute nicht nur mit Mitgefühl an euch denken, son-

dern euch auch bitten: Vergeßt in eurer Krankheit die Gesunden nicht. Nicht nur wir Gesunde sollen den Weg zu euch suchen. Ihr sollt ihn auch zu uns suchen.

Meldet euch bei uns. Sucht und pflegt den Kontakt mit der Umwelt, mit euren Verwandten, Freunden und Bekannten. Sie werden euch dankbar sein.

Es wird uns wohl leider nie gelingen, die Krankheiten für immer zu besiegen. Gerade deshalb dürfen wir sie nicht aus unserem Denken verdrängen, sondern müssen, gerade umgekehrt, mit ihnen leben lernen und vielleicht auch durch sie das wirkliche Leben kennenlernen.

Ein Bundesrat bekommt täglich Briefe, und viele stammen von Kranken. Es sind selten Klagebriefe. Sie enthalten im Gegenteil viele wertvolle menschliche und auch politische Hinweise und Gedanken, die mich anregen. Ich freue mich über diese Briefe. Sie zeigen mir, daß Kranke mehr an die Gesunden denken als umgekehrt.

Liebe kranke Mitbürgerinnen und Mitbürger! Ich wünsche euch an diesem eurem Tag von Herzen alles Gute und vor allem auch Mut zum Kontakt. Und ich danke mit euch zusammen auch all jenen, die euch in eurer Krankheit pflegen und mit ihrer Fürsorge umgeben.

Bei Krankenbesuchen habe ich erfahren, wie falsch der Ausspruch «In einem gesunden Körper wohnt ein gesunder Geist» sein kann, wenn er einfach so gedankenlos dahergeredet wird.

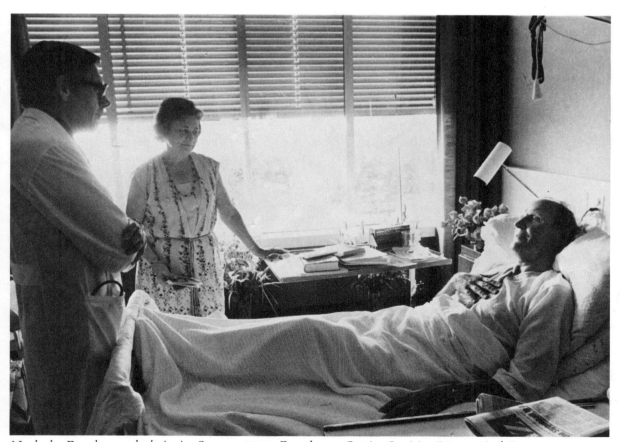

Nach der Bundesratsschulreise im Sommer 1979: Besuch von Gattin Greti im Bürgerspital Zug.

Wieviel Energie braucht der Mensch?

20. APRIL 1977

Die Rede an der Hochschule St. Gallen dreht sich um die zentrale Überzeugung des Energieministers: Das Energieproblem ist zu ernst, um es der Wirtschaft zu überlassen. Es muß von den Politikern in die Hände genommen werden.

Für die meisten Menschen waren Energieherstellung und Energieverbrauch bis vor kurzer Zeit alltägliche Dinge. Selbstverständlichkeiten. Vor Elektrizität hat man zwar im allgemeinen immer noch eine unterschwellige Angst. Man sieht sie nicht, und doch fährt einem der Schreck durch alle Glieder, wenn man sie spürt. (Fast wie einem Bundesrat, wenn er am Morgen die Zeitung liest.)

Was für die Energie gilt, gilt für die Technik generell. Sie war lange nicht ein Problem, sie war ein Segen. Sie hat dem Menschen ermöglicht, von den Bäumen zu steigen und die Höhlen zu verlassen.

Über die Technik sind wir zu Wohlstand und Bequemlichkeit gekommen. Wir haben uns daran gewöhnt, daß es in der Technik nichts gibt, was es nicht gibt. Es entsteht hier gelegentlich schon Neues, indem man das Alte auf den Kopf stellt.

Es gab aber zu allen Zeiten Menschen, die die technische Entwicklung kritisierten, die sie beklagten und auch bekämpften. Aber auch solche Warner schrieben und schreiben ihre Traktate nicht bei Kerzenlicht. Genau so, wie man heute auch mit dem Auto an die nächste Demonstration gegen irgendein Atomkraftwerk fährt. In einem Buch über die Anfänge der Eisenbahnen habe ich ein Bild gesehen, auf dem ein Priester der ersten Lokomotive das Kruzifix entgegenstreckt, weil er auf ihr den Teufel reiten sieht. Heute steht diese Lokomotive im Verkehrshaus. Mit dem Teufel hat sie höchstens noch gemeinsam, daß sie auch schwarz ist. Vor der Eisenbahn rennen die Leute zwar immer noch davon, aber nicht wegen des Teufels, sondern weil sie ein Auto haben. Auf Bildern über die Demonstrationen im deutschen Brokdorf habe ich wieder Pfarrer gesehen. Sie demonstrieren ohne Zweifel aus ehrlicher Überzeugung. Sie glauben, ihren Kampf der Menschheit schuldig zu sein.

Es gibt noch eine andere Reminiszenz. Am 22. November 1832 haben die Weber von Uster aus Angst vor Arbeitslosigkeit die ersten Webmaschinen zerstört und ihre Fabrik angezündet. Ihre Tat hatte vor der Geschichte nicht Bestand. Man hat sie später belächelt. Die Webmaschinen haben das Los der Weber nicht verschlechtert. Sie haben es verbessert. Die Webmaschine hat sie von einer Arbeit befreit, die in heutigen Augen fast sklavisch anmuten würde. Aber die

Wir haben uns daran gewöhnt, daß es in der Technik nichts gibt, was es nicht gibt. Es entsteht hier gelegentlich schon Neues, indem man das Alte auf den Kopf stellt.

Frage ist wirklich erlaubt, ob die Maschine den Menschen nicht von der Sklavenarbeit befreit hat, um ihn anschließend selber zu ihrem Sklaven zu machen. Bereits hat man das Fließband wieder demontiert. Gegen den Mißbrauch des Computers muß der Staat die Menschen durch Gesetze schützen. Von der Waffentechnik will ich schweigen, auch von der «guten alten Wanze».

Trotz allem möchte ich sehr dafür eintreten, daß man die Opposition gegen die Atomtechnik ernst nimmt. Diese Angst wird genährt von der Urangst vor dem Atom. Es gibt hier nicht allein technische Bedenken, die ich nur zum kleinen Teil für berechtigt halte. Es gibt die gefühlsmäßige Angst, die sich rational nicht erklären oder beseitigen läßt. Ist unsere Gesellschaft fähig, die Atomtechnik politisch zu bewältigen? «Wird uns», so fragt Robert Jungk, «der Energiekoloß nicht neue Gesetze und Verordnungen aufdrängen, die den Freiraum der Menschen immer wie mehr einschränken?» Atomabfälle müssen nach dem heutigen Stand des Wissens während Jahrtausenden versenkt oder vergraben und wohl auch bewacht werden. Wird die Gesellschaft stabil genug bleiben, diese Aufgabe zu garantieren? Ist eine solche gesellschaftliche Stabilität überhaupt wünschbar?

Wir gewinnen Freiraum durch mehr Energie wie die Nachfolger der Weber von Uster. Aber auch wir müssen aufpassen, daß wir den mit der Atomspaltung neu gewonnenen Freiraum nicht durch den notwendig gewordenen polizeilichen Schutz durch die Hintertüre wieder verlieren. Über die Angst vor den Atomkraftwerken sind billige Sprüche nicht am Platz. Wir müssen uns mit der Opposition dagegen ernsthaft auseinandersetzen. Vor allem auch die Wissenschafter müssen das mehr tun. Der Naturwissenschafter muß wissen, daß er nicht weiter im politisch keimfreien Raum seine Erfindungen machen kann. Nicht mehr alles, was er findet, beglückt die Menschheit. Wissenschaft ist politisch geworden. Man kann nicht am Menschen vorbei experimentieren. Die Erfindung der Atombombe war wohl das abschließende Ereignis einer unpolitischen Wissenschaft.

Ich weiß, daß hinter den Fahnen der Atomkraftgegner sehr unterschiedliche Leute marschieren. Die einen wollen damit ihr politisches Süppchen kochen. Wahrscheinlich wären die uns sehr böse, wenn man plötzlich auf Atomkraftwerke verzichten könnte. An ihnen wollen sie beweisen, wie schlecht und menschenfeindlich unsere Gesellschaftsordnung ist und wie dringend es ist, sie durch eine andere zu ersetzen. Unter den Atomgegnern gibt es auch eine Kernspaltung: in radikale Elemente nämlich. Sie argumentieren nicht über die Sache, sondern gegen die «Elektrizitätsbarone» und natürlich gegen uns Politiker. «Den Energieminister sollte man sofort verhaften», hat nach Zeitungsberichten an einer solothurnischen Antiatomversammlung kürzlich ein Teilnehmer gefordert.

Es gibt aber auch die ehrbaren und aus achtbaren Gründen besorgten Gegner. Leider sind viele von ihnen völlig unpolitisch. Sie sind einfach Missionare geworden, die das Heil der Welt an Atomkraftwerken aufhängen wie andere an den Ausländern, die bei uns arbeiten. Diese Missionare sehen nichts als einseitig diese Kernkraft-

---

Atomabfälle müssen nach dem heutigen Stand des Wissens während Jahrtausenden versenkt oder vergraben und wohl auch bewacht werden. Wird die Gesellschaft stabil genug bleiben, diese Aufgabe zu garantieren? Ist eine solche gesellschaftliche Stabilität überhaupt wünschbar?

Der Naturwissenschafter muß wissen, daß er nicht weiter im politisch keimfreien Raum seine Erfindungen machen kann.

Die Erfindung der Atombombe war wohl das abschließende Ereignis einer unpolitischen Wissenschaft.

werke, gegen die sie ihren ideologischen Kreuzzug führen. Sie plakatieren sich als «unpolitisch» und überparteilich und merken nicht, daß dafür andere mit ihnen politisieren. Sie kennen nicht die alte Wahrheit: «Wer nicht politisiert, mit dem wird politisiert.» Gefährlich sind nie die, die nach Wahrheit suchen. Gefährlich sind immer die, die glauben, sie hätten sie gefunden.

Ich plädiere dafür, daß man Kernkraftwerkgegner ernst nimmt. Fachleute und Politiker, die sie als lästig beiseite schieben und sich mit ihnen nicht auseinandersetzen wollen, handeln falsch. Sie erwecken den Eindruck, man habe etwas zu verbergen oder man verkenne die Gefahren von Atomkraftwerken. Es ist leider eine Tatsache, daß man hier hüben und drüben mit Zitaten von Nobelpreisträgern um sich schlägt. Da wird nicht nur der Bürger, sondern gelegentlich selbst der Energieminister verunsichert. Ich habe zwar meine Experten, aber auch sie sind Techniker. Sie sagen mir nur, ob ein Kernkraftwerk sicher besser – ob es verantwortbar ist.

Den Entscheid aber, ob wir diese Technik brauchen wollen und in welchem Ausmaß, können sie mir nicht abnehmen. Das ist ein politischer Entscheid, und wie er auch immer ausfällt, er wird nachhaltige Folgen haben. Das Energieproblem lösen wir nicht ein für allemal mit dem Bau von Atomkraftwerken. Wir haben dieses Problem nicht einfach heute. Wir werden ab heute immer Energieprobleme haben. Man sagt, Politik sei die Kunst des Möglichen. In der Energiepolitik trifft das nicht mehr zu. Wir sind nicht sicher, ob das, was auf diesem Gebiet möglich ist, auch langfristig gut ist. Es geht deshalb nicht darum, was wir technisch können. Es geht darum, was wir politisch wollen.

Zuerst stellt sich die Frage: Was ist aber eigentlich das Energieproblem? Im Grunde genommen denken wir darüber erst seit Ende der sechziger Jahre nach. Damals begann wegen Kaiseraugst die Diskussion über Atomkraftwerke. Vorher waren in Mühleberg und in Beznau drei solche Werke ohne Opposition gebaut worden. Vertreter des Natur- und Umweltschutzes hatten mit vielen andern Mitte der sechziger Jahre laut Beifall geklatscht, als Willy Spühler – der damalige Energieminister – durchsetzte, daß man in der Schweiz die Generation der thermischen Kraftwerke übersprang und direkt in die friedliche Atomtechnik einstieg. Es war schon immer so, daß man eine gegenwärtige Technik mit dem Hinweis auf eine neue, kommende bekämpfte und diese kommende als besser und sanft und harmloser hinstellte. Das wird ja auch heute wieder getan. «Die Kernspaltung ist schlecht, der Brüter oder die Kernfusion wären das Richtige», ruft man mir zu. «Man soll warten und Moratorien beschließen», steht auf den Transparenten.

Nach einer kürzlich durchgeführten Umfrage antwortete die große Mehrheit der Schweizer auf das Stichwort «Energie» mit «Elektrizität». Und wer Elektrizität sagt, denkt an «Atomkraftwerke». In unserem Denken ist nicht das Erdöl das Energieproblem Nummer 1. Wir glauben es nicht, oder wir wollen nicht glauben, daß das Erdöl die Achillesferse unserer Energieversorgung geworden ist. Alle Energieträger zusammengerechnet, also Öl, Elektrizität, Gas, Kohle,

Gefährlich sind nie die, die nach Wahrheit suchen. Gefährlich sind immer die, die glauben, sie hätten sie gefunden.

Man sagt, Politik sei die Kunst des Möglichen. In der Energiepolitik trifft das nicht mehr zu. Wir sind nicht sicher, ob das, was auf diesem Gebiet möglich ist, auch langfristig gut ist. Es geht deshalb nicht darum, was wir technisch können. Es geht darum, was wir politisch wollen.

Wir müssen uns damit abfinden, daß das Perpetuum mobile noch nicht erfunden ist. Wie wir es auch immer drehen: Wir brauchen Energie. Und Energie – welche auch immer – wird nie mehr problemlos sein.

Holz, sind wir in unserer Energieversorgung heute zu mehr als 75 Prozent vom Erdöl abhängig. Wir laufen Gefahr, daß wir wegen dieser Einseitigkeit bald einmal in große Schwierigkeiten kommen. Und das Schlimmste daran ist, daß wir uns dessen kaum bewußt sind.

Erdöl ist nicht wegen der steigenden Preise zum Problem geworden. Sie machen zwar den armen Ländern große Sorgen. Aber der Westen kann diese Preissteigerungen verkraften. Erdöl ist für die Welt ein Problem geworden, weil es nicht in unbegrenzten Mengen vorhanden ist. Es ist während Jahrmillionen in der Erde entstanden, und es wird nie mehr nachwachsen. Erdöl ist als Rohstoff unersetzlich. Aber trotzdem betrachten wir die fossilen Brennstoffe als Einkommen. Sie sind aber Kapital. Wir leben hier nicht von den Zinsen, sondern von der Substanz: Wenn das vorhandene Öl aufgebraucht ist, ist es für alle Zukunft weg.

Es gibt viele Berechnungen über die Größe der Erdölvorräte, die auf der Welt noch vorhanden sind. Man muß alle diese Zahlen sicher skeptisch beurteilen. Eine Tatsache jedoch kann keine Prognose wegreden. Die Erdölvorräte sind endlich. Und ihr Ende liegt in Sichtweite. Ich habe einen neutralen Experten, der weder den Erdölstaaten noch der Automobilindustrie, noch den Erdölverkäufern hörig ist, gebeten, mir einen Bericht über die mutmaßliche Situation zu machen. Er hat darin folgendes geschrieben:

«Würden ab heute keine neuen Erdölquellen beziehungsweise Reserven mehr gefunden und würde der zukünftige Verbrauch gleich bleiben wie im Jahre 1975, so würden die Reserven noch für dreißig Jahre ausreichen. Diese Rechnung ist aber völlig unrealistisch: Es werden sicher noch Reserven gefunden, und auch der Verbrauch wird weiter steigen, weil man in den heute noch unentwickelten Ländern auch Autos kauft und für andere Zwecke Erdöl brauchen wird.»

«Wenn wir», so steht in diesem Bericht, «rasch wirksame Sparmaßnahmen einleiten, wie es jetzt Präsident Carter tun möchte, und wenn wir gleichzeitig soviel Erdöl als möglich mit andern Energieträgern ersetzen, werden wir im günstigsten Fall auf der Welt noch fünfzig Jahre, im ungünstigsten noch dreißig Jahre lang Erdöl haben.» Aber auch hier macht er Einschränkungen. Öl wird nicht nur als Energiequelle genutzt. Man macht daraus Plastikstoffe, Medikamente und vor allem auch Protein, das im Kampf gegen den Hunger in der Welt zunehmend eine wichtigere Rolle spielen wird. Die Ölländer wissen das natürlich auch. Sie möchten ihren Rohstoff für die industrielle Verarbeitung aufsparen und strecken. Deshalb werden sie die Exporte mehr und mehr drosseln. Sie verlangen von uns – zu Recht –, daß wir Öl nicht weiter in Motoren und Ölbrennern mit denkbar schlechten Wirkungsgraden in die Luft verpuffen.

Wir haben mit dem Erdöl sträflich Raubbau betrieben. Wir tun es trotz besserem Wissen weiterhin, und zunehmend. 1950 hat die Schweiz rund eine Million Tonnen Erdöl importiert. Im letzten Jahr waren es 12,5 Millionen Tonnen. Motorisierung und Ölheizungen nehmen weiterhin zu.

Es gibt zwar bereits andere Treibstoffe. Methanol wird in der BRD ausprobiert. Methanol ist einfacher Alkohol. Von 1982 an wollen die Deutschen während zwölf Jahren jedes Jahr 142 Millionen DM für die Herstellung von Methanol investieren. 1992 wollen sie 2,4 Millionen Tonnen Benzin mit diesem neuen Treibstoff ersetzen. Aber auch Methanol ist kein Geschenk der Natur. Um es aus Kohle und Erdgas herzustellen, sind große Mengen von Elektrizität nötig. Und neue Elektrizität kommt auch in der BRD fast nur noch aus Atomkraftwerken.

Beim Elektromobil ist es ähnlich. Es würde zwar unsere Städte von Lärm und Abgasen befreien. Aber um Batterien aufzuladen, braucht es ebenfalls elektrischen Strom. Wir müssen uns damit abfinden, daß das Perpetuum mobile noch nicht erfunden ist. Wie wir es auch immer drehen: Wir brauchen Energie. Und Energie – welche auch immer – wird nie mehr problemlos sein.

Es gibt eine einzige problemlose Energie: die Energie, die wir einsparen. Es muß das erste und oberste Ziel der Energiepolitik werden, Energie zu sparen. Die Entwicklung von Energiesparmaßnahmen und -möglichkeiten ist wichtiger als die Erforschung neuer Energiequellen. Alle Berechnungen von Fachleuten zeigen, daß wir nirgends einen so hohen prozentualen Gewinn erzielen können wie bei Sparmaßnahmen.

Was der einzelne dabei tun kann, ist bekannt. Viele Industrien haben bereits erkannt, wie wichtig es ist, Energie zu sparen. Es gibt aber ohne Zweifel noch zahlreiche Produktionsprozesse auf allen möglichen Gebieten, die noch nie auf ihren Energieverbrauch hin untersucht worden sind. Leider wirkt der Preis beim privaten Verbrauch noch viel zu wenig. Ich weiß nicht, wie teuer Erdöl werden müßte, damit wir auch mit Litern und halben Litern rechnen lernen würden. Niemand kann aber an hohen Energiepreisen interessiert sein. Motiv zum Energiesparen müßten Vernunft und Verantwortungsbewußtsein werden. Aber Vernunft, mit der man kein Geld verdienen kann, gilt nicht viel. Mit Vernunft reagieren wir meistens erst dann, wenn alle andern Möglichkeiten ausgeschöpft sind.

Allerdings: Von unserer fünfundsiebzigprozentigen Abhängigkeit vom Erdöl kommen wir mit Sparmaßnahmen allein nicht los. Es braucht Alternativenergien. Fast 80 Prozent aller Energie brauchen wir für die Wärmeerzeugung. Hier geht auch am meisten Energie verloren, weil Wärme ja nie verschwindet, sondern in jedem Fall irgendwo in der Atmosphäre bleibt.

Die Arbeitsgruppe «Plenar» hat im Januar ihren Bericht «Plenar-Wärmeverbund-Schweiz» veröffentlicht. Mit einem Leitungsnetz von 1000 Kilometer Länge sollen 3,1 Millionen Wärmebezüger mit Abwärme aus Kernkraftwerken, aus der Industrie, aus Kehrichtverbrennungsanlagen und auch aus Wärme, die jeder Haushalt täglich erzeugt, versorgt werden. Nach den Berechnungen der Gruppe läßt sich im Zeitraum von fünfzehn Jahren mit einem Aufwand von 11,7 Milliarden Franken eine jährliche Einsparung von 4 bis 5 Millionen Tonnen Heizöl erzielen. Die Einsparung würde ungefähr doppelt so viel ausmachen wie die jährlichen Investitionskosten.

Es gibt eine einzige problemlose Energie: die Energie, die wir einsparen.

Vernunft, mit der man kein Geld verdienen kann, gilt nicht viel. Mit Vernunft reagieren wir meistens erst dann, wenn alle andern Möglichkeiten ausgeschöpft sind.

Die Aussage «technisch möglich» ist zwar beruhigend. Ich bin auch sicher, daß kein Wissenschafter eine solche Aussage leichtfertig macht. Aber der technische Entscheid allein genügt eben in der Energiepolitik nicht mehr, auch wenn die Exponenten der Elektrizitätswirtschaft solches nicht gerne hören. Energiefragen sind zu einem Politikum geworden, und wir werden ihm nicht ausweichen.

Ein solches Wärmeverbundnetz sollte nicht Utopie bleiben. Wir haben in den letzten Jahrzehnten in unserem Land viel gebaut, bei dem der Nutzen nicht immer zu berechnen oder sogar fraglich war. Wir haben bei vielem nicht nach den Kosten gefragt. Mit einem solchen Wärmeverbund könnten wir eine Energie nutzen, die bereits vorhanden ist. Energie sparen heißt vor allem auch, zuerst jene Energie zu brauchen, die wir bereits haben, aber heute ungenützt vergeuden, wie eben die Abwärme.

Zu den Energiequellen, die wir bereits haben, gehören neben Gas und Holz auch die Sonne, der Wind und die Erdwärme. Ich möchte hier nur kurz auf die Sonnenenergie eintreten, weil von ihr am meisten gesprochen wird. Sie wird ohne Zweifel ihren Anteil an unserer Energieversorgung finden. Aber vorläufig kann man mit der Sonne erst warmes Wasser herstellen. Für sonnenarme Tage müssen wir ständig elektrischen Strom oder Gas bereit halten, damit wir nicht in der Badewanne schlottern müssen.

Wir haben Studien für Sonnenkraftwerke in den Alpen. Um in einem solchen Werk gleich viel Elektrizität zu erzeugen wie mit einem Kernkraftwerk von 1000 MW, müßte man mehr als 40 Quadratkilometer Fläche mit Kollektoren bedecken. Und auch ein solches Werk ist eben vom Wetter abhängig.

Man hört gelegentlich von der Idee, in der Wüste Sahara Sonnenkraftwerke zu bauen und den Strom zu uns zu transportieren. Aber auch das gibt Probleme. Die Übertragungsverluste für Elektrizität sind relativ hoch, und das wirkt sich bei großer Entfernung entsprechend aus. Und dazu weiß man nicht, welche Wirkungen es für die Sahara und für Afrika haben würde, wenn die Sonne dort nicht mehr in der heutigen Intensität auf den Sand, sondern auf Sonnenkollektoren scheinen würde. Das könnte zu Klimaveränderungen führen, wenn man solche Anlagen im erforderlichen Großausmaß bauen wollte. Plötzlich hätten wir dann vielleicht weiße Neger... Die Sonnenenergie-Forschung geht aber weiter. Wir können ihre Anwendung nicht genug fördern. Die Sonne ist die umweltfreundlichste Energiequelle. Eine Studie der Kommission für die Gesamtenergiekonzeption kommt zum Schluß, daß wir bis Ende dieses Jahrtausends etwa drei Prozent unseres Energiebedarfes mit Hilfe der Sonne decken können. Vielleicht verhelfen uns neue Techniken zu mehr. Aber an Wunder soll man auch hier nicht glauben. Der Landschaftsschutz setzt vorläufig auch noch Grenzen, und sicher dürfen unsere Alpen nicht wegen Sonnenkraftwerken zum Alptraum werden.

Neben den Sparmaßnahmen und den andern Energiequellen, zu denen auch noch Gas, Kohle, Holz und andere gehören, bilden vorläufig die Atomkraftwerke die wichtigste Alternative zum Erdöl. Auf der Erde werden gegenwärtig etwa 200 Atomkraftwerke betrieben. Weitere 300 sind im Bau oder geplant. Ich habe schon solche Werke besichtigt und auch aus vielen Schriften und Gesprächen den Eindruck gewonnen, daß man die Technik der Kernspaltung beherrscht.

Man wirft uns Schweizern gelegentlich zu Recht vor, daß wir zu perfektionistisch seien. Bei unseren Atomsicherheitsbehörden ist Perfektionismus nicht nur erwünscht. Absolute Gewissenhaftigkeit und letzte Exaktheit ist hier Pflicht, und sie wird auch wahrgenommen. Die schwache Seite der Atomkraftwerke sind die Abfälle. Die ganz giftigen, wie Plutonium, aus dem man Atombomben herstellt, und auch die Spaltprodukte, die gegen 30000 Jahre lang radioaktiv bleiben, müssen wir zwar in der Schweiz noch nicht selber hüten. Sie gehen vorläufig noch mit dem abgebrannten Uran zurück in die Wiederaufbereitungsanlagen, von denen es bei uns keine gibt und auch nie geben wird. Aber auf die Dauer wird uns das Ausland diese Abfälle nicht abnehmen.

«Das Abfallproblem ist lösbar», sagen die Fachleute. Man kann diese Abfälle in geologische Schichten versenken, die seit Jahrmillionen trocken waren und es nach allem Ermessen auch in Zukunft bleiben. Aber diese Lager bleiben trotzdem über Jahrtausende hinweg gefährlich, weil sie dem Menschen zugänglich sind. Wir übergeben mit ihnen kommenden Generationen eine Verpflichtung, von der wir nicht wissen, ob sie immer mit dem gleichen Verantwortungsbewußtsein wahrgenommen wird wie heute. Diese Belastung kommender Generationen für etwas, was wir heute tun, macht die Atomenergie politisch. Ich meine damit: Das Abfallproblem können letztlich nicht die Techniker allein entscheiden. Die Aussage «technisch möglich» ist zwar beruhigend. Ich bin auch sicher, daß kein Wissenschafter eine solche Aussage leichtfertig macht. Aber der technische Entscheid allein genügt eben in der Energiepolitik nicht mehr, auch wenn die Exponenten der Elektrizitätswirtschaft solches nicht gerne hören. Energiefragen sind zu einem Politikum geworden, und wir werden ihm nicht ausweichen.

Juristische Experten bereiten die Revision des Atomgesetzes vor. Weil in nächster Zeit über die Werke Kaiseraugst und Graben zu entscheiden ist, soll der Gesamt- eine Teilrevision vorangehen. Warum? Nach dem jetzt geltenden Gesetz muß mein Departement ein Atomkraftwerk bewilligen, wenn die sicherheitstechnischen Bedingungen erfüllt sind. Kaiseraugst hat 1969 die Standortsbewilligung erhalten, Graben 1972.

Die Standortsbewilligung ist zwar noch keine Baubewilligung. Sie stellt nur fest, ob der vorgesehene Standort geeignet ist. Ob schließlich gebaut werden kann, kann erst nach umfangreichen weiteren sicherheitstechnischen Untersuchungen entschieden werden. Weder Kaiseraugst noch Graben haben bis jetzt eine Baubewilligung erhalten. Aber sie haben nach dem Gesetz einen Rechtsanspruch darauf, wenn sie nach dem heutigen Stand der Wissenschaft als sicher gelten. Von den Kernkraftwerkgegnern wird mit einiger juristischer Spitzfindigkeit gegen die Aufteilung der Bewilligung Sturm gelaufen. Aber diese Aufteilung ist gut begründet. Keiner läßt von einem Architekten einen Plan machen, bevor er sicher weiß, daß er nachher auf dem vorgesehenen Grundstück auch wirklich bauen kann.

Schon die Projektierungskosten bis zur Standortsbewilligung eines Kernkraftwerkes kostet Millionen. Wenn die Standortsbewilligung erteilt ist, kommen weitere Millionen für die Ausarbeitung der Baubewilligung hinzu. Ende 1976 stand das Baukonto für Kaiser-

Es ist doch wirklich besser, man diskutiert in den Räten und damit in aller Öffentlichkeit, statt daß man nachher darüber nachgrübeln muß, wie man mit einer Geländebesetzung fertig wird.

In unserer Demokratie – ich sage das deutlich – sind sogenannte Bürgerinitiativen keine unerlaubten Organisationen, auch wenn ihr Name keine helvetische Wortschöpfung ist. Das politische und das kritische Interesse ist bei uns im Gegenteil erwünscht. Es ist eine Bürgertugend.

augst auf über 450 Millionen Franken. Für Graben sind bis jetzt 130 Millionen Franken ausgegeben worden. Wieviel Verbois und Rüthi bis heute gekostet haben, weiß ich nicht. Bevor Strom produziert werden kann, sind alle Kosten totes Kapital. Man muß deshalb verstehen, daß die Werke gelegentlich ungeduldig auf die Baubewilligung warten.

Man kann heute kritisieren, es seien in der Vergangenheit vielleicht zu viele Atomkraftwerke bewilligt worden. Aber die Gesuchsteller hatten erstens einen gesetzlichen Anspruch auf diese Bewilligung. Und zweitens sind die Projekte in der Zeit stürmischen wirtschaftlichen Wachstums entstanden, von dem damals noch keiner ein Ende sah oder sehen wollte. Von den Elektrizitätswerken wurden und wird auch heute noch erwartet, daß sie jede Nachfrage nach Strom decken. Aus dieser Verpflichtung heraus haben sie in der «goldenen», energieproblemlosen Zeit ihre Atomkraftwerke geplant und bewilligt erhalten.

Jetzt haben wir einen Konjunkturrückgang. Auch das Wachstum des Energieverbrauchs hat sich verlangsamt. Das ist die Ausgangslage für die Revision des Atomgesetzes: zwei standortsbewilligte Werke, gesetzlich verbriefter Rechtsanspruch auf die weiteren Bewilligungen, Millionen bereits getätigte, aber immer noch unproduktive Ausgaben, verlangsamter Anstieg des Energieverbrauchs. Sichtbare, mögliche umweltfreundlichere und problemlosere Alternativen.

Mit der Teilrevision des Atomgesetzes stellen wir vorerst die Frage, ob die Bewilligung eines Atomkraftwerks weiterhin einfach ein baupolizeilicher Akt bleiben soll, den ich einfach zu unterschreiben habe, wenn in den Berechnungen die Neunerprobe aufgeht.

Ich habe die Meinung, daß der Bau eines Kernkraftwerks ein brisanter politischer Entscheid geworden ist. Wir hatten in Kaiseraugst eine Besetzung, und die Kantone mußten sich für eine polizeiliche Räumung des besetzten Geländes bereitmachen. Ich will nicht die Geschichte dieser Besetzung erzählen. Sie hat unsere Innenpolitik belastet. Ich würde deshalb glauben, daß die Bewilligung eines Atomkraftwerks nicht eine Sache des Gesamtbundesrates, sondern des Parlamentes werden sollte.

Die eidgenössischen Räte beschließen über Eisenbahnbauten und Flugplätze. Sie haben über das Programm der Nationalstraßen zu entscheiden. Ist das politisch gewordene Energieproblem, mit dem wir ungezählten kommenden Generationen Pflichten übertragen, nicht auch parlamentswürdig? Es ist doch wirklich besser, man diskutiert in den Räten und damit in aller Öffentlichkeit, statt daß man nachher darüber nachgrübeln muß, wie man mit einer Geländebesetzung fertig wird. Ich würde auch glauben, daß potentielle Besetzerorganisationen – mit Ausnahme der politischen Extremisten – es sich zweimal überlegen würden, ob sie sich gegen Beschlüsse der Volksvertretung ins Unrecht setzen wollen.

Es besteht die Hoffnung – man sollte sie jedenfalls nähren –, daß sich vom Parlament aus mehr Sachlichkeit auch auf das Volk überträgt. Das Parlament muß in der Energiefrage seine Führungsaufgabe wahrnehmen. Es darf ihr nicht ausweichen. Schweigen ist hier

Schwäche, und so wird es auch ausgelegt. Schweigen führt dazu, daß man das Feld mehr und mehr den Interessengruppen überläßt. In unserer Demokratie – ich sage das deutlich – sind sogenannte Bürgerinitiativen keine unerlaubten Organisationen, auch wenn ihr Name keine helvetische Wortschöpfung ist. Das politische und das kritische Interesse ist bei uns im Gegenteil erwünscht. Es ist eine Bürgertugend. Die Stimme, die hier von diesen Organisationen meistens unbescholtener Bürger erhoben wird, können wir nicht einfach überhören. Die Parlamentarier müssen sie in die Räte tragen können.

Mit der Revision des Gesetzes möchten wir ferner einen Bedürfnisnachweis für Atomkraftwerke einführen. Der Bund sollte nicht einfach nur bewilligen müssen, wenn die sicherheitstechnischen Pläne stimmen. Er sollte auch fragen dürfen, ob solche Werke überhaupt für die Versorgung nötig sind. Dieser Bedürfnisnachweis ist stark umstritten. Der Verband der Elektrizitätswerke wehrt sich mit Vehemenz dagegen. Man sei selber Manns genug, zu beurteilen, wann und wie viele Werke gebaut werden sollen, und brauche dazu kein staatliches Urteil, das sowieso meistens falsch sei, so tönt es etwa. Das heißt also: Für Wirtshäuser müssen wir das Bedürfnis nachweisen, für Atomkraftwerke nicht.

Ich habe einmal gesagt, ich würde mich als Energieminister immer dagegen wehren, daß in unserem Land Atomkraftwerke auf Vorrat gebaut werden. Und ich wehre mich auch dagegen, daß man zuerst solche Werke baut und nachher mit ganzseitigen Inseraten Abnehmer für den neuen Strom suchen oder ihn dem Ausland verkaufen muß. Solche Werke baut kein Land mehr als unbedingt nötig.

Wegen der Atomkraftwerke – das ist ein weiteres Argument – mußte der Bund internationalen Kontrollabkommen beitreten. Wir mußten den Atomsperrvertrag unterschreiben, sonst hätte man uns mit nuklearem Material überhaupt nicht mehr beliefert. Kann man unter solchen Umständen sagen, Atomkraftwerke seien einfach eine Sache der Privatwirtschaft? Der Staat solle hier mit seinen Sicherheitsorganen nur den Polizisten spielen und dafür sorgen, daß er mit den Demonstrationen und mit den politischen Schwierigkeiten wegen dieser Werke fertig werde? Das halte ich für ausgesprochen unfair. Wir leben nicht mehr im Nachtwächterstaat. Atomenergie geht alle an, und mit Wirtschaftslenkung hat das nichts zu tun.

Es stellen sich einige sehr politische Fragen: Wieviel Erdöl wollen wir mit Elektrizität ersetzen? Wieviel mit Sonnenenergie? Wieviel mit Erdgas, Holz, Kohle, Wärmepumpe und andern Techniken? Es stellt sich im Blick auf den Umweltschutz überhaupt die ganz grundsätzliche Frage: Wieviel Wachstum wollen wir für die Zukunft überhaupt? Diese Frage führt zur Existenzfrage unserer Zivilisation: «Wieviel Energie braucht eigentlich der Mensch?»

Es gibt Befürworter eines Nullwachstums. Ich bin persönlich überzeugt, daß sich eine solche Entwicklung schon aus innenwirtschaftlichen und sozialen Gründen nicht durchsetzen läßt. Es gibt aber auch noch die weltweite Verpflichtung der Industrieländer zur

Wieviel Wachstum wollen wir für die Zukunft überhaupt? Diese Frage führt zur Existenzfrage unserer Zivilisation: «Wieviel Energie braucht eigentlich der Mensch?»

Solidarität. Man kann diese Verpflichtungen nicht einfach mit Geld ablösen. Entwicklungsländer wollen Nahrungsmittel, Kunstdünger, Maschinen und andere Industrieprodukte. Wir können uns nicht einfach in ein Nullwachstum einmotten und zusehen, wie andere verhungern, auch wenn das für uns vielleicht bequem und in mancher Hinsicht problemloser sein könnte. Man kann ja in der Politik schon gelegentlich Dummheiten machen, aber man sollte sie dann wenigstens vorher gründlich überlegen.

Ich glaube, die Politiker müssen sich bewußt werden, daß hinter dem Widerstand gegen die Atomtechnik mehr steht als nur Bedenken gegenüber einer Art der Energieerzeugung. Der Bürger fürchtet sich vor dem Bild einer durchtechnisierten Welt. Er fürchtet, daß er Freiheiten, die er in der Vergangenheit unter Opfern gewonnen hat, an diese Technik verlieren wird. Er fürchtet sich vor dauerndem wirtschaftlichem Wachstum, und er ist skeptisch geworden gegenüber dem, was man gemeinhin als «Fortschritt» versteht.

Ich glaube den Experten, daß die Sicherheit der Atomtechnik garantiert werden kann. Aber man muß eben auch die Frage stellen, unter welchen Bedingungen. Es geht nicht nur um Technik. Es geht um das Abwägen von verschiedenen Rechtsgütern und letztlich um den Begriff «Lebensqualität». Und Lebensqualität besteht nicht nur aus wirtschaftlichem Erfolg.

Ich glaube, daß der Bürger auch deshalb verunsichert ist, weil er diese Entscheidungen nicht weiter einfach dem freien Markt und Interessengruppen überlassen will. Seine Bedenken gegenüber der Entwicklung sind im Grunde genommen Bedenken gegenüber einer Politik, die er für zu schwach hält. Wir müssen dem Bürger die Gewißheit geben können, daß über all diese Fragen die ganze Gesellschaft entscheidet. Für diese Entscheide kann niemand anderes die Verantwortung übernehmen als das Volk.

Deshalb möchte ich, daß das Parlament Atomkraftwerke bewilligen soll. Der Staat hat länger Bestand als ein Konsortium, das gemeinsam ein Atomkraftwerk baut. Solche Werke haben eine Lebensdauer von dreißig bis vierzig Jahren. Für alles, was nachher mit dem Abfall geschieht, trägt der Staat die Verantwortung. Über ihn wird die Geschichte ihr Urteil fällen. Vertrauen in die Energiepolitik können wir aber nur herstellen, wenn der Staat, der für seine Mitbürger Verantwortung zu übernehmen hat, auch die nötigen Kompetenzen bekommt.

Ich glaube, die Politiker müssen sich bewußt werden, daß hinter dem Widerstand gegen die Atomtechnik mehr steht als nur Bedenken gegenüber einer Art der Energieerzeugung. Der Bürger fürchtet sich vor dem Bild einer durchtechnisierten Welt. Er fürchtet, daß er Freiheiten, die er in der Vergangenheit unter Opfern gewonnen hat, an diese Technik verlieren wird.

Eidgenossenschaft statt Schweiz AG

18. JUNI 1977

Von den Coop-Genossenschaftern fordert Willi Ritschard die Erneuerung des Genossenschaftsgedankens, der Mensch in der Konsumgesellschaft vereinsame:
«Die Genossenschaft muß sich bemühen, wieder eine Gemeinschaft zu werden...»

Coop hat sich immer auch als Vertreterin der Konsumenten verstanden und ihre Interessen auf vielen Gebieten wirksam wahrgenommen. Das ist keine leichte Aufgabe. Zwischen dem Mann hinter dem Ladentisch und der Kundin auf der andern Seite bestehen natürliche Interessengegensätze. Man sieht sich hier nicht in die Augen, sondern ins Portemonnaie, und für viele Frauen ist es leichter, mit ihrem Mann auszukommen als mit seinem Geld.

Aber nicht, daß im täglichen Leben Interessengegensätze bestehen, ist wichtig. Wichtig ist die Art, wie man sie zu überbrücken versucht. Ich habe den Eindruck, daß die Konsumgenossenschaften unseres Landes in der Vertretung der Konsumenteninteressen immer eine ehrliche Haltung eingenommen haben und deshalb trotz der gelegentlich unterschiedlichen Optik dem Konsumenten gegenüber glaubwürdig geblieben sind.

Wenn ich «Konsumverein» oder «Konsumgenossenschaft» höre, denke ich, ohne es zu wollen, an die «Redlichen Pioniere von Rochdale». Ich habe von ihnen in der Arbeiterschule im Fach «Genossenschaften» gehört und als Gewerkschaftssekretär gelegentlich den Film über sie vorgeführt. Er hat mich immer beeindruckt. Diese «Redlichen Pioniere» haben auch mein politisches Denken beeinflußt. Deshalb schütte ich jetzt etwas davon über Sie aus, auch auf die Gefahr hin, daß Sie mich nachher für einen Nostalgiker halten und vermutlich wissen, daß Nostalgie die Kunst ist, sich von der Vergangenheit überholen zu lassen. Sie kennen wahrscheinlich alle die spöttische Redensart: «Der ist mit dem Konsumbüchlein in die Schule gegangen.» Aber wenn wir als Ausgangspunkt der Genossenschaftsidee eben diese «Redlichen Pioniere» nehmen, dann wäre es möglicherweise um unsere Welt um einiges besser bestellt, wenn dieses Konsumbüchlein ein obligatorisches Lehrmittel wäre.

Wenn schon unserer Jugend der Genossenschaftsgedanke selbstverständlich würde. Wenn es uns gelingen könnte, aus unserer Einzelkämpfergesellschaft eine solidarische Genossenschaft zu formen. So würde nicht nur ein besserer Mensch entstehen. Er würde auch unserem Lande, das sich «Eid-Genossenschaft» nennt, Ehre machen.

Man hört heute, und in letzter Zeit ganz besonders oft, wieder das harte – zu harte – Urteil von der «Schweiz AG». Vielleicht zeigt

Die Genossenschaftsidee ist eine politische Idee. Und so ist sie eben auch eine politische Verpflichtung. Es gibt einen innern Wert des Genossenschaftsgedankens.

diese Titulierung eine wirkliche Gefahr. Und die Alternative dazu müßte eigentlich genau genossenschaftliches Denken sein. Die Alternative zur «Schweiz AG» heißt Eid-«Genossenschaft».

Ich weiß schon, daß es für ein Handelsunternehmen in der heutigen Umwelt schwierig geworden ist, neben der juristischen Form der Genossenschaft auch noch den innern Gehalt, eben die genossenschaftliche Idee, zu praktizieren. Aber muß man – das ist meine Frage – diesen ideellen Gehalt der Genossenschaft wirklich unter einer vergilbten Käseglocke unter Denkmalschutz stellen? Ich weiß nicht, was ein William King, ein Robert Owen oder die «Redlichen Pioniere» von Rochdale heute zur Coop Schweiz sagen würden.

Sicher wären die Pioniere der Genossenschaftsbewegung überrascht von der Größe der Coop, von der Vielfalt ihres Warenangebots und von den schönen Verkaufsläden, in denen nicht nur – wie zu ihrer Zeit – Arbeiter, sondern die ganze Bevölkerung einkauft. Aber wahrscheinlich würden sie Ihnen, nachdem sie sich ihre Augen gerieben hätten, auch einige Fragen stellen. Die Frage nach den genossenschaftlichen Grundsätzen, die sie 1844 für sich aufgestellt haben. Die «Redlichen Pioniere» haben zwar selber auch nicht alle ihre Grundsätze verwirklichen können. Dazu waren sie zu klein und zu schwach. Aber heute – so würden diese Rochdaler finden – wären die Genossenschaften eigentlich stark genug, und deshalb würden sie wahrscheinlich im ersten Zorn auf einer Holztafel ihre 14 Grundsätze in den sicher allesamt recht geräumigen Büros sämtlicher Konsumverwalter mit einem Zimmermannsnagel aufhängen.

Ich will hier diese Grundsätze ablesen, weil sie mir so gut gefallen haben, als ich sie für diesen Vortrag wieder nachgelesen habe. Ich bin mir durchaus bewußt und sogar glücklich darüber, daß ich mit diesem Ablesen bei den meisten von Ihnen nicht nur offene Türen einrenne, sondern sie auch noch gleich zu Kleinholz mache.

Also:

1. Die Pioniere geben das Beispiel der Gründung einer Konsumgenossenschaft mit einem Kapital, das sie selbst aufgebracht haben.

2. Sie verkaufen nur reine, unverfälschte Nahrungsmittel.

3. Sie geben volles Maß und Gewicht.

4. Sie verkaufen zum ortsüblichen Tagespreis, unterbieten also nicht die Kleinhändler.

5. Sie nehmen keinen Kredit in Anspruch, geben aber auch keinen Kredit. Auf diese Weise verleiten sie den Arbeiter nicht zum Schuldenmachen.

6. Sie gewähren den Mitgliedern eine Rückvergütung nach Maßgabe ihrer Einnahmen. Damit erkennen sie an, daß die, welche Überschuß schaffen, auch ihren Teil davon bekommen sollen.

7. Sie veranlassen die Mitglieder, ihre Rückvergütung in der Sparkasse der Genossenschaft anzusammeln, und erziehen sie so zur Sparsamkeit.

8. Sie setzen den Zinsfuß auf 5 Prozent fest, damit Arbeit und Umsatz (die allein Kapital fruchtbar machen) die Möglichkeit eines angemessenen Nutzens haben.

Die Alternative zur «Schweiz AG» heißt Eid-«Genossenschaft».

9. Sie verteilen in der Fabrikation den Überschuß an die, welche ihn erzielt haben.

10. Sie werfen 2,5 Prozent des Überschusses für Bildungszwecke aus, um so den Mitgliedern Gelegenheit zu geben, sich fortzubilden.

11. Sie gewähren allen Mitgliedern bei allen Anträgen und Beschlüssen das allgemeine Stimmrecht (ein Mitglied eine Stimme). Auch den Frauen gewähren sie das gleiche Stimmrecht und das Recht der Abhebung ihrer Ersparnisse, ganz gleich, ob die Frauen ledig oder verheiratet sind.

12. Sie erstreben die Vermehrung genossenschaftlichen Güteraustausches und der genossenschaftlichen Produktion durch Gründung einer «Stadt der Arbeit», in welcher es Verbrechen und Ausbeutung nicht mehr geben sollte.

13. Durch Gründung einer Großeinkaufsgenossenschaft schaffen sie die Möglichkeit, ihren Grundsatz, nur Waren von verbürgter Echtheit zu vermitteln, durchzuführen.

14. Sie betrachten die Genossenschaft als den Keim zu einem neuen sozialen Leben, welches durch wohlgeleitete Selbsthilfe allen Arbeitenden sittlichen Hochstand und gutes Auskommen gewährleistet.

Die Zeiten ändern sich. Selbstverständlich können auch wir nicht zurück zur Natur in eine Sandalengesellschaft. Aber mancher merkt halt auch, wenn er älter wird, daß er nicht mehr der alte ist. Das gilt vermutlich auch für ehemals überzeugte Genossenschafter.

Mich faszinieren an diesen Grundsätzen zwei Dinge: Sie sind erstens ganz einfach und pragmatisch. Aber sie zeigen zum zweiten, daß man mit etwas idealistischem oder sogar utopischem Pragmatismus eben auch mehr meinen kann als nur gerade sich selber. Die Grundsätze von Rochdale sind mehr als eine praktische Anweisung für die Führung eines Gemischtwarenladens. Sie sind zugleich das Gerüst für eine neue Wirtschaftsordnung. Konsumgenossenschaften waren schon immer politisch neutral. Das ist auch richtig.

Aber die Genossenschaftsidee ist eine politische Idee. Und so ist sie eben auch eine politische Verpflichtung. Es gibt einen innern Wert des Genossenschaftsgedankens. Wie politisch übrigens die Grundsätze sind, zeigt die Tatsache, daß den Konsumvereinen in England schon 1844 die politische Gleichberechtigung der Frauen eine Selbstverständlichkeit war. Und es war für sie auch selbstverständlich, daß die Frau frei über ihre Ersparnisse und über die Rückvergütung verfügen konnte. Für die Pioniere von Rochdale war die Frau nicht ein Stilmöbel wie noch vor ein paar Jahren für uns.

Wenn man ein alter Genossenschafter ist wie ich und es noch miterlebt hat, wie die Konsumgenossenschaften an vielen Orten um ihren Platz kämpfen mußten, tut es einem etwas weh, daß der Einkauf im Konsum nicht mehr eine Sache der Überzeugung und des Bekenntnisses ist. Aber daran möchte ich nichts ändern. Ich weiß schon, daß die «gute alte Zeit» nicht so gut war, daß man über sie zu viele Tränen vergießen sollte. Nichts ist so sehr für diese «gute alte Zeit» verantwortlich wie das schlechte Gedächtnis, besonders heute, da schon Zwanzigjährige ihre Memoiren schreiben können.

Der Staat ist für viele nur noch ein juristisches Gefüge, dem mancher eher hilflos gegenübersteht.

Eine gemeinsame Gegenwart allein vermittelt uns kein Gemeinschaftsgefühl.

Aber ich bedaure etwas anderes, das in dieser Gründerzeit und bis spät in meine Jugend hinein in den Konsumgenossenschaften – wenigstens auf dem Land, in der Stadt war man schon damals moderner – noch vorhanden war. Ich habe schon gesagt: Der Einkauf in einem Konsum kam einem Bekenntnis gleich. Deshalb bestand unter jenen, die hier einkauften, unbekümmert um ihren politischen oder religiösen Standort, so etwas wie ein Gemeinschaftsgefühl.

Gemeinschaft ist eine Sache, die heute nicht mehr so groß geschrieben wird. Die Form der Genossenschaft existiert zwar noch. Aber ihr ideeller Inhalt interessiert kaum mehr jemanden. Vor allem die Utopie, das ferne Ziel, der Glaube an die Möglichkeit einer glücklicheren Gesellschaft, der die Pioniere von Rochdale noch beflügelt und ermutigt hat, ist uns abhanden gekommen. Wir haben keine Überzeugung mehr, aber die verteidigen wir dann um so leidenschaftlicher.

Man kann da viele Parallelen ziehen zum Verhältnis des Bürgers zum Staat. Auch der Staat wird nicht mehr als Ort der Gemeinschaft empfunden. Immer weniger Bürger wollen aktive Mitglieder und Mitträger der staatlichen Gemeinschaft sein. Der Staat ist für viele nur noch ein juristisches Gefüge, dem mancher eher hilflos gegenübersteht.

Wir kennen die Symptome dieser Situation: Stimmabstinenz, Entpolitisierung, Staatsverdrossenheit.

Mindestens bis zur Gründung unseres Bundesstaates im Jahre 1848 und auch noch darüber hinaus gab es aber so etwas wie eine Begeisterung für den Staat. Warum besteht sie kaum mehr? Ein Gefühl der Gemeinsamkeit kann es ganz offensichtlich nur noch dort geben, wo es gemeinsames Schicksal und deshalb ein gemeinsames Ziel gibt. Eine gemeinsame Gegenwart allein vermittelt uns kein Gemeinschaftsgefühl.

Was uns fehlt, ist eine Utopie. Ihre Pioniere hatten sie: Die Vorstellung einer gemeinsamen, einer wünschenswerten Zukunft. Aber wir verkriechen uns heute in der Gegenwart, weil wir uns vor der Zukunft fürchten. Aber wer sich in die Gegenwart verkriecht, der muß vereinsamen, und in ihm muß das Gemeinschaftsgefühl mehr und mehr verkümmern.

Den Genossenschaften müßte es eigentlich gelingen, die Genossenschaftsidee und damit auch die Idee der Gemeinschaft wieder etwas zu reaktivieren. Die Genossenschaft muß sich von den andern Unternehmungsformen dadurch unterscheiden, daß sie die Mitgliedschaft aktiviert und sich bemüht, eine Gemeinschaft zu werden, die von einem gemeinsamen Willen getragen wird. Wenn andere wirtschaftliche Großunternehmungen ihr Heil in der Flucht in die Anonymität suchen, dann muß die Genossenschaft gerade das Gegenteil tun: Sie muß die Öffentlichkeit suchen.

Die hochgesteckten Ziele der «Redlichen Pioniere» von Rochdale sind vielleicht unerreichbar. Niemand wird daran denken, eigentliche Kommunen zu gründen oder gar eine «Stadt der Arbeit», in der es weder Ausbeutung noch Verbrechen gibt. Es wäre wohl eine Überforderung, wenn man solche Utopien von den Genossenschaf-

Wir verkriechen uns heute in der Gegenwart, weil wir uns vor der Zukunft fürchten. Aber wer sich in die Gegenwart verkriecht, der muß vereinsamen, und in ihm muß das Gemeinschaftsgefühl mehr und mehr verkümmern.

Was uns fehlt, ist eine Utopie.

ten fordern würde. Aber der Ruf der Rochdaler nach Bildung ließe sich besser verwirklichen. Bildung ist eine wesentliche Voraussetzung für den Gemeinschaftssinn. Das würde aber heißen, daß Gewinne nicht nur ins Genossenschaftsgeschäft, sondern auch in die Genossenschaftsbewegung investiert werden müßten.

Ich weiß, daß das da und dort getan wird. Ich weiß, daß die Genossenschaften groß werden mußten, um stark zu werden. Sie mußten stark werden, um zu überleben. Aber die Größe hat den Nachteil

Melonenverkauf zugunsten des Krisenfonds für das europäische Berggebiet: Willi Ritschard an einem Stand in Bern.

der Unübersichtlichkeit und der Anonymität. Man kann von keinem Genossenschafter verlangen, daß er sich mit einer Supermarktkette identifiziert, wie es die Weber von Rochdale mit ihrem kleinen Lädeli getan haben.

Was mich übrigens an den Grundsätzen der Rochdaler auch überrascht, war ihre Rücksichtnahme auf den Kleinhändler. Sie wollten ihn nicht unterbieten. Sicher waren die Kleinhändler damals auch sehr arme Leute, und die Weber fühlten sich deshalb mit ihnen solidarisch. Aber es mag damit vielleicht auch der Wille zum kleinen Laden, deren Inhaber man noch kennt, zum Ausdruck gekommen sein. Die Konsumvereine haben sich immer wieder um den kleinen Dorfladen, um den kleinen Quartierladen gekümmert. Ich bitte euch, dies weiterhin zu tun und dabei nicht einfach in erster Linie nach der Höhe des Gewinns zu fragen.

Ich bin überzeugt, daß der Mensch, der Konsument, in den letzten Jahren genug an «Modern Times» bekommen hat. Er hatte zwar seine kindliche Spielfreude am modernen Selbstbedienungsladen, am Supermarkt und am Einkaufszentrum, an Rolltreppen und Automa-

Wenn andere wirtschaftliche Großunternehmungen ihr Heil in der Flucht in die Anonymität suchen, dann muß die Genossenschaft gerade das Gegenteil tun: Sie muß die Öffentlichkeit suchen.

tisierungen. Er liebte vorerst die Illusion, hier unter sehr vielen Menschen sein zu dürfen. Aber ich habe den Eindruck, daß sich nach und nach ein Koller einstellt. Der Mensch ist einsam geworden. Er hat feststellen müssen, daß er in der Menge und in der Masse keine Freunde und auch keine Gemeinschaft findet.

Der kleine Laden kann deshalb zu einer sozialen Aufgabe werden. Für eine Genossenschaft kann er zu einer neuen Zelle der Gemeinschaft werden. Zur kleinen Zelle im großen Verband. Der Supermarkt wird sicher bleiben. Aber er braucht den kleinen Laden nur dort auszuschließen, wo reines Konkurrenz- und Gewinndenken herrscht. Ich bin überzeugt, daß der kleine Laden eine Möglichkeit wäre, den Genossenschaftsgedanken zu erneuern. Vielleicht auch dadurch, daß man die Genossenschafter am Betrieb des Ladens beteiligt, von ihnen das Warenangebot und die Organisation weitgehend bestimmen läßt usw.

Ich bin kein Fachmann auf diesem Gebiet, und unsere Einkäufe besorgt meine Frau. Ich kann Ihnen also keine praktischen Vorschläge machen. Aber ich bin überzeugt, daß es wünschbar wäre, den Genossenschaftsgedanken wieder neu zu beleben. Man sollte nicht vor den Folgen zurückschrecken. Auch Ideen und Ideelles kosten in unserer Zeit ihr Geld. Die Belebung des Genossenschaftsgedankens würde etwas kosten. Aber es wäre langfristig investiertes Kapital, das in mehr menschlicher Gemeinschaft seine Zinsen abwerfen würde. Man spricht heute viel davon, daß mehr Wachstum nötig wäre, und ergänzt dann auch gleich, daß aber nicht quantitatives Wachstum erwünscht sei, sondern qualitatives. Und wenn man dann fragt, was denn qualitatives Wachstum sei, dann weiß es niemand. Ich meine, für eine Genossenschaft wäre qualitatives Wachstum definierbar. Es wäre die Stärkung der genossenschaftlichen Gemeinschaft, die allgemeine Förderung des Genossenschaftsgedankens und die bewußte Erziehung zur Gemeinschaft.

Wer aber Wachstum will, der muß investieren. Und auch qualitatives Wachstum erfordert Investitionen. *Investitionen in das qualitative Wachstum sind nie verloren, und es sind Investitionen, die sich auszahlen werden.*

Ich habe jetzt etwas viel von Gemeinschaft und von ideellen Werten gesprochen und dabei wenig oder nichts gesagt vom Zwang, dem Sie alle täglich ausgesetzt sind. Sie stehen im Detailhandel in einem harten Konkurrenzkampf. Es geht um das wirtschaftliche Überleben. Das läßt sich kaum ändern. Unser System kennt nur die Macht des Stärkeren. Aber die zwanghafte und gigantische Apparatur, die wir uns aufgebaut haben, birgt in sich das Risiko, daß die Menschlichkeit immer wie mehr verkümmert. Damit stirbt aber gerade das ab, was das Wesentliche im menschlichen Leben überhaupt ausmacht.

Darum, liebe Genossenschafterinnen und Genossenschafter, sollten wir bei allem Zwang zur Größe die alte und vielleicht entscheidende Weisheit auch im Arbeitsleben nie vergessen: *Die Liebe von Mensch zu Mensch ist wichtiger als die Liebe zur ganzen Menschheit.*

Kein Minijupe zur Berner Tracht

21. AUGUST 1977

Gegen Folklore – für Tradition: Die Rede am Eidgenössischen Schwinger- und Älplerfest in Basel beschäftigt sich mit dem Sinn von Brauchtum:
«Tradition ist das, was bleibt, wenn die Moden vorbei sind.»

Ich bin gerne nach Basel gekommen, trotzdem ich mich zuerst gefragt habe, was eigentlich ein Schwinger und Älpler in Basel sucht. Wenn die Basler die Alpen sehen wollen, dann müssen sie zu den Baselbietern oder zu den Solothurnern auf den Jura gehen.

Wir haben es aber gestern und heute erlebt: Basler und Baselbieter sind trotz ihrer Weltaufgeschlossenheit gute und vor allem gastfreundliche Eidgenossen. Und Ihr, liebe Schwinger und Älpler, werdet es gespürt haben, daß die Bevölkerung gerade in diesen beiden Kantonen euch gegenüber besonders dankbar ist. Man hat hier viel Sinn für Traditionen, und zwar auch für solche, bei denen man nicht in einer Larve herum-«stürmt».

Ich sage Tradition. Es gibt Leute, die denken «Folklore», wenn sie Schwinger und Älpler sagen. Ich lasse das nicht gelten. Folklore ist etwas Blutleeres. Mit Folklore will man meistens einen Zustand vergolden, der unwiederbringlich vergangen ist. Wenn irgendwo ein altes Dorf so richtig verschandelt worden ist, mit Flachdächern und mit Glaskästen, wenn man also das harmonisch Gewachsene nur noch in alten Büchern oder in einem heimatgeschützten Speicher aufbewahrt, dann kaufen sich in diesem Dorf ein paar Leute eine Tracht und gründen ein Heimatchörli. Und dort singen dann die, die ihre Hofstatt verspekuliert haben, meistens am lautesten.

Mich stimmt das immer etwas traurig, weil man bekanntlich nie weiß, was man hat, solange man es noch hat. Wir wissen immer nur, wie wir es gerne hätten. Wir haben in den letzten dreißig Jahren unser Land wirtschaftlich und sozial umgekrempelt. Das will ich nicht beklagen. Wir haben manches an Armut ausgerottet und vielen Menschen viele Sorgen abgenommen. Wenn heute noch ein Schweizer aus dem Schlaf aufschreckt, dann hat er sicher geträumt, er habe die letzte Steuererklärung richtig ausgefüllt.

Wir wollen nicht darüber klagen, daß es uns besser geht. Wir müssen uns nur fragen, ob wir das, was wir erreicht haben, nicht auch ohne diese vielen Verwüstungen und Verschandelungen hätten erreichen können. Aber auch diese Frage hilft nicht weiter. Wir müssen es für morgen besser machen. Das ist unsere Aufgabe. Und wenn ich an dieses Morgen denke, dann setze ich einige Hoffnungen auf euch hier in dieser Runde.

Ich sage Tradition. Es gibt Leute, die denken «Folklore», wenn sie Schwinger und Älpler sagen. Ich lasse das nicht gelten. Folklore ist etwas Blutleeres. Mit Folklore will man meistens einen Zustand vergolden, der unwiederbringlich vergangen ist.

Wenn irgendwo ein altes Dorf so richtig verschandelt worden ist, mit Flachdächern und mit Glaskästen, wenn man also das harmonisch Gewachsene nur noch in alten Büchern oder in einem heimatgeschützten Speicher aufbewahrt, dann kaufen sich in diesem Dorf ein paar Leute eine Tracht und gründen ein Heimatchörli. Und dort singen dann die, die ihre Hofstatt verspekuliert haben, meistens am lautesten.

Leute, die Traditionen pflegen und weitergeben, sind nicht einfach stur und konservativ gegen Neues und Anderes. Sie sind dafür, daß dieses Neue und dieses Andere sich mit dem verträgt, was uns am Herzen liegt.

Ich weiß, daß Ihr mit euren Verbänden helfen möchtet, unsere Traditionen auch in eine veränderte Welt hinüberzuretten. Aber retten kann man nur Traditionen, die lebendig sind. Es sind nur Traditionen lebensfähig, die fast natürlich zu unserem Alltag gehören. Traditionen müssen auch leben, wenn keine Touristen zuschauen und wenn der Wysel Gyr in den Ferien ist.

Leute, die Traditionen pflegen und weitergeben, sind nicht einfach stur und konservativ gegen Neues und Anderes. Sie sind dafür, daß dieses Neue und dieses Andere sich mit dem verträgt, was uns am Herzen liegt. Wer mit den Traditionen lebt, entwickelt das Neue aus diesen Traditionen heraus. Der macht nicht aus jedem Bauernhaus eine Welleternit-Baracke und behauptet nachher, daß das ökonomischer sei. Man kann nicht etwas abzeichnen, das in Texas entstanden ist, und es dann den Wyniger Bergen aufkleben. Das Alte mit dem Neuen so verbinden, daß das eine im andern aufgeht, das ist für mich Sinn und Wert der Tradition.

Ich weiß, daß Traditionen auch engstirnig und intolerant machen können. Auf allen Gebieten und ganz besonders bei den Volksbräuchen besteht die Gefahr, daß man sich verhärtet, daß man stur wird und nichts anderes mehr gelten läßt. Für manchen ist einer nur noch dann ein typischer Schweizer, wenn er auch noch im Kühermutz in der Adria badet. Aber den typischen Schweizer gibt es nicht. Es gibt unzählige und ganz verschiedene typische Schweizer. Keiner hat das Recht, sich selber als typischen und echten Schweizer zu bezeichnen und einen andern als einen unechten.

Traditionen haben mit Kultur zu tun. Und Kultur darf nie etwas werden, das die Menschen trennt. Kultur muß die Menschen zusammenführen. Sonst wird sie barbarisch. Ich spreche natürlich hier von Leuten, die es bei euch nicht gibt. Ich will bloß warnen vor der Versteinerung unserer Traditionen. Man muß auch Traditionen leben lassen. Und leben lassen heißt auch sich ändern. Nicht von einem Tag zum andern, sondern sorgfältig, allmählich, im Rhythmus der Generationen.

Traditionen sind nicht Bundessache. Sie sind übergesetzlich, weil sie wichtiger sind als Gesetze. Denn unsere Gesetze entstehen aus dem Geist der Traditionen und der Überlieferungen. Jede Revolution zerschlägt zuerst die Traditionen, oder dann werden sie für die eigenen Zwecke umgebogen. Ich halte nicht viel von Reformern, die immer reinen Tisch machen und dann das auftischen wollen, was gerade Mode ist. Was heute Mode ist, ist morgen altmodisch. Mode hat nichts mit Fortschritt zu tun, sondern mit Abwechslung. Sicher kann auch Mode unser Leben bereichern. Aber deshalb soll man nicht zur Berner Tracht einen Minijupe tragen wollen. Ich möchte sagen: Tradition ist, was bleibt, wenn die Moden vorbei sind.

Wir können nicht besser unsere Zukunft sehen, wenn wir wie Ihr alle in unserer Geschichte und in unserem Brauchtum verankert sind. Aber wir können aus dieser Verankerung in den Traditionen den Weg klarer erkennen, der uns angemessen ist. Und wenn ein Volk im Gefühl lebt, auf dem richtigen Weg zu sein, hat auch kein «Malaise» mehr Platz. Wir haben alle Sehnsucht nach dem eigenen

Das Alte mit dem Neuen so verbinden, daß das eine im andern aufgeht, das ist für mich Sinn und Wert der Tradition.

Gemüt und nach der eigenen Seele. Leider wird auch das Wort «Gemütlichkeit» in unserer Zeit oft abschätzig ausgesprochen. Es will nicht so recht passen in unsere Zeit der Rekorde, des Geldverdienens, des Erfolges, des technischen Fortschritts. Aber wir sollten uns nicht schämen, zuzugeben, daß wir uns auf allen Gebieten und in allen Lebenslagen nach Gemütlichkeit sehnen.

Ich hoffe darum auch sehr, daß Ihr euch in euren hergebrachten Wettkämpfen nicht verhärtet;

– daß Ihr auch im Kräftemessen gemütlich bleibt;

– daß Ihr nicht nur Spaß am Siegen habt, sondern auch Spaß an der Sache und Freude an euren Traditionen. Mit ihnen könnt Ihr unserem Lande etwas geben. Ihr könnt das Denken ein wenig verdrängen, das sich sonst auf so vielen Gebieten so stark im Materiellen verhärtet hat. Wir kennen heute – leider – den Preis von fast allem, aber den Wert von nichts.

Ich bin glücklich, daß ich heute bei euch sein darf und daß ich euch das sagen durfte. Ihr Schwinger und Älpler, Ihr habt von mir aus allen Grund zum Festen.

«Tradition ist, was bleibt, wenn die Moden vorbei sind.» Auf der Bundesratsschulreise 1975.

Wir haben alle Sehnsucht nach dem eigenen Gemüt und nach der eigenen Seele. Leider wird auch das Wort «Gemütlichkeit» in unserer Zeit oft abschätzig ausgesprochen.

Auf dem größeren Stuhl

7. DEZEMBER 1977

Die Rede Willi Ritschards an seiner Bundespräsidentenfeier ist ein Bekenntnis zu Solothurn. Und ein Aufruf, Andersdenkende nicht in die politische Isolation zu treiben.

Es gibt keine Gründe, sich als Politiker zu beklagen. Immer, wenn ich zum Fluchen neige, denke ich an viele Freunde und Bekannte, die in Fabriken, auf Bauplätzen und anderswo hart arbeiten und gelegentlich auch der Arbeit ihre Gesundheit opfern, ohne daß man sie dafür in der Zeitung lobend erwähnt.

Ich habe es schon auf der St. Ursentreppe gesagt: Hier in Solothurn spüre ich das, was man Heimat und Verwurzelung nennt. Ich sehe hier nicht einfach Menschen. Ich sehe Gesichter, die mir vertraut sind. Gesichter, die für mich Geschichten und Erinnerungen sichtbar machen. Sicher nicht nur angenehme Erinnerungen. Ich war in unserem Kanton zehn Jahre Finanzdirektor. Da werden einige auch an mich nicht nur angenehme Erinnerungen haben.

Es sind fast immer Solothurner, und in der Regel gar nicht etwa Prominente, an die ich auf meinen Wegen in der Politik denke. Meistens sind es meine Freunde aus dem Bau- und Holzarbeiterverband, aus den Gewerkschaften, die Freunde in meiner Partei und in meiner Wohngemeinde, die mich gelegentlich im richtigen Moment zu etwas angespornt oder auch im richtigen Augenblick von etwas abgehalten haben. Der Verwurzelung hier in diesem Kanton verdanke ich auch in der Politik meinen Halt. Meine Freunde hier haben mich immer wieder als einen der Ihren betrachtet und mich damit auf die Realitäten verpflichtet.

Ich möchte – nehmen Sie es mir bitte nicht übel – hier auch besonders meiner Familie danken. Es ist nicht immer einfach und leicht, die Frau, der Sohn und die Tochter eines Bundesrates zu sein. Aber sie – mein Greti und meine Kinder –, sie haben mir im Grunde genommen das geschaffen und immer wieder neu gegeben, ohne das jede politische Tätigkeit letztlich sinnlos und leer wäre: ein Zuhause, eine Heimat im Guten und Bösen, einen Ort, an dem man ganz sicher weiß, wo man hingehört.

Mein Greti ist eine viel bessere Politikerin als ich. Auch eine erfolgreiche. Der Staat, den es mir geschaffen hat, der funktioniert nicht nur viel besser als der meine. Er ist – das ist das Entscheidende – auch viel wärmer und häuslicher als der, für den ich arbeite, obwohl auch er etwas Gutes und Schönes ist.

In seine Familie wird ja in unserem Land immer noch fast jeder Mann so irgendwie als König hineingeboren. Aber mancher geht dann ziemlich vorzeitig ins Exil. Solche Fluchtgedanken sind mir nie gekommen. Ich danke das meiner Frau, meinen beiden Kindern und ihren Ehegatten, die auch in Ordnung sind. Ich brauche sie vor allem, um zu Enkeln zu kommen, damit mein Velo nicht verrostet.

Sowenig man den Stimmbürger mit der Sänfte an die Urne tragen soll, soll man versuchen wollen, ihn mit Zwangsmaßnahmen ins Stimmlokal zu treiben. Dem demokratischen Staat nützen nur jene wirklich, die sich aus freiem Willen und durch Einsicht an diesem Staat beteiligen.

Ich müßte hier noch vielen danken. Der Fraktion, dem Parlament, das mich mit viel Wohlwollen behandelt und mich auch heute wieder gewählt hat. Auch allen Mitarbeiterinnen und Mitarbeitern in meinem Departement. Ohne ihr Wissen, ihre Kameradschaft und ihre Loyalität würde ein Bundesrat mehr als nicht in den Unterhosen ins Leere laufen. Dabei haben, meine Damen und Herren, alle auch noch unter meiner «senilen Bettflucht» zu leiden. Sie müssen am Morgen gelegentlich schon zu einer Zeit antreten, wo andere Leute sich noch einmal umdrehen. Dabei hat Stadtammann Hans Derendinger auch hier eine Warnung ausgesprochen: Ein Beamter, den man am Morgen früh schon ärgert, hat nachher einen schlaflosen Tag.

Peter Bichsel ist kein Beamter. Aber er gehört nicht nur zu meinen besten Freunden. Er ist auch mein Berater. Dichtung und Wahrheit. Er liest, was ich aus Zeitgründen nicht mehr lesen kann. Er warnt mich, wenn ich den Pfad der Tugend verlasse. Er schreibt mir nicht Reden, sonst müßte Frau Blum dann den Milchmann kennen. Aber manches, was ich in den letzten vier Jahren gesagt habe, hat er mir auf unsern sonntäglichen Wanderungen – gelegentlich mit Mühe – beigebracht. Er ist ein geduldiger Lehrer. Wenn man so stark in der Tagespolitik zu versinken droht wie ein Bundesrat, ist es von einiger Bedeutung, immer wieder zu erfahren, daß es außer dem Bundeshaus auch noch eine andere Welt – eine wichtigere – gibt. Peter Bichsel vermittelt sie mir. Ich bin ihm dafür zu viel Dank verpflichtet.

Ausländer staunen oft darüber, daß die meisten Schweizer in Verlegenheit kommen, wenn man sie fragt, wer nun gerade der Bundespräsident ist. Ich hatte vorletzte Woche die größte Mühe, einer finnischen Journalistin beizubringen, daß ich mit ihrem Herrn Kekkonen außer meiner baldigen Glatze und der Körpergröße nichts gemeinsam habe. Der Bundespräsident ist nicht ein besserer Siebentel unseres Kollegiums. Er hat nur einen etwas größeren und unbequemeren Stuhl.

Wir sind ein Land ohne Staatsoberhaupt. Bundespräsident ist bei uns eine Funktion. Eine Arbeit. Sie bringt Mehrarbeit, natürlich. Aber wer nicht weiß, daß Politik überall, auch in der kleinsten Gemeinde, Arbeit, zusätzliche Arbeit, bedeutet, der muß es lassen.

Es gibt keine Gründe, sich als Politiker zu beklagen. Immer, wenn ich zum Fluchen neige, denke ich an viele Freunde und Bekannte, die in Fabriken, auf Bauplätzen und anderswo hart arbeiten und gelegentlich auch der Arbeit ihre Gesundheit opfern, ohne daß man sie dafür in der Zeitung lobend erwähnt.

Man ist als Politiker immer wieder versucht, seine Situation zu bejammern. Vielleicht sind wir es aber auch zu stark gewohnt, daß man sich nicht nur um unsere Arbeit, sondern auch um unsere Person etwas zu stark kümmert. Man sieht bei uns gerne nicht den Motor, sondern nur die Karosserie.

Es gehört zum Politiker in unserem Lande ja auch, daß er von Zeit zu Zeit über die zu niedrige Stimmbeteiligung klagt. Aus unserem Mund tönt das dann oft wie eine Beleidigung, weil wir finden, daß unsere Arbeit zu wenig Beachtung findet. Aber auch hier sollte man daran denken: Es gibt auch anderswo sehr viel lebenswichtige Arbeit, die von anonymen Mitbürgern freiwillig geleistet wird und kaum öffentliche Beachtung findet. Ich denke an die vielen tausend Vereinsmitarbeiter und auch an andere, die ebenso im Dienst der demokratischen Schulung und der Gemeinschaft stehen wie wir.

Natürlich ist der Rückgang der Stimmbeteiligung immer ein Warnzeichen für die Demokratie, und wir sollen das ernst nehmen.

Willi Ritschard nimmt seinen Freund Frank A. Meyer an der Nase.

Aber sowenig man den Stimmbürger mit der Sänfte an die Urne tragen soll, soll man versuchen wollen, ihn mit Zwangsmaßnahmen ins Stimmlokal zu treiben. Dem demokratischen Staat nützen nur jene wirklich, die sich aus freiem Willen und durch Einsicht an diesem Staat beteiligen. Der Bürger muß nicht für uns zur Urne gehen, sondern aus Interesse und Überzeugung. Man sollte deshalb in der Demokratie nie von Siegern und Besiegten reden. Die Demokratie muß Siegerin sein. Aber sie lebt auch von denen, die unterlegen sind. Und zur Demokratie gehört wirklich auch das Recht, gelegentlich keine Meinung zu haben.

Es gibt viele Mitbürgerinnen und Mitbürger, die an der Demokratie zweifeln. Es gibt Verzweifelte, wie die Terroristen, die sich dann grauenhaft und in eine völlig falsche Richtung verirren. Solche

Erscheinungen kann man nie allein mit Macht bekämpfen. Diesen Menschen fehlt Vertrauen. Vertrauen in die Gesellschaft. Sie zweifeln an der Anständigkeit dieser Gesellschaft. Sie distanzieren sich von ihr, setzen sich von ihr ab in die Isolation und in die Verzweiflung. Und schließlich hassen sie nur noch, und ihre Sprache wird zu Folter und Mord.

Aber ich frage hier: Zweifelt nicht auch jeder von uns gelegentlich an der Anständigkeit der Gesellschaft? Empfinden wir nicht auch gelegentlich unsere Moral als Scheinmoral? Gibt es nicht gelegentlich recht viel Eigennutz und Rücksichtslosigkeit? Entscheidungen ohne Rücksicht auf die sozialen Bedürfnisse?

Vielleicht sind wir oft etwas zu vorschnell mit unserem Urteil und der Verketzerung von Leuten, die – ich rede nicht von Terroristen – unsere Gesellschaft ablehnen? Stehen wir nicht selber oft in Versuchung, die politisch Motivierten und politisch Engagierten ins Abseits zu stellen und uns an die bequemeren Unpolitischen zu halten?

Ich stelle mir selber diese Frage. Ich glaube, wir sind uns solche Fragen als Politiker in einem demokratischen Land immer wieder schuldig. Man spricht so oft von politischer Taktik. Taktik ist ein militärischer Begriff. Eigentlich sollte er in der Politik keinen Platz haben. Taktik verschleiert ein politisches Ziel.

Dabei müßte doch die Politik in der Demokratie eine offene Politik sein. Demokraten sollten offen reden, und sie sollten – was vielleicht noch wichtiger ist – ein offenes Wort und ein offenes Bekenntnis, auch wenn es in die falsche Richtung gehen mag, beachten, würdigen und schätzen. Die politische Lüge, meine Damen und Herren, wäre nicht an sich gefährlich. Die Gefahr setzt erst dort ein, wo der Politiker dann gezwungen ist, seine Lügen als Wahrheit zu verfechten. Man verteidigt nämlich bekanntlich nichts brutaler als Lügen.

Ich hatte eigentlich im Sinn, vor meinen Solothurnern einen Rechenschaftsbericht über meine vier Jahre im Bundesrat abzulegen. Man hat mir auch eine Liste aufgestellt von allem, was ich getan und gesprochen habe. Die Liste machte mir Angst. Ich habe in diesen vier Jahren gegen hundert öffentliche Reden gehalten und frage mich, ob ich nicht anfange, an den berauschenden oder tröstenden Effekt der Worte zu glauben, die ich in den Mund nehme. Oder geht es ganz einfach um die simple Wahrheit: «Wer singt, fürchtet sich nicht.»

Ich habe auf der St. Ursentreppe gesagt, wie wichtig es für einen Politiker ist, daß er bei den Menschen bleibt. Daß er nicht wegfliegt in die politische Abstraktion. Ich bin froh, daß mir vorläufig noch bei meiner Arbeit immer wieder Köpfe, Namen, wirkliche Menschen einfallen. Und es sind vor allem Solothurnerinnen und Solothurner, die vor meinem geistigen Auge stehen, wenn ich in Bern an meinem Schreibtisch sitze. Ihr hier.

Ich hoffe, daß auch Ihr nie vergeßt, wie sehr ich euch brauche und wie sehr ich nicht nur euer Lob, sondern auch eure freundschaftliche Kritik nötig habe.

Stehen wir nicht selber oft in Versuchung, die politisch Motivierten und politisch Engagierten ins Abseits zu stellen und uns an die bequemeren Unpolitischen zu halten?

Taktik ist ein militärischer Begriff. Eigentlich sollte er in der Politik keinen Platz haben. Taktik verschleiert ein politisches Ziel.

Glücklich nur unter Glücklichen

NEUJAHRSANSPRACHE 1978

In seiner Ansprache über Radio und Fernsehen konzentriert sich Willi Ritschard ganz auf seine Leitmotive: Gemeinschaft, Gerechtigkeit und Toleranz.

Liebe Mitbürgerinnen und Mitbürger,
der Bundesrat wünscht euch ein gutes neues Jahr, und ich hoffe, daß es für uns alle und für unser Land ein glückliches und erfolgreiches Jahr sein wird. Dabei weiß ich, daß Glück ein häufiges Wort für eine seltene Sache ist. Man sollte vor allem als Glück nicht nur das ansehen, was andere haben oder erreichen.

Ich will mit meiner Neujahrsansprache nicht den Eindruck erwecken, daß der Staat auch noch diese Festtage für sich beansprucht. Sie gehören der Familie, den Verwandten, den Freunden. Dem Staat begegnen wir sonst das Jahr hindurch ja genug. Trotzdem möchte ich euch bitten, in diesem Staat doch nicht nur das zu sehen, was er fordert, nimmt oder verbietet. Es gibt doch auch sehr vieles, was der Staat gibt, was er garantiert und was er ermöglicht. Der Staat braucht wie die meisten Menschen auch etwas mehr Liebe, als er verdient. Vor allem sollten wir im Staat weniger seine Verwaltung sehen als die Gemeinschaft von Menschen. Und Lebensfreude, auch Glück, kann man nur selten für sich allein finden. Glück findet man nur in der Gemeinschaft. Es sollte jeden von uns gerade in diesen Tagen etwas beunruhigen, daß Festtage wie Weihnachten und Neujahr für viele Mitmenschen eine besonders harte Zeit sind. Kranke, Einsame und auch jene, die am Rande unserer Gemeinschaft leben, empfinden ihr Alleinsein jetzt besonders stark. Wirklich glücklich kann man aber nur unter Glücklichen sein.

Jeder von uns sollte sich gelegentlich fragen, ob es nicht etwa deshalb Mitmenschen gibt, die unsere Gemeinschaft und unsere Gesellschaft ablehnen, weil sie von ihr etwas vorschnell abgelehnt worden sind.

Toleranz ist ein schönes Wort. Aber es genügt wirklich nicht, daß wir Toleranz anbieten. Einsame, Enttäuschte und Verzweifelte brauchen mehr als Toleranz. Sie brauchen unsere Solidarität. Wir haben solche Mitmenschen nicht nur zu dulden. Wir müssen sie in unsere Gemeinschaft aufnehmen. Dulden ist eine schäbige Toleranz.

Unser Land hat trotz seiner eigenen Probleme keine Gründe, sich über seine Situation zu beklagen. Was uns bedrückt, geht nicht ans nackte Leben. Es gibt viele Länder und viele Menschen auf dieser Welt, die mit viel weniger Zuversicht und auch mit viel weniger

Man sollte vor allem als Glück nicht nur das ansehen, was andere haben oder erreichen.

In allen internationalen Vergleichen gehören wir zu den Reichen auf der Welt, und trotzdem verhalten wir uns in der internationalen Solidarität wie ein Weihnachtsmann, der seine Geschenke lieber selber behält.

Hoffnung in das neue Jahr blicken können als wir. Ich meine die Entwicklungsländer. Die Armen, die ihre Armut schon deshalb als hart empfinden müssen, weil sie sie nicht selber verschuldet haben.

Auch das geht uns etwas an. Gewiß, wir haben unsere Löcher in der Bundeskasse, wie sollte das ausgerechnet der Bundespräsident vergessen. Aber ob es uns freut oder nicht: In allen internationalen Vergleichen gehören wir zu den Reichen auf der Welt, und trotzdem verhalten wir uns in der internationalen Solidarität wie ein Weihnachtsmann, der seine Geschenke lieber selber behält.

Wenn wir ehrlich am Aufbau einer friedlichen Welt mitarbeiten wollen, müssen wir uns auch um Gerechtigkeit bemühen. Friede kann nur sein, wo Gerechtigkeit besteht. Das gilt für den Frieden unter den Völkern ebenso wie im Innern des Landes. Man stillt Tränen nicht, indem man sie abtrocknet.

1978 wird für die Eidgenossenschaft ein historisch bedeutungsvolles Jahr werden. Zum ersten Mal seit dem hundertdreißigjährigen Bestehen unseres Bundesstaates soll ein neuer Kanton – der Kanton Jura – entstehen. Ich hoffe inständig, daß dieser neue Kanton, der nach rechtsstaatlichen Grundsätzen durch den Willen des Berner und des nordjurassischen Volkes entstanden ist, als neues Glied der Eidgenossenschaft freudig willkommen geheißen wird. Wir sollten von diesem neuen Glied erhoffen, was wir von der Jugend immer wieder erhoffen: neue Impulse, Anregungen und auch Bewegung.

Es hat bei dieser Staatsgründung auch Mißtöne gegeben. Vielleicht sind diesem oder jenem von uns gewisse Sachen zwischen den Zähnen geblieben. Aber die große Mehrheit des jurassischen Volkes hatte mit solchen Dingen nichts zu tun, und wir können nicht einen ganzen Volksteil eine Rechnung für etwas bezahlen lassen, das er gar nicht bestellt hat.

Und darüber hinaus, liebe Mitbürgerinnen und Mitbürger: Staatsfeinde sind nie die, die diesen Staat mit demokratischen Mitteln zu verändern suchen. Feinde des Staates sind jene, denen er gleichgültig ist. Man ist als etablierter Politiker gerne versucht, den bequemen Gleichgültigen lieber zu haben als den unbequemen Aktiven. Wir verlangen gerne, daß junge Mitbürger gleich denken wie die alten. Aber nicht nur die Jungen müssen beweisen, daß sie fähig sind, am Staat mitzuarbeiten.

Wir Eingesessene müssen beweisen, daß dieser Staat auch fähig ist, sich anständig mit neuen und gelegentlich auch unausgegorenen Ideen auseinanderzusetzen. Und wenn einer glaubt, er selber sei da als Meister vom Himmel gefallen, dann ist er wahrscheinlich auf dem Kopf gelandet. Manches nämlich, was man in der Politik als Vernunft und Erfahrung bezeichnet, ist oft wenig anderes als eine Form der Resignation. Wir sollten uns hüten, auch junge Mitbürger vorzeitig in diese Resignation zu treiben, sonst dürfen wir uns auch nicht wundern, wenn die Früchte unserer Erziehung dann schließlich nur Fallobst werden.

Viele Menschen leben in Angst. Die Bekämpfung der Angst ist eine Gemeinschaftsaufgabe. Eine politische. Die Zukunft bringt uns das, was wir ihr bringen. Schlecht kann sie nur werden, wenn wir sie einfach dem Zufall überlassen. Politik ist die Bekämpfung des Zufalls.

Man sollte Politik nicht für etwas Kompliziertes halten. Ich halte es für etwas Erfreuliches, daß es fast keine simplen politischen Einzelprobleme mehr gibt. Daß fast alles miteinander in irgendeinem Zusammenhang steht.

Das Energieproblem ist nicht einfach mehr nur das Problem der Energiefachleute. Das Verkehrsproblem ist nicht nur mehr eine

Sache von Schiene und Straße. Alles ist eine Sache der ganzen Gesellschaft geworden. Der Staat kann allerdings nur mithelfen, Gemeinschaften zu ordnen. Aber er kann sie nicht verordnen. Kein Bürger soll für diesen Staat leben müssen. Aber er soll durch ihn leben können.

Die große Gemeinschaft, von der ich glaube, daß wir sie nötig haben, funktioniert nur, wenn auch die kleineren funktionieren. Die Familie, der Freundeskreis, der Kreis der Kollegen. Ein Fest und ein saftiger Neujahrsbraten sind gute Gelegenheiten, Gemeinschaft zu schenken und zu finden.

Ich hätte Freude, wenn auch die obligate Neujahrsansprache des Bundespräsidenten etwas dazu beigetragen hätte.

Weihnachten 1976.

Vom Kultgegenstand zum Werkzeug

2. MÄRZ 1978

Gegen die Vergötzung des Autos, für eine Technik, die sich der Gesellschaft unterordnet und nicht umgekehrt: Kritisch setzt sich Willi Ritschard am Automobilsalon 1978 mit den Folgen unserer automobilen Welt auseinander.

Der Bürger genießt zwar gerne die Vorteile des Autos. Aber er ist immer weniger bereit, auch seine Nachteile zu ertragen.

Nach den Vorstellungen eines Deutschschweizers ist der Salon jenes muffige Zimmer einer Villa, in dem auf einem dicken Teppich eine Polstergruppe aus Plüsch, die chinesische Vase und der Rauchtisch stehen. Wir haben also von einem Salon ganz andere – eher vornehme – Vorstellungen. Wenn die Basler ihre heutige Mustermesse zum «Muster-Salon» hochstilisieren würden, müßte man dort die Fasnacht verlängern. Beim Auto jedoch liegen tiefer Ernst und Überzeugung im Wort «Salon».

Als Vorsteher des Verkehrsdepartements müßte ich hier vor den Herstellern, den Verkäufern und vor den Käufern von Autos und besonders vor den Spitzen der Automobilverbände, die mich im Verdacht haben, daß ich nicht ein Verkehrs-, sondern ein Eisenbahnminister bin (womit sie von der Sache her nicht Unrecht haben), eigentlich etwas über die verkehrspolitische Zukunft unseres Landes aussagen. Doch nur mit Kosmetik und mit Worten werden wir unsere verkehrspolitischen Probleme nicht lösen. Um das zu beweisen, kann ich einige Zahlen sprechen lassen.

Ich habe solche in diesen Tagen von der San-Bernardino-Route erhalten. Im Monat Juli 1977 – also in der Spitzenzeit des Reiseverkehrs – haben dort zusätzlich zu diesem Reiseverkehr 31 595 schwere Lastwagen den Tunnel passiert. In Spitzenstunden wurden 120 gezählt, also alle 30 Sekunden ein schwerer Lastwagen. Ich will es Ihrer Phantasie überlassen, wie Sie sich diese Sache vorstellen. Aber bedenken Sie bitte: Eine Tatsache bleibt immer nackt, auch wenn man sich nach der letzten Mode kleidet.

Sie wissen alle, daß das Auto lange Zeit auf einem fast unantastbaren Thron saß. Aber es hat mit der Zeit auch auf diesem privilegierten Sitz seine Hosen versessen. Der Bürger genießt zwar gerne die Vorteile des Autos. Aber er ist immer weniger bereit, auch seine Nachteile zu ertragen.

Sie kennen den Katalog von Volksinitiativen, die sich direkt oder indirekt gegen das Auto richten. Sie hören den Ruf nach der Vignette und andern Abgaben, mit denen man das Auto belasten soll. Es gibt Bürgerinitiativen und Protestaktionen gegen Straßenbauten, und zwar auch in Gegenden, in denen das Protestieren noch nicht zur beliebten Freizeitbeschäftigung geworden ist. Ich will mich mit diesen Entwicklungen nicht näher auseinandersetzen. Es wäre auch völlig falsch, sie einfach dem Auto anzulasten. Die Gründe sitzen tiefer. Man kann sie am, aber nicht einfach mit dem Auto zu erklären versuchen.

Noch vor wenigen Jahren waren die Besucher des Automobilsalons Nicht-Automobilisten. Viele kamen nicht hierher, um ein Auto zu kaufen. Sie kamen an den Salon, um zu staunen. Von einem Auto träumte man. Es war Symbol, nicht nur des Wohlstandes, sondern auch Symbol für mehr individuelle Freiheit. Inzwischen ist das Auto zum selbstverständlichen Gebrauchsgegenstand geworden. Wer keines hat, wird entweder als ein Snob betrachtet, oder er kommt in den Verdacht, Zeit zu haben.

Die Nicht-Autobesitzer sind zwar fast eine Minderheit geworden. Aber die Automobilisten werden dessen nicht mehr so recht froh. Jeder erfährt fast täglich, daß das Auto nicht nur Träume erfüllt, sondern auch Probleme schafft. Die Träume – das ist der Grund dafür – sind eben von falschen Voraussetzungen ausgegangen. Manchmal im Leben kommt man eben erst durch einen Rechnungsfehler auf die richtige Lösung.

Träume und Zukunftsvisionen waren meistens technische Visionen. Es gibt Bilder aus den zwanziger und dreißiger Jahren dieses Jahrhunderts, auf denen das Jahr 2000 dargestellt wird. Phantastische technische Entwicklungen werden darauf vorausgesehen. Heute lacht man über diese Bilder. Sie muten fremd an. Die Utopisten haben ihre technischen Visionen fast immer auf ihre damalige Welt aufgepfropft. Sie sind auch von falschen Voraussetzungen ausgegangen. Die technischen Visionäre konnten sich nicht vorstellen, daß die Technik auch die Gesellschaft verändert. Ihr Flugzeug landete mitten in der Stadt, wo es damals genug freie Plätze gab, und staunende Menschen schüttelten dem mutigen Pionier die Hände. Sie hatten noch Zeit dazu. Visionäre haben zu allen Zeiten ihre Visionen der Welt aufgesetzt, in der sie lebten. Und genau das ist im Grunde typisch auch für unsere Vorstellungen von der Zukunft.

Wir wollen diese Zukunft. Vor allem wollen wir es uns mit mehr Technik gemütlicher machen. Aber gleichzeitig möchten wir auch unsere Zeit konservieren. Wir sind wenig veränderungswillig. Wir möchten zwar die Errungenschaften der Technik genießen. Aber wir nehmen diese Technik eher als Nebenprodukt hin. Die Tatsache, daß technische Neuerungen eben selber die Welt verändern, übersehen wir. Mit der Frage, ob wir diese Veränderung wollen und ob wir sie verantworten können, setzen wir uns überhaupt nicht auseinander.

Das ist einer der Gründe, weshalb mit der Technisierung unseres Lebens – die Motorisierung ist nur ein Teil davon – auch das Unbehagen wächst. Die Nostalgiewelle ist ein Ausdruck dafür. Wir haben Sehnsucht nach der «guten alten Zeit» ohne Technik. Wir benutzen immer schnellere Autos und Flugzeuge, auch andere technische Einrichtungen, um der Technik zu entfliehen. Das ist zwar schwer zu verstehen. Aber ich hätte in meinem Leben viele Dinge besser begriffen, wenn man sie mir nicht erklärt hätte.

Inzwischen ist das Auto zum selbstverständlichen Gebrauchsgegenstand geworden. Wer keines hat, wird entweder als ein Snob betrachtet, oder er kommt in den Verdacht, Zeit zu haben.

Wir möchten zwar die Errungenschaften der Technik genießen. Aber wir nehmen diese Technik eher als Nebenprodukt hin. Die Tatsache, daß technische Neuerungen eben selber die Welt verändern, übersehen wir. Mit der Frage, ob wir diese Veränderung wollen und ob wir sie verantworten können, setzen wir uns überhaupt nicht auseinander.

Ich hätte in meinem Leben viele Dinge besser begriffen, wenn man sie mir nicht erklärt hätte.

Ich bin persönlich nicht unglücklich darüber, daß wir aus der technischen Euphorie der letzten Jahrzehnte erwachen. Es mag zwar für den Autoproduzenten frustrierend sein, wenn das Produkt seines Fleißes verteufelt wird. Und für die Automobilverbände ist der Kampf mit Umweltschützern und Autobahngegnern auch nicht gerade das, was sie sich unter einem schönen Leben vorstellen. Aber wir müssen es alle zur Kenntnis nehmen – und wir sollten es sogar wünschen –, daß der Entscheid über die Techniken, die unsere Gesellschaft und unser Leben verändern, nicht weiter eine Sache der Techniker und ihrer Verkäufer allein bleiben darf.

Technisch begabte und geschulte Leute sind zwar meistens außerordentlich kluge Leute, denen man gerne mit offenem Mund zuhört. Sie minimalisieren menschenfreundlich die technischen Risiken auf allen Gebieten. Sie schätzen auch die wirtschaftlichen Auswirkungen ab und demonstrieren mir glaubwürdig den Gewinn, den ich zu erwarten habe, wenn ich ihre Erfindungen kaufe. Das ist alles völlig in Ordnung. Aber mir und den meisten Menschen genügt das allein nicht mehr. Die Techniker selber können nämlich keine Verantwortung für die politischen und für die gesellschaftlichen Veränderungen übernehmen, die sie mit ihrer Technik bewirken.

Wir müssen lernen, daß man die Technik nicht ein Eigenleben führen lassen kann. Wir brauchen nicht nur den Mut, in ein schnelleres Flugzeug zu steigen. Auch das Geld, uns ein größeres Auto zu kaufen, genügt nicht. Wir brauchen auch den Mut, uns für eine Gesellschaft und für die Art, wie wir zusammenleben wollen, zu entscheiden. Nicht die Technik kann darüber bestimmen. Wir wollen es gemeinsam tun. Die Technik ist Dienerin des Menschen. Aber der Mensch ist kein Stahlmöbel.

Ich habe gesagt: Wir müssen lernen. Das Lernziel heißt: vernünftiger Verzicht. Das ist leicht gesagt. Beim Verzichten gibt es kaum ein Gedränge. Wenn ich von Verzicht rede, denke ich nicht an ein Zurück zu einer alten, vergangenen Welt mit Feigenblatt und so. Ich meine damit, daß wir die Technik, die zur Verfügung steht, bewußter einsetzen und nutzen müssen. Wir müssen sie in den Dienst unserer Vorstellungen von einer humanen Welt stellen.

Wie diese humane Welt aussehen soll, wissen wir. Wir haben uns in unserer Verfassung für eine demokratische, für eine freiheitliche, für eine soziale Gesellschaft entschieden. Diese Vorstellung hat Vorrang vor allem. Ihr haben sich auch technische Entscheide unterzuordnen. Ich weiß, daß ich hier in Konflikt komme mit dem Postulat der Freiheit der Wissenschaft. Aber Wissenschaft, die nicht humane Wissenschaft ist, halte ich für gefährlich.

Es gibt nur eine Freiheit. Die Freiheit des Menschen. Alles, was ihn unfrei macht und Zwängen unterwirft, ist menschenfeindlich. Das ist kein politisches Credo. Mich interessieren ohnehin weniger Überzeugungen als das, was die Menschen daraus machen.

Sie fragen mich zu Recht, was ich mit diesen vielen Worten über Technik eigentlich sagen wollte. Was hat das mit dem Automobilsalon zu tun? Wahrscheinlich halten mich die meisten von Ihnen für einen Oldtimer, der zu langsam fährt. Ich will das, was ich meine, mit einigen Zitaten unterstreichen: In der deutschen Wochenschrift *Das Parlament* (Parlament ist immer seriös) habe ich unter dem Titel «Technologiekritik» von einem Prof. Dr. Stump folgendes gelesen:

«Wir nennen die auffälligsten Ergebnisse der bisherigen, gedankenlosen, wirtschaftlichen und technologischen Entwicklung:
– eine Verkehrstechnik, die jährlich viele Menschen umkommen läßt, Invalide und Schwerverletzte produziert und zudem die Atmosphäre und den Lebensraum bis zur Unerträglichkeit mit Giftstoffen verseucht;
– eine Architektur- und Stadtentwicklung, die sowohl vom Material her als auch von der Funktion das menschliche Wohlbefinden negativ beeinflußt;
– eine Nahrungsmittelproduktion, die über intensivste Kunstdüngung den Boden auslaugt, die Widerstandskraft der Pflanzen schwächt und mit riesigen Mengen von Pestiziden, Insektiziden, Herbiziden usw. minderwertige und zum Teil auch schädliche Nahrungsmittel erzeugt;
– eine Medizintechnik, die ihr vornehmstes Ziel nicht in einer ganzheitsmedizinischen Prophylaxe sieht, sondern den Kranken ingenieurmäßig mit ungeheurem technischem Aufwand repariert, ohne ihn auf die Dauer zu heilen;
– eine Abfall- und Schadstoffbeseitigung, die die in der Zivilisationstechnik anfallenden Produkte nicht einwandfrei beseitigt, sondern nur kosmetisch verbirgt oder einfach in die Umwelt entläßt.

Vieles, was dieser Professor Stump schreibt, auch die Art, wie er es schreibt, mag übertrieben und überzogen anmuten. Aber es lohnt sich trotzdem, darüber nachzudenken, ob wir uns bei der Übernahme von Technologie immer von unserer Pflicht, an den Menschen zu denken, haben leiten lassen. Ich glaube, daß wir einen Lebensstil finden müssen, der mit der Umwelt, mit den Ressourcen und der vor allem mit den Bedürfnissen unserer Gesellschaft vereinbar ist.

Wir können uns dabei nicht einfach nach Vorbildern richten. Wir müssen selber unsern Weg finden. Aber lernen kann man. Unter anderem auch von den Chinesen. Ich habe gelesen, daß sie für die beiden Begriffe «Krise» und «Chance» das gleiche Schriftzeichen verwenden. Wenn wir also Krisenzeichen in unserer Entwicklung erkennen, muß das nicht unbedingt den Weitermarsch ins Verderben bedeuten. Es kann auch Chance sein.

Meine Damen und Herren, ich bin weit abgeschweift. Aber Gedanken über Technik lagen hier auf der Zunge. Der Autosalon ist das technische Mekka vieler Schweizer. In diesen Tagen verbeugen sich Autoliebhaber täglich gegen Westen. Aber ich glaube doch, sie verbeugen sich jedes Jahr etwas weniger tief.

Das Auto wird vom Kultgegenstand zum Werkzeug. Der Salon wird zur Halle. Die Beziehungen Mensch–Maschine werden realistischer. Die Kosten, früher freudige Opfer, werden auch einmal zur kritischen Kalkulation. Die Vorteile werden nüchterner betrachtet, die Nachteile bewußter. Das Auto erhält allmählich seinen wahren Wert. Er ist hoch, aber nicht mehr heilig.

Es gibt nur eine Freiheit. Die Freiheit des Menschen. Alles, was ihn unfrei macht und Zwängen unterwirft, ist menschenfeindlich.

Der Autosalon ist das technische Mekka vieler Schweizer. In diesen Tagen verbeugen sich Autoliebhaber täglich gegen Westen. Aber ich glaube doch, sie verbeugen sich jedes Jahr etwas weniger tief.

Der schwierige Henry Dunant

8. MAI 1978

Zum 150. Geburtstag porträtiert Willi Ritschard den unbequemen Rotkreuzgründer. Die Unbequemen sind für ihn auch die Schöpferischen: «Wer daran interessiert ist, daß unsere Gesellschaft zu einer schöpferischen Gesellschaft wird, der muß lernen, mit den Schwierigen zu leben.»

Wir feiern den 150. Geburtstag von Henry Dunant und gedenken dabei eines Mannes, dem die Welt, dem aber vor allem unser Land vieles und Bleibendes zu verdanken hat. Jeder Schweizer kennt den Gründer des Roten Kreuzes. Henry Dunant gehört zu den Großen unserer Geschichte. Kaum ein anderer Name hat so viel zum Ansehen beigetragen, das unser Land in der Welt genießt.

Henry Dunant hat sich uns eingeprägt als Symbol einer Verpflichtung, die wir für sein Werk übernommen haben. Wer «Rotes Kreuz» sagt, denkt Henry Dunant. Und mit dem Roten Kreuz ist nicht nur der Name unseres Jubilars verbunden, sondern auch sein Lebensweg. Es wäre ungerecht und heuchlerisch, heute an seinem Leben und an seinem persönlichen Schicksal einfach vorbeizusehen. Auch aus diesem Schicksal können wir nämlich lernen. Daß wir Dunant noch kennen, verdanken wir fast einem Zufall.

1895 hatte sein Werk längst Gestalt angenommen. Es hatte die ersten Bewährungsproben hinter sich. Bereits war es eine Hoffnung in der Welt. Aber seinen Begründer kannte man zu dieser Zeit kaum mehr. In seiner Vaterstadt wußte man nicht so recht, ob er überhaupt noch am Leben sei. Ein St.-Galler Journalist hatte ihn in seinem Asyl im appenzellischen Heiden aufgestöbert. Mit einer Artikelserie erinnerte er die Welt an den Begründer des Roten Kreuzes. Es ist durchaus denkbar, daß wir ohne diesen findigen Journalisten wohl das Werk Henry Dunants, nicht aber seinen Begründer kennen würden. Im allgemeinen muß einer ja meistens zuerst sterben, bevor er unsterblich wird.

Ich schildere diese Entdeckung Henry Dunants, um daran zu erinnern, daß große Werke in dieser Welt sehr oft aus anonymen Leistungen entstehen, und oft werden sie später auch vorwiegend von anonymen Menschen getragen. Man darf auch für das Rote Kreuz nicht allein den Namen Henry Dunant nennen. Man soll gerade in dieser Stunde auch an die vielen Ärzte, Sanitäter, Krankenpflegerinnen und Pfleger und alle die andern denken, die im Dienst dieses großen, humanitären Werks sich aufgeopfert haben. Viele, die dabei Leidenden geholfen haben, haben selber auch gelitten.

Wer war dieser Henry Dunant? Ich wußte es nicht, und ich weiß es immer noch nicht recht. Ich muß mich auf seine Biographen ver-

Das Leben Henry Dunants zeigt einen Menschen, der auch nach bittern gesellschaftlichen und politischen Enttäuschungen seinem inneren Auftrag, seinem Engagement, treu blieb.

Im allgemeinen muß einer ja meistens zuerst sterben, bevor er unsterblich wird.

Die Geschichte der Gründung des Roten Kreuzes ist nicht allein die Geschichte von Henry Dunant. Es ist auch die Geschichte von toleranten Bürgern, die einen romantischen Feuerkopf gewähren ließen.

lassen. Und ihnen macht er offensichtlich auch Mühe. Dunant ist nicht mit einfachen Worten und Sätzen zu beschreiben. Als Berufsbezeichnung findet man im Lexikon «Philanthrop – Menschenfreund». Das ist ein Ehrentitel. Aber er beschreibt sein Wesen nicht genügend wahrheitsgetreu. Zu fast jeder von seinen Eigenschaften findet man bei ihm ein Gegenstück. Er war fromm, aber er war auch eitel. Er war opferbereit, aber auch sehr ehrgeizig. Er war fast übermenschlich fleißig, aber er war nicht immer zuverlässig.

Dunant war nicht ein Auserwählter. Er war keine ideale Gestalt. Er war als Mensch ein durchschnittlicher Bürger, ein Weltbürger vielleicht. Nicht seine Fähigkeiten haben ihn getragen, sondern seine verbissene Überzeugung. Er war die eigenartige Mischung eines idealistischen Romantikers und eines Tatmenschen. Man hat seinetwegen später immer wieder nach Schuldigen gesucht. Nach jenen, die ihn ausgestoßen haben sollen. Man hat sie gefunden, aber ich bin nicht sicher, ob man nicht auch ihnen Unrecht tut.

Die Gründung des Roten Kreuzes ist durchsetzt mit Familiengeschichten, mit Ehrgeiz, mit persönlichen Intrigen, mit Komitees, die eher zur höheren Ehre der Mitglieder als der Sache zuliebe gegründet wurden. Es war eine sehr schweizerische Gründungsgeschichte. Sie tröstet mich ein bißchen, wenn ich ähnliches auch heute gelegentlich erlebe. Die Behauptung, der Mensch sei die Krone der Schöpfung, stammt eben nicht vom lieben Gott.

Aber entscheidend ist wirklich nicht, *wie* etwas entstanden ist, sondern *was* entstanden ist. Es hat seine Gründe, daß die ruhigen Genfer Bürger Bedenken hatten gegen einen überschäumenden, fanatischen und romantischen Feuerkopf wie Dunant. Sein verbissener Einsatz allein hätte wohl auch nicht genügt, sein Werk zu schaffen. Es ist nur sicher, daß es ohne seinen Einsatz nicht entstanden wäre. Dunant war kein einfacher Mensch. Er war nicht der ruhige, besonnene Bürger, den man sich nach seinen späteren Bildern vorstellt. Viele seiner Eigenschaften schockierten. Aber wir müssen ihm dankbar sein, daß er sich durchsetzte. Und wir müssen gleichzeitig auch all jenen dankbar sein, die die Großmütigkeit der Idee sahen, die dieser schwierige Mann entwickelte und die sie unterstützten. Wir müssen vor allem jenen danken, die ihn nicht gleich bei den ersten Unstimmigkeiten fallenließen.

Die Geschichte der Gründung des Roten Kreuzes ist nicht allein die Geschichte von Henry Dunant. Es ist auch die Geschichte von toleranten Bürgern, die einen romantischen Feuerkopf gewähren ließen. Es gehörte der damals schon fünfundsiebzigjährige General Dufour dazu, ein ruhiger, stiller Mann. Er hat als erster Präsident des Komitees von 1863 den Ehrgeizkämpfen der andern mit weisem Lächeln, aber verständig zugeschaut. Von 1864 an war jahrzehntelang Gustave Moynier Präsident des «Internationalen Komitees». Er war als Jurist die praktische Ergänzung zum Idealisten Dunant. Sie beide scheinen auch die Ehrgeizigen gewesen zu sein. Deshalb kommt Moynier bei den Dunant-Biographen nicht immer gut weg. Man beschuldigt ihn, er habe Dunant verdrängt. Aber wir haben heute auch diesen Mann zu nennen. Die Zusammenarbeit mit Dunant war für ihn nicht leicht. Doch hatte er die Idee verstanden und sie auch getragen.

Dunant hatte die Welt mit seinen Erinnerungen an Solferino wachgerüttelt. Er war in jungen Jahren nach Italien gereist, um Napoleon III. zu sehen, den er fast abgöttisch verehrte. Er war auch gereist, um die siegreich vormarschierenden napoleonischen Truppen zu sehen. Man könnte fast sagen, daß er eine gewisse Verehrung für das Kriegshandwerk und für große Feldherren hatte. Aber dann sah er bei Solferino ein Schlachtfeld mit 40 000 Toten und Verwundeten. Dieser erschütternde Anblick wurde ihm zur Verpflichtung seines Lebens. Und hier muß das Verständnis für viele menschliche Schwächen Dunants einsetzen. Wer eine solche Erschütterung erlebt hat und wer eine daraus entstandene, fast heilige Verpflichtung auf sich nimmt, der kann sie nur mit der letzten Faser seiner Seele vertreten. Dunant mußte sein Anliegen fanatisch verfolgen, wenn er gehört werden wollte.

Dunant mußte sein Anliegen fanatisch verfolgen, wenn er gehört werden wollte.

Sein Buch erschütterte die Menschen. Man sprach in den Salons von Genf darüber. Aber ohne das dauernde Drängen Dunants, daß etwas Konkretes geschehen müsse, wäre das Buch eine zeitgeschichtliche Schilderung wie viele andere geblieben. Man erhält aus der Biographie fast den Eindruck, daß die «Wohltätige Gesellschaft von Genf» weniger ein Komitee wählte, damit etwas geschehe, sondern um den drängenden Dunant etwas zu besänftigen. Eine Taktik, die heute noch ab und zu angewendet wird. Nur ist es heute so, daß, wenn man für eine kleine Sache eine Kommission einsetzt, bald eine große Sache daraus werden kann. Beim Genfer Komitee ging es von Anfang an um Großes.

Die erste Konferenz von Genf war vom Komitee eher als eine Zusammenkunft wohltätiger Leute gedacht. Aber Dunant gab sich damit nicht zufrieden. Er wollte politisch Verantwortliche. Er unternahm eine Bahnreise von 3000 Kilometern von einem Fürstenhof zum andern. Nur der Umstand, daß er diese Reise privat finanzierte, verunmöglichte es dem Komitee, ihn davon abzuhalten. Am 2. Oktober 1863 traf er König Johann von Sachsen, und mit seinen Zusicherungen konnte er auch andere zur Teilnahme bewegen. Die Worte König Johanns, die Dunant weitertrug, verdienen es, zitiert zu werden: «Ich werde tun, was mir möglich ist. Denn sicherlich würde eine Nation, die an einem solchen Werk nicht teilnähme, von der öffentlichen Meinung Europas geächtet werden.» Am 26. Oktober 1863, ein Jahr, nachdem Dunant sein Buch veröffentlicht hatte, knapp ein halbes Jahr, nachdem das Komitee die Arbeit aufgenommen hatte, fand die Konferenz statt. Wenn man den heutigen internationalen Betrieb etwas kennt und daran denkt, daß es damals noch keinen Flughafen Genf gab, grenzt die Leistung Dunants ans Unglaubliche. Es war nicht nur eine große historische, sondern eine ebenso große diplomatische, psychische und physische Leistung.

Mit der Konferenz war aber auch der persönliche Erfolg Dunants am Ende. Offizielle Akteure, erfahrene, ruhige und bedächtige Pragmatiker, übernahmen die Arbeit des stürmischen und fanatischen Idealisten. Sein Temperament, mit dem er sich an den Konferenzen

Wer daran interessiert ist, daß unsere Gesellschaft zu einer menschlichen Gesellschaft, zu einer schöpferischen Gesellschaft wird, der muß auch lernen, mit den Schwierigen zu leben.

unserer Zeit gelegentlich in guter Gesellschaft befände, war damals zu heftig. Drei Jahre später kam der finanzielle Zusammenbruch des Kaufmanns Henry Dunant. Mit 39 Jahren verließ er seine Vaterstadt. Er hat Genf nie mehr gesehen. Er wurde – ich habe es gesagt – vergessen.

Das Leben Henry Dunants zeigt einen Menschen, der auch nach bitteren gesellschaftlichen und politischen Enttäuschungen seinem inneren Auftrag, seinem Engagement, treu blieb. Er war es, der die Kriegführenden während des Deutsch-Französischen Krieges immer wieder an ihre Genfer Versprechen erinnerte. Er hat sich wieder persönlich – wie in Solferino – um Verletzte und Geiseln angenommen. Und das in einer Zeit, in der er selbst schon in bitterer Armut lebte.

Er war dauernd auf der Flucht vor seinen Gläubigern. Sie setzten Spione und Spitzel auf ihn an. Der Mann, den wir heute als den Gründer des Roten Kreuzes feiern, war ein Verstoßener. Viele belächelten ihn, wenn er sich als Gründer dieses Werks bezeichnete. Sie kannten zwar die Organisation. Aber der Mann, der den Anstoß dazu gegeben hatte, existierte kaum noch.

Mit der Verleihung des ersten Friedensnobelpreises im Jahre 1901 ehrte man nicht nur einen vergessenen Mann und einen großen Menschen. Man gab mit der Anerkennung auch seiner Leistung dem Roten Kreuz das Feuer seiner Gründung zurück.

Ich habe davon gesprochen, daß Dunant kein einfacher Mensch war. Ich muß noch einmal darauf zurückkommen, um Mißverständnisse zu vermeiden. Ich meine das mit dem schwierigen Menschen positiv. Der Gründer des Roten Kreuzes war weder ein Genie noch ein Übermensch. Er war kein Heiliger und kein Held. Er hatte vielleicht etwas mehr Phantasie als andere Leute. Er war vielleicht etwas weniger pragmatisch. Etwas weniger anpassungsbereit als andere. Aber er war alles andere als ein Schwärmer. Er war in seinem Sinne Realist. Was er durchgesetzt hat, ist realistisch.

Ein idealistischer Schwärmer hätte nach dem Solferino-Erlebnis einfach für die Abschaffung des Krieges plädiert und gekämpft. Das ist ohne Zweifel eine höchst unterstützungswürdige Forderung. Dunant hatte es bestimmt erstrebt. Aber er setzte sich vorerst für das Machbare ein, für die Linderung des Kriegselends. Es ist weiß Gott eine traurige Sache, daß die Welt ein Rotes Kreuz nötig hat. Aber es ist gut und es ist ein Segen, daß sie es hat. Das ist nicht der Gedanke eines Schwärmers, sondern eines idealistischen Realisten. Idealismus und Realismus sind nicht immer Gegensätze. Im Gegenteil: Wo sie sich treffen, entsteht das wirklich Große. Henry Dunant war ein Idealist, der die Situation realistisch eingeschätzt hat.

Jene, die Dunant als Schwärmer bezeichneten, und jene, die nach seinen persönlichen Schwächen suchten, waren nicht etwa gegen ihn persönlich. Sie waren gegen das, was er wollte und wie er es wollte. Wir kennen alle diese Situationen. Auch heute stößt man immer wieder auf sie. Wer mit neuen Ideen kommt, besonders mit sozialen und humanen Ideen, bei dem sucht man vorerst nach persönlichen Schwächen. Man sucht die Idee zu verhindern, indem man ihre Herkunft fragwürdig macht. Aber wer daran interessiert ist, daß unsere

Der Mann, den wir heute als den Gründer des Roten Kreuzes feiern, war ein Verstoßener. Viele belächelten ihn, wenn er sich als Gründer dieses Werks bezeichnete.

Es ist weiß Gott eine traurige Sache, daß die Welt ein Rotes Kreuz nötig hat. Aber es ist gut und es ist ein Segen, daß sie es hat.

Gesellschaft zu einer menschlichen Gesellschaft, zu einer schöpferischen Gesellschaft wird, der muß auch lernen, mit den Schwierigen zu leben. Denn wenn wir sie als schwierig bezeichnen, dann heißt das für uns in der Regel, daß sie mit den gesellschaftlichen Gepflogenheiten nicht übereinstimmen. Aber gerade von ihnen, die nicht übereinstimmen, ist die Erneuerung der Gesellschaft zu erwarten.

Und ein Zweites fällt mir ein, das ich hier sagen möchte. Hätte jener St.-Galler Journalist Dunant nicht wiedergefunden und hätte er den Nobelpreis nicht bekommen, so wäre wohl auch er eingegangen unter die Tausende von anonymen Helfern der Menschheit. Ich sage das, weil jeder weiß, wie viele es ebenso verdienen würden, daß ihr Name nicht vergessen wird. Denken wir an die zahllosen Rotkreuzarbeiter überall in der Welt, aber auch an die Hunderttausende von Helfern des Schweizerischen Roten Kreuzes in unserem eigenen Land: die Angehörigen des Rotkreuzdienstes, vor allem Krankenschwestern, die für den Kriegs- und Katastrophenfall bereitstehen, die Rotkreuz-Spitalhelfer, die Samariter und Nothelfer, die Blutspender und die freiwilligen Rotkreuzhelfer, die sich um Kranke, Behinderte, Betagte, bedrängte Jugendliche und Bedürftige kümmern. Es wäre traurig, wenn die Motivation für humanes Tun nur darin bestehen würde, daß man ins Geschichtsbuch eingeht. Die Welt hätte längst keinen Bestand mehr, wenn nur jene Gutes getan hätten, deren Namen man kennt und die man verehrt. Aber offensichtlich brauchen wir Vorbilder und Beispiele. Henry Dunant ist ein solches Beispiel. Und sein Beispiel muß uns doppelt wichtig sein, weil er uns allen gerade mit seinen persönlichen Schwierigkeiten, gerade mit seinen Unzulänglichkeiten so nahe ist: Er war ein durchschnittlicher Bürger, im Grunde genommen eine beispielhafte Figur für eine Demokratie.

Nicht nur die Welt, sondern vor allem auch unser Land hat ihm zu danken. Dunant hat nicht nur den Grundstein für das Rote Kreuz gelegt. Er ist auch Symbol für den humanitären Ruf, den unser Land genießt. Es war nicht die Schweiz, die das Rote Kreuz gründete. Es war nicht die Gesamtheit der Bürger. Es war – fast zufällig – ein Schweizer, der privat die Initiative ergriffen hat. Inzwischen sind uns seine Gedanken zur Verpflichtung geworden. Wir sind stolz auf sie. Wir sind stolz darauf, daß unsere Landesfahne mit vertauschten Farben neben dem Roten Halbmond und dem Roten Löwen das Symbol dieser Organisation sein darf. Wir haben allen Grund, das Rote Kreuz mit allen Mitteln zu unterstützen und mitzutragen. Unser Land hat vom Ruhm dieses Werkes wesentlich mehr geerntet als sein Gründer. Ich hoffe aber nicht, daß wir dieses Werk nur deshalb unterstützen. Wir wollen es freiwillig und ohne Eigennutz tun. Und wir haben Gründe dafür, es großzügig zu tun.

Das ist auch die einzige Form, mit der wir Henry Dunant wirklich ehren können. Es ist die einzige Form, mit der wir unsere Dankbarkeit gegenüber allen Namenlosen, die für dieses Werk gearbeitet haben, ausdrücken können. Unsere Dankbarkeit auch gegenüber den Millionen, die heute für dieses Werk arbeiten, oft unter dem Einsatz des eigenen Lebens.

Wer mit neuen Ideen kommt, besonders mit sozialen und humanen Ideen, bei dem sucht man vorerst nach persönlichen Schwächen. Man sucht die Idee zu verhindern, indem man ihre Herkunft fragwürdig macht.

Es wäre traurig, wenn die Motivation für humanes Tun nur darin bestehen würde, daß man ins Geschichtsbuch eingeht. Die Welt hätte längst keinen Bestand mehr, wenn nur jene Gutes getan hätten, deren Namen man kennt und die man verehrt.

Wir freuen uns, daß im letzten Jahr mit den Zusatzprotokollen zu dem Genfer Rotkreuzabkommen von 1949 ein weiterer großer politischer Schritt getan werden konnte. Dieser neue Schritt bringt auch neue Aufgaben. Aufgaben, von denen schon Dunant gesprochen hat. Wir haben seit diesen Zusatzprotokollen einen Grund mehr, der Arbeit des Roten Kreuzes zu vertrauen.

Ich habe – weil hier der Bundespräsident spricht – noch einem andern Mißverständnis vorzubeugen: Wir Schweizer haben viele Gründe, unsern großen Mitbürger Henry Dunant zu feiern. Aber er gehört nicht uns allein. Wir haben kein Recht, ihn für die Schweiz – sozusagen zur höheren Ehre unseres Landes – zu beanspruchen. Er gehört der Welt. Es gibt auf der Welt Millionen von Menschen, die ihn und seine Idee nötiger haben als wir.

Auch das Rote Kreuz gehört nicht uns. Wir haben – wie inzwischen 124 andere Länder – unsere nationale Rotkreuzgesellschaft, die eine bedeutungsvolle und wichtige Aufgabe erfüllt, die im Schweizervolk auch tief verwurzelt und anerkannt ist. Aber das Rote Kreuz, von dem wir hier sprechen, ist eine internationale Idee. Sie darf sich nicht in nationalistisches Denken auflösen. Ich sage das, weil ich hie und da das Gefühl habe, daß wir Schweizer uns etwas zu sehr auf unseren humanitären Ruf verlassen. Wir vergessen gerne, daß Ideen nur durch Taten Wirklichkeit werden. Aber der Mensch hält sich wahrscheinlich nur deshalb für das edelste Geschöpf, weil ihm kein anderes Geschöpf widersprechen kann.

Man ist allerdings immer wieder überrascht, wieviel Erfolg private Sammlungsaufrufe für konkrete Nöte und Katastrophen haben. Aber wenn humanitäre Projekte – Projekte der Entwicklungshilfe zum Beispiel – auf politischer Ebene verwirklicht werden sollten, kann der Schweizer Bürger kleinlich werden. Hier verwechseln wir gerne die Köpfe, wenn wir den eigenen hinhalten sollten. Unser Ziel – es ist leider offensichtlich ein Ziel in weiter Ferne – ist nicht bloß die Linderung des Kriegselends. Unser Ziel, das Ziel der Menschheit, ist der Friede. *Friede aber kann nur da entstehen, wo Gerechtigkeit herrscht. Auch soziale Gerechtigkeit.*

Das Rote Kreuz lebt. Es hat einen festen Platz im Denken der Menschen. Es wird Bestand haben, weil die Menschheit es braucht. Aber das Rote Kreuz wird auch weiterhin arbeiten müssen. Es wird nur so lange leben, als es von allen getragen wird. Wir Schweizer sind stolz auf unsern Mitbürger Henry Dunant. Wir sind stolz auf das Rote Kreuz. Dieser Stolz verlangt etwas von uns. Er darf nicht gratis sein. Und *die humanitäre Schweiz darf kein historisches Ereignis werden. Sie muß sich täglich – jetzt und heute – neu beweisen.*

Friede ist nicht, wenn der Karabiner im Kleiderschrank steht

1. AUGUST 1978

In der 1.-August-Rede vor den Auslandschweizern plädiert Willi Ritschard für die internationale Mitverantwortung der Schweiz.

Für euch ist der 1. August der Tag der Erinnerung an die alte Heimat. Manches mag in dieser Erinnerung schöner und erhabener werden, als es in Wirklichkeit war. Heimat hat immer wieder mit Erinnerungen und mit Sehnsucht zu tun: Für jeden ist seine persönliche Heimat das, wonach er sich sehnt. Heimat in diesem Sinne muß nicht immer mit politischen Grenzen übereinstimmen. Man sehnt sich nach einer bestimmten Landschaft, nach seinem alten Dorf, nach seiner Stadt. Man sehnt sich nach Menschen, die man gern hat und die dort leben. Man sehnt sich vielleicht auch nach einem Essen, wie es nur die Mutter bereiten konnte, oder nach einem Getränk, das nur der Bärenwirt richtig zu pflegen wußte.

Heimat ist etwas Sentimentales. Heimat hat vor allem mit Gefühlen zu tun. Über sie brauchen wir uns nicht zu schämen. Unsere hektische Welt ist viel zu arm an Gefühlen und Sentimentalität geworden. Wir hätten weniger Neurosen, wenn wir nicht immer nur lachen müßten, sondern auch einmal weinen dürften, wie es noch zu Goethes Zeiten üblich war. Aber der zeitgenössische Mensch schämt sich, wenn er Sorgen mitteilen möchte. Unsere Gesellschaft ist nur eine Erfolgs-Gesellschaft. Natürlich können Gefühle und Sehnsüchte auch dazu führen, die Realitäten nicht mehr zu sehen oder nicht mehr sehen zu können. Mancher macht so aus der alten Heimat ein schönes Kinderbuch.

Ich habe es oft erlebt, daß Mitbürger, die lange Zeit im Ausland gelebt haben, enttäuscht waren, als sie heimkamen und feststellten, daß unser Land kein Bilderbuchland ist. Es ist bei uns keineswegs alles besser als anderswo. Die meisten Probleme, die wir haben, sind die Probleme aller Industriestaaten der Welt. Die Welt sei kleiner geworden, sagt man. Das Flugzeug hat die Menschen zusammengerückt. Aber es hat sie einander nicht nähergebracht. Die Wirklichkeit zeigt es. Wir unterscheiden uns zwar nicht mehr so sehr voneinander wie früher noch. Die nationalen Klischees, die aus dem 19. Jahrhundert stammen, stimmen nur noch sehr bedingt. Den Schweizer erkennt man nicht mehr daran, daß er die Hände in den Hosensäcken hat. In die engen Bluejeans, die auch er trägt, brächte er sie sowieso nicht mehr hinein.

Wir sind kein Volk von Hirten und Bauern mehr. Die Schweiz

Heimat hat immer wieder mit Erinnerungen und mit Sehnsucht zu tun. Für jeden ist seine persönliche Heimat das, wonach er sich sehnt.

Wir hätten weniger Neurosen, wenn wir nicht immer nur lachen müßten, sondern auch einmal weinen dürften, wie es noch zu Goethes Zeiten üblich war.

ist ein Industriestaat geworden. Fast nur noch der zwanzigste Teil unserer Bevölkerung arbeitet in der Landwirtschaft. Vor 25 Jahren war es noch der fünfte. 1955 gab es rund eine Million Wohnungen, heute zweieinhalb Millionen. Viele neue Fabriken sind entstanden. Die Nationalstraßen sind seit langem im Bau. Uns ist die Veränderung wenig aufgefallen. Langsame Änderungen werden uns kaum bewußt. Es ist deshalb auch so schwierig, langsam entstehende Schäden rechtzeitig zu verhüten. Unsere Kulturlandfläche wird schmaler und kleiner. Wir machen uns aber oft vor, wir lebten immer noch in der gleichen Welt. Doch ein heimkehrender Auslandschweizer wird diese Veränderungen besser sehen und leider oft auch schmerzlicher erfahren.

Ab und zu gibt es auch bei uns Anzeichen des Erschreckens über alle diese Veränderungen. Denn mit jeder gewollten Veränderung drängen auch ungewollte mit. Wir bekommen Schwierigkeiten mit einer jungen Generation, die nicht mehr genau so ist, wie wir waren. Wir verfallen oft dem Fehler, daß wir diese Jungen verantwortlich machen wollen für die Veränderungen, die wir Älteren gewünscht, gemacht oder nicht verhindert haben. Die junge Generation beginnt uns vorzurechnen, daß unsere Hinterlassenschaft teurer werde, als sie wert sei.

Wir bekommen, so scheint mir, recht viel Sorgen mit der Welt, die wir selbst gemacht haben. Wir haben Umweltprobleme, wir haben Mühe mit der Raumplanung, mit unserer Infrastruktur, mit dem Verkehr. Wir haben Rezessionsprobleme wie andere Industrieländer. Es gibt politische Gruppierungen, die die Entwicklung zu stoppen oder das Rad der Zeit sogar zurückzudrehen versuchen. Das mag zwar verständliche Nostalgie sein. Aber es sind auch viel Wunschträume dabei. Die sogenannte «gute alte Zeit» war auch einmal die schlechte neue. Wir vergessen das allzu schnell. Und die Älteren unter euch erinnern sich vielleicht daran, daß sie unser Land verlassen mußten, weil sie hier kein Auskommen fanden.

Die Welt – auch die kleine Welt der Schweiz – ist nicht einfacher geworden. Aber sie ist für den Schweizer doch trotz allem generell eine bessere Welt geworden. Eine Welt mit besserer Entlöhnung, mit besseren Sozialversicherungen, eine Welt auch – denken wir an die AHV – mit etwas mehr Zukunft. Ich weiß, das tönt sehr optimistisch. Aber für was sonst wollen wir Politik machen, als für die Zukunft? Eine Zukunft haben, das ist immer eine optimistische Vorstellung.

Die Schweiz ist ein reiches Land geworden. Sie ist es durch Arbeit geworden. Der gute Ruf der Schweizer Arbeit wurde aber nicht nur hier in unserem Land begründet. Daran haben vor allem unsere Auswanderer großen Anteil. Vielleicht vergißt man zu oft, wie viel unsere Mitbürger im Ausland für das Ansehen unseres Landes in der Welt tun. Aber man wird immer wieder daran erinnert und ist dankbar dafür.

Ich habe gesagt, ich glaube, daß wir heute in einer besseren Zeit leben. Wenn es uns oft nicht so erscheint, dann wohl, weil die Probleme sichtbarer geworden sind. Wir können die Augen nicht mehr

Wir verfallen oft dem Fehler, daß wir diese Jungen verantwortlich machen wollen für die Veränderungen, die wir Älteren gewünscht, gemacht oder nicht verhindert haben.

Die junge Generation beginnt uns vorzurechnen, daß unsere Hinterlassenschaft teurer werde, als sie wert sei.

verschließen vor dem sozialen Elend des andern, vor den schädlichen Nebenwirkungen unserer Industrie, vor allgemeinen menschlichen Problemen, die aus der Mechanisierung des Lebens entstehen. Unsere Welt ist problembewußter geworden. Das halte ich für erfreulich. Das bedeutet aber für unser Land auch eine größere Verpflichtung. Die Schweiz genießt einen humanitären Ruf, begründet durch Henry Dunant und das Rote Kreuz, durch Pestalozzi und durch viele andere Schweizer, die sich in Notgebieten für die Armen eingesetzt ha-

Ich glaube, daß wir heute in einer besseren Zeit leben. Wenn es uns oft nicht so erscheint, dann wohl, weil die Probleme sichtbarer geworden sind. Wir können die Augen nicht mehr verschließen vor dem sozialen Elend des andern, vor den schädlichen Nebenwirkungen unserer Industrie, vor allgemeinen menschlichen Problemen, die aus der Mechanisierung des Lebens entstehen. Unsere Welt ist problembewußter geworden. Das halte ich für erfreulich.

ben. Hie und da habe ich den Eindruck, daß sich unser Land allzusehr auf diesen Ruf verläßt. Wir weisen gern darauf hin, daß wir ein sehr kleines Land sind, wenn wir geben sollten, und wir sprechen dann am liebsten von unserer wirtschaftlichen Stärke, wenn es etwas zu holen gibt.

Wir haben uns vor uns selbst verpflichtet, unsere Neutralität für den Frieden einzusetzen. Echter Friede kann aber nur da sein, wo es soziale Gerechtigkeit gibt. Friede ist nicht einfach dann, wenn der Karabiner im Kleiderschrank steht. Friede ist eine menschliche Daueraufgabe, und ich hoffe, daß sich jeder Schweizer immer wieder auf diese Aufgabe besinnt. Wir wollen uns dabei nicht die Rolle der Lehrmeister oder Besserwisser zuschanzen, sondern einfach am Notwendigen mitarbeiten und mittragen. Die Probleme dieser Welt sind nicht mehr nationale Probleme. Aber es werden die Nationen sein, die sie zu lösen haben.

Was wir nötig haben, ist Weltoffenheit. Für diese Öffnung haben unsere Mitbürger in aller Welt einiges beizutragen. Deshalb haben wir euch nötig, und deshalb denken wir an diesem Tag gern an euch und danken euch für alles, was ihr für unser Land und euer Gastland leistet.

Freiheit ist nicht gratis

1. AUGUST 1978

Die Radio- und Fernsehansprache zum 1. August ist ganz den Begriffen Freiheit und Demokratie gewidmet: «Freiheiten, die man nicht benützt, verschwinden mit der Zeit.»

Man kann Geburtstage auf sehr unterschiedliche Weise feiern. Auch den 1. August, den Geburtstag unseres Landes. Bei nationalen Gedenkanlässen sind wir Schweizer immer ein wenig verklemmt. Wir wissen nie recht, ob es eine Feier ist oder ein Fest. Und darum wissen wir auch nie, was für ein Gesicht wir nun eigentlich dazu machen sollen. Für mich ist der 1. August ein Fest. Ich halte unsere Eidgenossenschaft immer wieder für eine freudige Erscheinung. Und ich freue mich auch über die Tradition, daß der 1. August bei uns vor allem ein Fest der Kinder ist. So ist für manchen von uns dieser Tag eine Erinnerung an eine schöne und glückliche Kindheit. Wir denken mehr daran als an den Rütlischwur von 1291. Ich halte das für etwas Gutes. Denn Heimat hat nicht einfach nur mit Geschichte, mit Grenzen oder mit einem politischen System zu tun. Heimat ist etwas Persönliches. Es ist die Gewißheit, zu jemandem zu gehören. Mitglied einer Gemeinschaft zu sein. Einer Gemeinschaft, auf die man sich verlassen kann, die einen schätzt und die keinen fallenläßt. Es ist das Gefühl, verstanden zu werden.

Die Verpflichtung der Gemeinschaft gegenüber dem einzelnen kommt in der Sozialgesetzgebung des Staates zum Ausdruck. Indem wir gemeinsam unseren alten und invaliden oder auch sonst bedrängten Mitbürgerinnen und Mitbürgern eine gesicherte Zukunft garantieren, verteilen wir auch Freiheit.

Freiheit kann sich nur in der Sicherheit entfalten. Sich sicher fühlen, in der Gemeinschaft geborgen sein, das ist auch das warme Gefühl, daß man eine Heimat hat. Nicht politische und geographische Grenzen also machen die Heimat aus. Wir müssen uns bemühen, innerhalb unserer Grenzen möglichst viel Heimat zu verwirklichen.

Unser Land hat schlechtere Zeiten erlebt als heute. Wir haben alle von den raschen technischen Entwicklungen profitiert, und wir genießen deren Früchte. Wir müssen nicht bei Petrollicht fernsehen. Aber gelegentlich scheint es doch, daß wir die Mahnung des heiligen Niklaus von Flüe, «machet den Zuun nicht zu wyt», nur gerade auf die Geographie bezogen haben.

Wir sind ein kleines Land geblieben. Aber wirtschaftlich haben wir die Grenzen des Kleinstaates gesprengt. Ich will das nicht beklagen. Aber wir müssen wissen, daß unsere weltweiten wirtschaftli-

Für mich ist der 1. August ein Fest. Ich halte unsere Eidgenossenschaft immer wieder für eine freudige Erscheinung. Und ich freue mich auch über die Tradition, daß der 1. August bei uns vor allem ein Fest der Kinder ist.

Freiheit kann sich nur in der Sicherheit entfalten. Sich sicher fühlen, in der Gemeinschaft geborgen sein, das ist auch das warme Gefühl, daß man eine Heimat hat.

Gelegentlich scheint es doch, daß wir die Mahnung des heiligen Niklaus von Flüe, «machet den Zuun nicht zu wyt», nur gerade auf die Geographie bezogen haben.

chen Verflechtungen auch ihre Kehrseite haben. Einmal sind wir mitverantwortlich geworden, was in den Ländern geschieht, mit denen wir Handel treiben oder Bankgeschäfte abschließen und an denen wir Geld verdienen. Und wir können uns dieser Verantwortung nicht entziehen. Dann unterliegen unsere politischen Entscheide mehr und mehr Sachzwängen, die uns von außen aufgedrängt werden. Und das Gefühl, nicht mehr überall selber zu bestimmen, sondern zu Entscheidungen durch andere, anonyme Kräfte gezwungen zu sein, führt dann manchen in die Resignation. Er interessiert sich so nicht mehr für den Staat und die Politik. Er denkt, das habe doch keinen Wert. Resignation ist aber ein Zurückfallen in die Angst. Und Angst ist immer ein Schritt in die Unfreiheit.

Wir sind ein demokratischer Staat. Wir haben die Freiheit und die Möglichkeit, gemeinsam unsere Politik zu bestimmen. Aber Freiheiten, die man nicht benützt, die verschwinden mit der Zeit. Von Freiheit kann man nicht nur reden. Man muß sie auch leben und ausfüllen.

Aber ich muß es in der letzten Zeit immer wieder sagen und schreiben: In der Demokratie bestimmt die Mehrheit. Es ist nicht schwer, ein Demokrat zu sein, solange man zur Mehrheit gehört. Demokratische Gesinnung muß man beweisen, wenn man in die Minderheit versetzt worden ist. Diese demokratische Grundregel anerkennen nur solche Leute nicht, für die Freiheit immer nur ihre Freiheit ist.

Wir haben dieses Jahr den 150. Geburtstag Henry Dunants gefeiert. Er hat nicht allein das Rote Kreuz gegründet. Er hat unserem Land auch weltweit zum Ruf verholfen, ein humanitäres Land zu sein, das den Menschen helfen will. Ich habe gesagt, daß wir auch mitverantwortlich geworden sind für diese Welt. Und in dieser Welt gibt es noch viel Armut. Armut ist eine sehr harte Form von Unfreiheit. Das darf uns nicht unbeteiligt lassen.

Friede kann nur sein, wo auch Gerechtigkeit ist. Soziale Gerechtigkeit. Die besteht aber nicht. Die Güter auf der Welt sind ungleich verteilt. Es gibt Armut. Und zwar unverschuldete Armut. Es ist unsere Pflicht zu helfen. Aber das kann man nicht nur mit Worten tun. Gerechtigkeit kostet etwas. Der Friede ist nicht gratis. Sind wir aber auch heute noch alle bereit, beweiskräftig zu zeigen, daß wir den Frieden wollen und für den Frieden einstehen?

Ich weiß sehr gut, daß wir in unserem Land selber auch noch viele Probleme haben. Wir sollen und müssen uns anstrengen, sie zu bewältigen. Aber wir können unsere Probleme nie nur für uns selber und ohne Rücksicht auf andere lösen. Das wäre unschweizerisch. Wir wollen ja ein solidarisches, ein humanitäres Land sein. Das Land Henry Dunants und des Roten Kreuzes.

Jeder Schweizer soll auf sein Land stolz sein dürfen. Nationalstolz gehört auch zum Heimatgefühl. Aber wer nur an sich selber denkt, hat keinen Grund, stolz zu sein. Dem glaubt seinen Stolz keiner mehr.

Resignation ist ein Zurückfallen in die Angst. Und Angst ist immer ein Schritt in die Unfreiheit.

Zur Freiheit gehört auch die Selbstverwirklichung. Die Möglichkeit, sich oder seinen Staat zu verändern. Am 24. September dieses

Jahres wird es um unsere Fähigkeit gehen, die Jurafrage würdig und eidgenössisch zu lösen. Die Gründung dieses neuen Kantons ist ein freudiges Ereignis für unser Land. Sie beweist, daß unsere Demokratie lebt. Nur was sich wandeln kann, lebt. Jeder von uns sollte den Groll über Unschönes, das im Jura auch passiert ist, vergessen. Das Ja zum neuen Kanton ist die einzig mögliche Antwort an ein paar Hitzköpfe. Sie bekommen mit einem Ja nicht recht, wie mancher vielleicht glauben möchte. Sie werden im Gegenteil endgültig ins

Unrecht versetzt. Denn dieser neue Kanton ist nach rechtsstaatlichen Grundsätzen gebildet worden. Und er wird ein Staat sein, der mit unvernünftigen und gewalttätigen Elementen fertig werden muß und fertig werden wird. Eine Region bittet das Schweizervolk am 24. September um das Recht, ein eigener Kanton zu werden. Wir wollen zeigen, daß wir als Demokraten zu handeln verstehen. Demokraten nehmen auf Minderheiten Rücksicht. Sie lösen ihre Konflikte friedlich und vernünftig. Ich bitte euch alle um ein freudiges Ja zum neuen Kanton.

Liebe Mitbürgerinnen und Mitbürger, der 1. August ist für uns alle mit Bedeutung beladen. Wir hätten über vieles nachzudenken. Aber richtig ist auch, daß wir aus diesem Tag einen festlichen Tag machen. Dazu gehört die Freude, die uns zusammenführt und die uns zeigt, daß wir zusammengehören. Ich wünsche euch und unserem Land eine schöne Bundesfeier.

7. Dezember 1977: Bundespräsidentenfeier in Solothurn.

Friede kann nur sein, wo auch Gerechtigkeit ist. Soziale Gerechtigkeit. Die besteht aber nicht. Die Güter auf der Welt sind ungleich verteilt.

Nur wer etwas weiß, kann auch etwas verändern

29. AUGUST 1978

In seiner Rede an der FERA setzt sich Willi Ritschard für die Freiheit der Medien und ihrer Journalisten ein: Die Medien müßten getragen werden von der demokratischen Gesinnung der Produzierenden und von der demokratischen Gesinnung der Konsumierenden.

Das einzig Sichere an der künftigen Entwicklung ist ihre Ungewißheit. Und genau das geht den Politiker etwas an. Er hat sich mit der Zukunft der Menschen zu beschäftigen.

Am Anfang stand das Radio, damals ein recht kompliziertes und beängstigendes Möbel. Es war vielleicht 1928 – im Geburtsjahr der FERA –, als ich bei einem Schulfreund, dessen Familie wir um den Besitz eines Radioapparats sehr beneiden, die Übertragung eines Fußballspiels anhören durfte. Ich erinnere mich sehr gut an die schlechte Tonqualität und daran, daß ich bei jedem Gekreisch und vor allem bei jedem Knall, den dieser vorsintflutliche Kasten von sich gab, zur Türe lief. Ich hatte Angst, das Ding könnte explodieren.

Darüber lacht man heute. Die FERA entführt uns inzwischen in ein Schlaraffenland technisch vermittelter Kommunikationen. Wahrscheinlich wird man später auch einmal darüber lachen, wenn ich hier und heute gestehe, daß ich zwar nicht mehr vor dem Radio, aber vor dieser rasanten Entwicklung auch wieder etwas Angst habe. Man wird eben mit dem Alter nicht klüger, man merkt nur etwas besser, daß es die andern auch nicht sind.

Aber man soll sich nicht täuschen: Angst vor der technischen Entwicklung ist heute weiter verbreitet, als man glaubt. Der Vergleich hinkt natürlich: Aber ich erlebe es in meinem Departement heute besonders mit den Atomkraftwerken, daß die Menschen nicht mehr bereit sind, jede technische Entwicklung einfach zu akzeptieren. Das ist nicht leicht zu verstehen. Denn die Menschheit hat während Jahrzehnten jede technische Erfindung als einen Fortschritt empfunden. Mit Hilfe von Naturwissenschaft und Technik sind in der Vergangenheit immer wieder Herausforderungen gemeistert worden. Vor allem in den letzten zwei Jahrhunderten hat sich der Anspruch der Menschen verfestigt, sich die Erde, und neuerdings auch den Kosmos, untertan zu machen. Man hat Naturgesetze scheinbar problemlos außer Kraft gesetzt. Und wir hatten dabei die gemeinsame Grundüberzeugung, daß jeder technische Fortschritt, auch ein sozialer, ein menschlicher Fortschritt sei.

Man hat die Risiken und die Gefahren der technischen Entwicklung nie übersehen. Aber man nahm sie willig in Kauf. Die Vorteile erschienen stets größer als die Nachteile. Die Rechnung schloß immer mit Gewinn ab. Aber etwa seit Beginn dieses Jahrzehnts sind wir nicht mehr so ganz sicher, ob dieser Gewinn uns auch wirklich bereichert und nicht bloß reicher macht. Es wird zunehmend fragwürdig, ob jeder technische Fortschritt auch wirklich ein Fort-Schritt ist. Die technische Entwicklung hat da und dort Sachzwänge geschaffen, die unsere Entscheidungsbereiche mehr und mehr einengen. Wir geraten in die Rolle des Zauberlehrlings, der die Geister, die er rief, nicht mehr los wird.

Die FERA zeigt uns zwar eine sanfte, gewaltlose Technologie. Aber auch sie grenzt für die meisten Menschen an Zauberei, an das Unbeherrschbare. Das einzig Sichere an der künftigen Entwicklung ist ihre Ungewißheit. Und genau das geht den Politiker etwas an. Er hat sich mit der Zukunft der Menschen zu beschäftigen. Und wenn er diese Zukunft als undurchdringliche Wand vor sich sieht, ist er heute nicht mehr sicher, ob er Vertrauen oder Mißtrauen predigen soll. Wenn Träume Wirklichkeit werden, sehnt man sich gerne nach dem Traum zurück. Das ist nicht nur eine Krankheit der Politiker. Der Fortschritt war einst eine schöne Sache, aber vielen hat er schon zu lange gedauert.

Keine technologische Entwicklung wird in den nächsten Jahrzehnten die Qualität des Lebens – oder vielleicht richtiger: die Auseinandersetzung darüber, welche Qualitäten des Lebens von uns als erstrebenswert anvisiert werden – derart beeinflussen wie die Nachrichtentechnik. Natürlich sollte man nicht ängstlich sein. Graham Bell hat das Telefon vor 102 Jahren erfunden. Als er etwas später die Idee lancierte, man solle jede Wohnung und jedes Geschäftshaus mit einer Telefonleitung verbinden, hat eine Kommission dazu geschrieben: «Die Kommission meint, sich gegen jede Art der von Bell vorgeschlagenen Investitionen aussprechen zu müssen. Sie bezweifelt nicht, daß sich unter bestimmten Umständen, zum Beispiel zur Verständigung zwischen Schiffsbrücke und Maschinenraum, einige wenige Nutzanwendungen finden lassen. Aber jene Entwicklung der Art und des Umfanges, wie sie sich Bell so vernarrt vorstellt, steht völlig außer Frage.» Und andere Zeitgenossen Bells fragten spöttisch, «was wohl ein Bürger in New York mit einem Bürger in Boston schon Sinnvolles über Telefon zu bereden hätte». Ich würde diesen Zeitgenossen gerne eine Kassette mit der Aufzeichnung der Telefongespräche übergeben, die heute in der Gegend herum geführt werden.

Die Erfindungen auf dem Gebiet der Kommunikation haben große gesellschaftspolitische Wirkungen. Aber wir wollen ihnen nicht ängstlich entgegensehen wie die Zeitgenossen Bells. Ebensowenig wollen wir sie ohne politische Überlegungen einfach über uns hereinbrechen lassen. Denn daß die beiden wichtigen elektronischen Medien, Radio und Fernsehen, nicht nur politische, sondern auch staatspolitische Bedeutung haben, darüber möchte ich in meinem Vortrag einiges sagen: Als Bundesrat erhält man jeden Tag Briefe. Kürzlich habe ich einen von einer besorgten – ehrlich besorgten, wie mir schien – Mitbürgerin erhalten. Es war eine Reaktion auf meine Auftritte am Fernsehen zum 1. August. Diese Frau sieht die Hauptursache für das mangelnde staatsbürgerliche Interesse und die ungenügenden Stimmbeteiligungen im Fernsehen. Sie kritisiert nicht

Wenn Träume Wirklichkeit werden, sehnt man sich gerne nach dem Traum zurück.

Fast jeder von uns opfert dem Fernsehapparat viel mehr Zeit, als er eigentlich möchte. Jeder schaut sich noch und noch Dinge an, die ihn gar nicht so heftig interessieren. Das Fernsehen hat uns offensichtlich überrumpelt, und trotz jahrelanger Gewöhnung haben wir uns vom Schock immer noch nicht ganz erholt.

Es scheint, daß selbst die politische Öffentlichkeit – die Organe des Staates und die Politiker – von den modernen Massenmedien überrumpelt worden sind: Mancher ist schnell bereit, Subversion zu riechen, wenn Politisches nicht langweilig genug abgehandelt wird.

etwa die Art und die Qualität der Programme, sondern einfach das Fernsehen schlechthin. Nach ihrer Meinung sollte man die Television abschaffen, und nachher wäre alles wieder wie früher. Ich bin ganz sicher, daß diese Mitbürgerin mit ihrer Meinung keineswegs allein dasteht. Nach einem Vierteljahrhundert Fernsehen wird noch immer über seine Schädlichkeit, seine Gefährlichkeit und auch über seine Nutzlosigkeit diskutiert.

Für Sie und für mich gehört das Fernsehen längst zu den Selbstverständlichkeiten. Wir haben uns daran gewöhnt, daß der Familienkreis zum Halbkreis geworden ist. Fernsehprogramme sind der ständige Diskussionsstoff vieler Menschen. Und die Einleitung solcher Gespräche lautet nicht mehr: «Haben Sie gestern am Fernsehen gesehen?» Sie lautet einfach: «Haben Sie gesehen?», oder «Was sagen Sie zu dieser Sendung von gestern abend?» Fernsehkonsum ist selbstverständlich geworden. Leider – ich sage das bewußt – oft erschreckend selbstverständlich.

Trotz dieser Selbstverständlichkeit haben wir nämlich diese technische Einrichtung noch keineswegs verdaut. Das Fernsehen nimmt zwar eine zentrale Stellung in unserer Freizeit ein. Aber es ist trotzdem irgendwie noch nicht integriert in unser soziales Leben. Immer noch erscheint es fast wie ein aufgepfropfter Fremdkörper. Ärger über das Fernsehen ist – wie ich auch aus Briefen weiß – ein ziemlich beliebter Ärger. Aber er ist nur selten ein Grund für Fernsehabstinenz. Fast jeder von uns opfert dem Fernsehapparat viel mehr Zeit, als er eigentlich möchte. Jeder schaut sich noch und noch Dinge an, die ihn gar nicht so heftig interessieren. Das Fernsehen hat uns offensichtlich überrumpelt, und trotz jahrelanger Gewöhnung haben wir uns vom Schock immer noch nicht ganz erholt.

Noch einmal zu meiner besorgten Mitbürgerin. Ich kann mir in einer Demokratie kein Kommunikations- und Informationsmittel vorstellen, das ihr schaden könnte. Kommunikation und Information sind Grundpfeiler der Demokratie. Wenn die Demokratie sie aus irgendwelchen Gründen nicht nutzen kann oder nicht nutzen will, dann haben wir nicht nach dem Stand der Kommunikationstechnik zu fragen, sondern nach dem Stand der Demokratie. Nach dem Stand unseres Demokratieverständnisses.

Aber es scheint, daß selbst die politische Öffentlichkeit – die Organe des Staates und die Politiker – von den modernen Massenmedien überrumpelt worden sind. Sie tun sich mitunter mit ihnen recht schwer. Mancher ist schnell bereit, Subversion zu riechen, wenn Politisches nicht langweilig genug abgehandelt wird. Und es kommt vor, daß Politiker mit der Medienpolitik den Staat vor den Medien schützen wollen. Sie wollen nicht einsehen, daß im Gegenteil der Staat die Freiheit der Medien zu schützen hat. Denn der echt demokratische Staat hat zur Opposition, zur gegenteiligen Meinung – zur Diskussion bis zur geistigen Konfrontation – Sorge zu tragen.

Wir haben in unserer Staatsform keine institutionalisierte, vom Staat bestellte und bezahlte Opposition wie parlamentarische Demokratien. Gerade weil eine institutionalisierte Opposition fehlt, darf die Medienpolitik in unserem Land nicht allein der Presse, sondern muß auch den andern Informationsvermittlern das Recht auf eine oppositionelle Meinung zugestehen. Auch Minderheiten müssen ihre Meinungen verbreiten können. Das ist zwar für die Mehrheit gelegentlich lästig. In der Demokratie hat aber niemand auf alle Ewigkeit die Wahrheit gepachtet. Der deutsche Politiker Adolf Arndt hat das so formuliert: «Öffentliche Meinung erscheint als ein Rechtsgut, dem die Staatsmacht zu dienen hat. Dem Staat wird eine Verantwortung für ihr Entstehen, ihr Dasein und ihr Wirken zugesprochen.»

Wenn man zu dieser These ja sagt, wird man sie wohl auch beim weitern Ausbau des technischen Kommunikationssystems zu respektieren haben. Es geht auch hier nicht einfach um weitere technische Neuerungen. Es geht auch um eine Weichenstellung für die Bewahrung und die mögliche Verbesserung der Meinungsvielfalt und der Informationsfreiheit. Wie wir diese Weichen stellen, kann entscheidend sein für die weitere Entwicklung unserer freiheitlichen Demokratie. Dazu gehört die Unabhängigkeit aller publizistischen Medien vom Staat, aber auch von gesellschaftlichen und wirtschaftlichen Gruppen. Jede Form von Kommerzialisierung des Medienangebotes kann gefährlich werden. Nicht allein deshalb, weil dadurch wohl Programme und Informationen eher unter dem Gesichtspunkt des Gewinnes, den man erzielen will, vermittelt würden. Die Buchhaltung und die Kasse, nicht die Qualität der Sendung würden maßgebend. Es geht aber um die Vielfalt der Meinungen und darum, jede Marktbeherrschung auf diesem Gebiet zu verhindern. Politik und politische Information sind keine Handelsware. Die Chancen der weiteren Entwicklungen auf dem Gebiet der Medientechnik liegen darin, daß sie eine Herausforderung an die Medienpolitik darstellen. Sie zwingen uns dazu, die Grundprinzipien dieser Politik zu überdenken.

Für die liberalen Gründer unseres Staates war das Verhältnis zum damaligen Massenmedium, zur Presse, noch einfach. Unsere Bundesverfassung regelt dieses Verhältnis mit einem einzigen Satz: «Die Pressefreiheit ist gewährleistet.» Damit war offensichtlich nichts anderes gemeint, als daß die Presse vom Staat unabhängig ist. Daß die Pressefreiheit auch durch andere Kräfte – durch wirtschaftliche und politische Interessengruppen zum Beispiel – eingeschränkt werden kann, ist offensichtlich eine neuere Einsicht. Das Gewährleisten der Pressefreiheit kann also unter diesen Bedingungen nicht mehr einfach eine passive Sache sein.

Das Verhältnis unseres Staates zu den neueren Massenmedien Radio und Fernsehen ist recht eigentümlich. Es ist schon ein reiner Zufall, daß der Postminister dafür zuständig ist. Aber als die Schöpfer unserer Bundesverfassung den Artikel 36 – «Das Post- und Telegraphenwesen im ganzen Umfange der Eidgenossenschaft ist Bundessache» – in die Welt setzten, konnten sie sich Radio und Fernsehen noch gar nicht vorstellen. Deshalb dachten sie auch nicht daran, daß es dieser Satz einmal mit den liberalen Prinzipien der Meinungsäußerungs- und Informationsfreiheit zu tun bekommen werde. Nicht durch weise Voraussicht, sondern eher durch Zufall ist also der Staat

Gerade weil eine institutionalisierte Opposition fehlt, darf die Medienpolitik in unserem Land nicht allein der Presse, sondern muß auch den andern Informationsvermittlern das Recht auf eine oppositionelle Meinung zugestehen.

bei unsern beiden Medien zu Kompetenzen gekommen. Er hat sie zum Glück nicht zur Schaffung eines Staatsrundfunks genützt. Er ist bis jetzt lediglich als Konzessionsgeber aufgetreten.

Sie erinnern sich alle noch an die Diskussionen vor dem mißlungenen Versuch, einen eigentlichen Radio- und Fernsehartikel in der Bundesverfassung zu verankern. Ein Teil der Gegner dieses Artikels ist damals in guten Treuen vom alten liberalen Grundsatz ausgegangen, daß totale Unabhängigkeit vom Staat die totale Willkür bedeute. Ich hielt schon damals diese Ansicht für gefährlich und habe meine Meinung dazu nicht geändert. Natürlich muß man mit einem solchen Artikel die Freiheit gewährleisten. Sie ist aber nicht mehr so einfach zu definieren wie im 19. Jahrhundert. Die äußere Freiheit nämlich, die Unabhängigkeit des Verlegers, des Besitzers eines Massenmediums, genügt heute nicht mehr. Wir verstehen unter Freiheit bei den Medien auch immer mehr und mehr die innere Freiheit: die Freiheit des Journalisten, des Programmgestalters, die Freiheit des Schöpferischen. Das alles ist aber auf dem Sektor Radio und Fernsehen weder mit einer verstaatlichten noch mit einer kommerziellen, privatwirtschaftlichen Lösung zu garantieren.

Die Voraussetzungen, die sich bei uns bis jetzt eingespielt haben, scheinen mir günstig zu sein für eine moderne Gesetzgebung über Radio und Fernsehen. Wir übergeben die Programme einem staatsunabhängigen Betreiber unter Bedingungen. Unter der Bedingung zum Beispiel, daß der Betreiber eine möglichst große Öffentlichkeit repräsentiert. Daß er zur selbständigen Entscheidung der Person, zu ihrer kulturellen Entfaltung und auch zu ihrer Unterhaltung beiträgt. Daß er für die innere Freiheit besorgt ist und daß er die Sender nicht nach kommerziellen Zielen betreibt. Ich stelle aber immer wieder fest, daß unsere Regelung vielen Bürgern kaum bekannt ist. Ein guter Teil unseres Volkes glaubt, daß bei uns Radio und Fernsehen vom Staat selber betrieben werden. Viele Briefe, die ich bekomme, gehen davon aus, daß Radio und Fernsehen in einem Zimmer meines Departements gemacht würden. Sie glauben, daß mein Departement die Möglichkeit zu kategorischem Ja oder Nein hätte. Unser Staat ist aber an solcher Macht keineswegs interessiert. Er ist dagegen sehr daran interessiert, daß auch kein anderer eine solche Monopolmacht erhält.

Dabei muß man sich vor Augen halten, daß sich Idealzustände nie durch Gesetze und Verordnungen herstellen lassen: Auch Radio und Fernsehen müssen getragen werden von der demokratischen Gesinnung der Produzierenden und von der demokratischen Gesinnung der Konsumierenden. Vom Medienschaffenden verlangt das Mut. Vom Zuhörer und Zuschauer verlangt es Großzügigkeit und kritisches Verstehen. Man kann Fehler oder Ungenauigkeiten feststellen, ohne gleich nach Sanktionen zu rufen. Wer von vornherein der schöpferischen Arbeit jeden Fehler verbieten will, der läßt sie gar nicht erst entstehen.

Der Begriff «Objektivität» wird immer wieder mit dem Begriff «Information» gekoppelt. Man hat offensichtlich den Eindruck, daß durch die Vermittlung der nackten Information bereits Objektivität

Die äußere Freiheit, die Unabhängigkeit des Verlegers, des Besitzers eines Massenmediums, genügt heute nicht mehr. Wir verstehen unter Freiheit bei den Medien auch immer mehr und mehr die innere Freiheit: die Freiheit des Journalisten, des Programmgestalters, die Freiheit des Schöpferischen.

erreicht sei. Man fordert «objektive Information», «ausgewogene Information», «möglichst umfassende Information». Und man ist überzeugt, daß es für den Journalisten einfach sei darzustellen, was genau ist. Er brauche ja nichts anderes als die Wahrheit zu sagen oder zu zeigen. Objektivität des Wortes ist schon schwierig, praktisch unerreichbar ist die Objektivität des Bildes. Man kann aus dem gleichen Ratssaal einen schlafenden oder einen hellwachen Politiker zeigen. Beide Bilder sind für sich scheinbar objektiv. Sie zeigen je eine Wahrheit, aber eben immer nur eine halbe. Was heißt also zum Beispiel «möglichst umfassende Information»? Sicher muß in einem freien Staat garantiert werden, daß alle öffentlichen Informationen allen zugänglich sind. Es muß ferner versucht werden, was immer wieder gefordert wird, mehr und gehaltvoller zu informieren. Aber jede zusätzliche Information geht ein in eine riesige Informationsflut: Das Radio vermittelt pro Woche während über 100 Stunden Informationen und Kommentare. Jeden Werktag werden in den Landessprachen 58mal Nachrichten ausgestrahlt. Am Fernsehen sehen und hören wir täglich dreimal eine Tagesschau. Dazu kommen andere Rubriken. Zusammen sendet das Fernsehen pro Woche über 30 Stunden Informationen.

Kann man mit Blick auf solche Zahlen wirklich sagen, daß wir von der Menge der Information her ungenügend informiert sind? Ganz sicher nicht. Im Gegenteil. Doch niemand wird im Ernst nach einem Informationsabbau rufen wollen. Das Rezept, das wir bei der Umweltverschmutzung propagieren – Verzicht und Beschränkung –, kann man sicher bei der Information nicht verschreiben.

Aber diese Schwemme bleibt für die Vermittler und für die Empfänger nicht ohne Folgen. Man kann – um das vorauszunehmen – nicht nur dem Politiker, Beamten oder Wissenschafter, sondern auch dem Journalisten jederzeit den Vorwurf machen, daß er nicht «umfassend» orientiere, daß er nicht sorgfältig genug recherchiere und daß er eben in seinem Beitrag nicht alle verfügbaren Informationen berücksichtigt habe. Man darf in sehr vielen Fällen ohne große Skrupel behaupten, der Journalist habe sich einer «Unterschlagung» schuldig gemacht, womit dann der Vorwurf zur Beschimpfung wird, die zu ahnden ein Richter einige Mühe hätte.

Wann eine Information «umfassend», abgerundet und wertneutral ist, bleibt immer auch die Frage des Standpunkts des Vermittlers. Schon die bloße Auswahl und Gliederung von Fakten kann viel Kommentar enthalten. Wie in vielen andern Bereichen unserer Überentwicklung beschäftigen uns auch bei der Information immer mehr die Gegensätze zwischen Masse und Qualität. Unsere Welt braucht alle diese produzierten Informationen, sonst hätten sie keinen Markt. Aber man muß sich bewußt sein, daß der Übermittler der Informationen auszuwählen hat, und diese Auswahl wird nicht nur bewußt, sondern vor allem unbewußt zur Interpretation. Die Arbeit der Medienschaffenden ist subjektiv. Ich habe es bereits angedeutet, die objektive Information gibt es nicht. Das wäre zwar schön, aber trotzdem eine Fata Morgana, und die gehören in die Wüste. Deshalb bin ich darauf angewiesen, daß der Übermittler eine

Wer von vornherein der schöpferischen Arbeit jeden Fehler verbieten will, der läßt sie gar nicht erst entstehen.

Objektivität des Wortes ist schon schwierig, praktisch unerreichbar ist die Objektivität des Bildes. Man kann aus dem gleichen Ratssaal einen schlafenden oder einen hellwachen Politiker zeigen. Beide Bilder sind für sich scheinbar objektiv. Sie zeigen je eine Wahrheit, aber eben immer nur eine halbe.

Person ist oder noch besser eine Persönlichkeit, die ich einschätzen kann. Nicht die Entpersönlichung des Übermittlers garantiert mir die brauchbare Information. Nicht die Kastration des Journalisten ist die Lösung, sondern im Gegenteil die Entfaltung seiner Person, die Deklaration seines Ichs.

Der Medienschaffende muß sich aber bewußt sein, welche Verantwortung er trägt. Er muß wissen, daß er ein Stück weit die Bedeutung eines Ereignisses bestimmt. Er kann es hochspielen oder durch Nichtbeachtung beinahe ungeschehen machen. Er soll kritisieren, darf aber die Kritik des Publikums an seiner Kritik nicht verunmöglichen. Wer kritisiert, muß sich selber Kritik gefallen lassen.

Nun kommt aber für Radio und Fernsehen sofort der Einwand, daß es sich hier anders verhalte. Diese Medien hätten eine Monopolstellung und deshalb müsse man hier die Pressefreiheit strenger begrenzen. Ich halte das für einen falschen Schluß: Man muß hier nicht die Pressefreiheit einschränken. Man muß das Informations- und Meinungsspektrum erweitern. Man muß nicht von einem Mitarbeiter und einer Sendung erwarten, daß sie alle Meinungen und Informationen wiedergeben. Man muß das abdecken können mit mehreren Mitarbeitern mit verschiedenen Meinungen in mehreren verschiedenartigen Sendungen. Die Konzessionsforderung nach Ausgewogenheit betrifft deshalb auch nicht die einzelne Sendung, sondern das Programm im gesamten. Denn: Die wohl wichtigste Aufgabe von Radio- und Fernsehen – wenn Sie wollen, ihre staatspolitische Aufgabe – ist: anzuregen. Nicht zu indoktrinieren, sondern geistig rege zu machen.

Der Bürger muß freie Wahl der Informationsmittel und -inhalte haben. Das hat aber nur einen Sinn, wenn er auch fähig ist, zwischen mehreren Möglichkeiten zu wählen. Er muß kritisch denken können. Das ist mit eingleisiger Information nicht zu schaffen. Und das ist sicher auch nicht zu erreichen, wenn der Staat glaubt, die Medien hätten ihm ganz direkt und kurzfristig zu dienen, und wenn er beginnt, ihnen entsprechende Vorschriften zu machen. Der demokratische Staat hat die Aufgabe, sich einzusetzen für die Freiheit der Information. Die Medien werden letztlich dem Staat nur dienen können, wenn er ihnen vorerst in diesem Sinne dient.

Ich möchte zum Schluß und in einem etwas anderen Zusammenhang noch einmal auf den Mahnbrief jener besorgten Mitbürgerin zurückkommen. Ich möchte ihr nicht einfach auf der ganzen Linie Unrecht geben. Sie schreibt davon, daß das Fernsehen Familien zerstöre, menschliche Kommunikation und Gespräche verhindere. Und sie hat ohne Zweifel dann recht, wenn Fernsehen und Radio nur noch stumpf konsumiert werden.

Keine anderen modernen Industrieprodukte üben so viel Faszination auf die Menschen aus wie die Fotografie und die Unterhaltungselektronik. Ständige technische Verbesserungen und vermehrte Spielmöglichkeiten machen die Erzeugnisse zu Wegwerfprodukten. Wer ein Gerät kauft, wird in einem halben Jahr ein besseres und ein noch besseres finden. Ich weiß, der Konkurrenzkampf auf diesem Gebiet ist besonders hart, und kein Produzent kann sich ihm entzie-

---

Nicht die Entpersönlichung des Übermittlers garantiert mir die brauchbare Information. Nicht die Kastration des Journalisten ist die Lösung, sondern im Gegenteil die Entfaltung seiner Person, die Deklaration seines Ichs.

Der demokratische Staat hat die Aufgabe, sich einzusetzen für die Freiheit der Information. Die Medien werden letztlich dem Staat nur dienen können, wenn er ihnen vorerst in diesem Sinne dient.

hen. Aber es gibt nicht nur auf der Produzentenseite Opfer. Es gibt sie auch auf der Konsumentenseite. Opfer, die dauernd auf neue Angebote und Spielmöglichkeiten hereinfallen und sicher besser daran täten, ihr altes «Nünistei» wieder einmal hervorzunehmen, als ein langweiliges elektronisches Spielchen zu kaufen.

Verstehen Sie mich bitte nicht falsch. Ich habe Hochachtung vor den technischen Leistungen, die hier angeboten werden. Sie faszinieren mich auch. Aber wenn sie zum reinen Konsumgut werden, dann werden sie für den Konsumenten zum Betrug. Vielleicht hat die Briefschreiberin das gemeint damit, und damit hat sie eben nicht ganz Unrecht. Wichtig scheint mir auf jeden Fall, daß wir unsere technischen Möglichkeiten gezielt zu unserem Nutzen einsetzen. Zum Beispiel, um die Informationsschwemme wieder zu einem Informationsfluß zu machen. Daß wir also diese Mittel nicht einfach als technische Spielzeuge benützen. Denn als Spielzeuge drängen sie sich in einen Raum, den wir sicher mit weit besserer und einfacherer Freizeitgestaltung ausfüllen können. Wenn uns das nicht gelingt, dann werden wir wirklich arme, technische Sklaven.

Die PTT hat kürzlich einen Bericht verfaßt über alle neuen Kommunikationstechniken, Fernsehzeitung, Mehrwegkanäle usw. Es ist wichtig, daß wir uns frühzeitig mit solchen Möglichkeiten beschäftigen. Nur so können wir verhindern, daß sie uns überrumpeln. Askese und Verzicht können bestimmt nicht die einzige Antwort sein. Aber wir müssen uns bewußt sein, daß der Mensch durch all diese Errungenschaften auch in seiner Selbstfindung und Selbstverwirklichung gestört werden kann. Es hat seine Gründe, daß wir heute nicht mehr in dem Maße technisch fortschrittsgläubig sind. Und diese Abkehr ist auch ein gutes Zeichen. Nämlich ein kleines Anzeichen dafür, daß wir doch nach und nach willens werden, die Technik zu beherrschen und uns nicht von ihr beherrschen zu lassen.

Unsere Archäologen messen frühere Kulturen auch an ihren Abfällen. Es ist vielleicht ein Glück, wenn wir nicht dabei sind, wenn sie einst die unsrigen ausgraben. An den Abfällen sieht man eine Tragik der Entwicklung der Menschheit. Sie liegt darin, daß man einmal gemachte Erfindungen nie mehr rückgängig machen kann. So müssen wir trotz allen Vorteilen des Fortschritts auch in seinen Schattenseiten leben. Wer vom immerwährenden Fortschritt träumt, tut gut daran, sich an Rom zu erinnern, wie Amalrik schreibt: «Im 5. Jahrhundert lebten dort eine Million Menschen. Es gab sechsstöckige Häuser und dampfbetriebene Spielzeuge. Im 6. Jahrhundert weideten auf dem Forum Romanum Ziegen. Als die Päpste von Avignon zurückkehrten, hatte Rom 20 000 Einwohner.»

Auch unsere moderne Technik kann solche Umwälzungen nicht aufhalten. Sie trägt im Gegenteil dazu bei, daß sich der Zerfall in noch größern Geschwindigkeiten abspielen kann. Ich denke dabei nicht an Hiroshima. Ich denke an Phnom Penh, an Saigon, an Beirut. Das heißt: Immer noch dient ein größerer Teil der technischen Errungenschaften dazu, daß Menschen einander noch besser quälen können. Dagegen kann nur Information helfen. Nur wer etwas weiß, kann auch etwas verändern.

Wichtig scheint mir, daß wir unsere technischen Möglichkeiten gezielt zu unserem Nutzen einsetzen. Zum Beispiel, um die Informationsschwemme wieder zu einem Informationsfluß zu machen.

Länder, wo man per Stacheldraht telefoniert

1. MAI 1980

Die Rede, gehalten während des Besuchs der englischen Königin, wird zum politischen Sturm im Wasserglas. Grund dafür ist folgender Satz: «Daß so viele Schweizer die Heftli kaufen, in denen bis zum Gloschli alles beschrieben ist, was so eine Königin trägt, verwundert mich eher.» Im Manuskript ist dieser Satz gestrichen.

Ich habe darum bitten müssen, daß eure Maifeier heute abend durchgeführt wird. Morgen haben wir mit der englischen Königin ein Nachtessen. Solche Sorgen hatten frühere Maireferenten wahrscheinlich noch nicht. Die mußten zwar auch gelegentlich Knickse machen. Aber meistens vor ihrem Arbeitgeber.

Dabei sind wir Schweizer doch Republikaner. Wenn wir während der Vaterlandshymne die Hand aufs Herz halten, schauen wir vor allem nach, ob die Brieftasche noch da ist. Ich verstehe nicht, warum wir dann an Königen so Freude haben. Mir ist jedenfalls wirklich noch die Brieftasche wichtiger, und das nicht nur, weil ich Finanzminister bin. Finanzminister zu sein, ist allerdings ein Handikap für einen Mai-Redner. Ich kann nämlich hier vor euch nicht einfach Forderungen aufstellen und dann die Hände zum Himmel strecken, bis es Fünfliber regnet. Außer einem großen Loch in der Staatskasse hat mir Georges-André Chevallaz bei der Amtsübergabe nichts in die Hand gedrückt. Und ich habe seither gelernt, daß ein gesunder Mensch ohne Geld auch halb krank ist.

Ich habe das Finanzdepartement nicht gerne übernommen. Nicht wegen der Probleme. Ich hatte das Gefühl, daß ich am alten Ort mehr hätte leisten können, weil ich die Verkehrs- und Energieprobleme langsam kannte. Aber es ist halt beim Bund wie in einer anderen Firma: Wenn die Buchhaltung nicht mehr stimmt, wechselt man entweder die Zahlen oder dann den «Gring».

Als Finanzminister muß ich jetzt viel vom Sparen reden, und ich sehe, wie nötig das geworden ist. Aber nicht alle, die vom Sparen reden, meinen auch wirklich Sparen. Sie möchten den Staat aushungern. Sie möchten Sozialgesetze zurückbuchstabieren. Ich halte jeden Sozialabbau für einen Abbau an Freiheit.

«Sparpakete», das habe ich im Parlament gesagt, sind nicht große finanzpolitische Leistungen. Sparpakete machen kaum Geschichte. Aber sie sind nötig, damit unsere Kasse wieder zum Stimmen kommt. Diese chronischen Bundesdefizite nagen am Vertrauen in die Behörden. Wir müssen den Staat wieder glaubhaft machen. Aber ich verfolge mit der Sparpolitik ein ganz klares Konzept: Ich will *für* diesen Staat sparen und nicht *gegen* den Staat. Es gibt hier für mich einen sehr großen Unterschied.

Nicht alle, die vom Sparen reden, meinen auch wirklich Sparen. Sie möchten den Staat aushungern. Sie möchten Sozialgesetze zurückbuchstabieren. Ich halte jeden Sozialabbau für einen Abbau an Freiheit.

Erst mit dem erfolgreichen Kampf der Arbeiterbewegung ist unser Staat eine glaubwürdige Demokratie geworden.

Aber ich will hier nicht nur von den Finanzen reden. Das ist kein schönes Thema. Wir sind heute nicht hier, um das Loch in der Bundeskasse zu beklagen, sondern weil wir den Tag der Arbeit feiern wollen. Ich rede nicht gerne von der Vergangenheit, und es ist mir schon oft verleidet, wenn einer stundenlang nur von seinen früheren Heldentaten erzählt hat. Besonders wenn es dann fast nur solche aus dem Militärdienst waren. Alt, wirklich alt, ist man dann, wenn man an der Vergangenheit mehr Freude hat als an der Zukunft.

Wir müssen die Vergangenheit als Sprungbrett benützen und nicht als Kanapee. Ganz besonders die Arbeiterbewegung kann trotz des Geburtstags des Gewerkschaftsbundes jetzt nicht einfach auf den Lorbeeren ausruhen und an den Knochen ihrer alten Helden nagen. Eine Bewegung, besonders die Arbeiterbewegung, kann ihre Zukunft nicht in der Vergangenheit suchen. Man muß die Fehler der Geschichte natürlich auch nicht immer wiederholen. Wer die Vergangenheit nicht kennt, wer nicht bereit ist, aus ihr zu lernen, der wird auch die Zukunft nicht meistern. Ein alter Blödsinn ist meistens populärer als eine neue Wahrheit.

Wir dürfen uns heute ruhig daran erinnern, daß der lohnabhängige Arbeiter ein ziemlich rechtloser Mann war, bevor es eine organisierte Arbeiterbewegung gab. Die Französische Revolution und die liberalen Bewegungen in der Schweiz haben zwar die Vorrechte der Geburt beseitigt. Aber die Freiheiten, die das Volk bekommen hat, als die Könige geköpft waren und als man den Patriziern die Perücke abgezogen hatte, diese Freiheiten waren nicht für alle die gleichen.

Besonders die Industrialisierung hat neue und zum Teil viel bitterere Untertanenverhältnisse geschaffen, als sie unter den alten «Gnädigen Herren» bestanden hatten. In einem ungehemmten Liberalismus, der sich besonders in der Wirtschaft austobte, wurde der Lohnarbeiter nun selbst auch eine Ware. Und entsprechend wurde er auch benützt und ausgenützt. Er war ein Lohnknecht. Ein fast rechtloser Proletarier. Wir hatten zwar die Demokratie in unserem Land. Aber der Staat war den Arbeitern keine Hilfe. Er stand meistens auf der andern Seite. Es war die Demokratie der andern, obwohl man an den Schützenfesten das Gegenteil besang.

Wir brüsten uns auch heute noch gerne und zu Recht mit unserer Demokratie. Wir sind stolz darauf und blagieren damit, besonders wenn uns ein naiver Ausländer zuhört. Aber wir sollten dabei auch gelegentlich daran denken, daß diese Demokratie nicht durch neue Verfassungen Wirklichkeit geworden ist. Mit Papier und Paragraphen war das alles nicht zu machen. Es war ein neuer Freiheitskampf nötig, bis auch der Arbeiter zum vollwertigen und gleichberechtigten Staatsbürger werden konnte.

Und dieser Kampf ist die eigentliche große kulturelle und staatspolitische Leistung der Arbeiterbewegung. Sie überstrahlt bei weitem, was sonst an materiellen Verbesserungen erreicht worden ist, obwohl die materielle Hebung des Arbeiterstandes mit Gerechtigkeit nicht weniger zu tun hat. Erst mit dem erfolgreichen Kampf der Arbeiterbewegung ist unser Staat eine glaubwürdige Demokratie ge-

---

Alt, wirklich alt, ist man dann, wenn man an der Vergangenheit mehr Freude hat als an der Zukunft.

Wir müssen die Vergangenheit als Sprungbrett benützen und nicht als Kanapee.

Es war ein Freiheitskampf nötig, bis auch der Arbeiter zum vollwertigen und gleichberechtigten Staatsbürger werden konnte.

worden. Gewerkschaften und sozialdemokratische Partei haben einen wesentlichen Anteil daran, daß heute auch der Arbeiter zu diesem Staat ja sagen kann. Sie haben einen wesentlichen Anteil daran, daß weder der Kommunismus noch der Faschismus unser Volk erfassen konnten. Es hat auch damit zu tun, daß unser Land in zwei Weltkriegen mit Überzeugung verteidigt worden ist. Der frühere Prolet hätte sich wahrscheinlich weniger darum gekümmert, ob er nun hier oder dort ein armer Knecht ist. Einer, der unter die Räder kommt, fragt nicht mehr lange nach der Automarke.

Trotz dieser unbestrittenen Leistungen der Arbeiterbewegung finden sich ihre Pioniere allerdings nur selten in den Schulbüchern verewigt. Unsterblich in der Schweiz ist einer vor allem dann geworden, wenn vorher in einer Schlacht ein paar tausend andere für ihn starben. Solche hat man auf die Sockel gestellt. Ich wiederhole aber: Die Gewerkschaften haben mit ihrer Aufbauarbeit, damit, daß sie die unterdrückten Arbeiter zur Gemeinschaft erzogen haben, daß sie ihnen Selbstvertrauen und Vertrauen in den Staat vermittelt haben, mehr getan als nur kurzlebige Gesamtarbeitsverträge abgeschlossen. Herman Greulich, der große Pionier und Gründer der schweizerischen Gewerkschaftsbewegung, hat die «Menschwerdung des Arbeiters» gefordert. Diese «Menschwerdung» ist die große kulturelle Leistung, die die Arbeiterbewegung erbracht hat.

Und diese Arbeit ist nicht fertig. Wir leben gewiß in einer besseren Welt. Nicht in einer vollkommenen. Noch lange leben nicht alle Menschen, auch in unserem Land, in einer menschlichen Welt. Wir haben zu vieles zerstört, zerbaut, rationalisiert und automatisiert. Wir haben auch viel Menschlichkeit verdrängt. Dabei haben wir gemerkt, daß die «Menschwerdung» nicht nur eine Frage des Geldes ist. Wir haben da noch viel zu tun und auch zu lernen. Es gäbe viele Gründe, nach neuen, vor allem auch nach ideellen Zielen Ausschau zu halten und unsere Arbeit auf sie auszurichten. Mit mehr haben, mit dem Auto und vielen andern schönen Dingen, genügt es offenbar nicht.

Aber der Wille, gemeinschaftlich weiterzukämpfen, ist auch erlahmt. Die Zahl der Arbeitnehmer, die glauben, daß sie alles, was sie heute haben, ihrem beruflichen Können, ihrem Fleiß, ihrer Sparsamkeit und vielleicht auch dem lieben Gott verdanken, ist groß. Immer weniger wissen um die Kraft und um die Notwendigkeit von starken Gewerkschaften. Solidarität ist für viele – für zu viele – ein Fremdwort geworden.

Aber jeder, der glaubt, er hätte jetzt die Gewerkschaften und die Politik nicht mehr nötig, weil er Angestellter im Monatslohn geworden ist, sollte daran denken, wie vergänglich solche Errungenschaften sein können, wenn man sie nicht immer wieder neu erkämpft. Für mich bleibt ein Angestellter ein Arbeiter, der meint, er sei keiner. Das meinten schon früher die Stehkragenproletarier, die zwar oft schlechter dran waren als einfache Arbeiter, aber die dafür eine Krawatte tragen durften.

Tüchtig und fleißig und sparsam waren Arbeiter auch schon früher, als die ersten Gewerkschaften gegründet wurden. Aber das allein

Die Zahl der Arbeitnehmer, die glauben, daß sie alles, was sie heute haben, ihrem beruflichen Können, ihrem Fleiß, ihrer Sparsamkeit und vielleicht auch dem lieben Gott verdanken, ist groß. Immer weniger wissen um die Kraft und um die Notwendigkeit von starken Gewerkschaften.

Jeder, der glaubt, er hätte jetzt die Gewerkschaften und die Politik nicht mehr nötig, weil er Angestellter im Monatslohn geworden ist, sollte daran denken, wie vergänglich solche Errungenschaften sein können, wenn man sie nicht immer wieder neu erkämpft.

Wer heute versucht, den Sozialstaat als unfreien Staat hinzustellen, der versteht unter Freiheit nichts anderes als Privilegien, also Vorrechte. Aber Privilegien sind nie eine Sache der Mehrheit. Privilegien haben immer nur wenige.

hat ihnen wenig geholfen. Sie haben erkennen müssen, daß nur die Solidarität untereinander, daß nur der gemeinsame Kampf sie dem näherbringen konnte, was sie erstrebten. Sie mußten auch einsehen, daß sie den Staat nicht einfach den andern überlassen können. Sie mußten lernen, daß in der Demokratie die Stimmen gezählt und nicht gewogen werden. Wenn sie die Gesellschaft ändern wollten, mußten sie an die Urnen gehen. Sie mußten kämpfen um den sozialen Ausbau des Staates, wenn sie eine soziale Demokratie wollten.

Und jene, die glauben, das sei jetzt alles fertig, weil sie selber zufrieden und satt sind, die werden entweder selber böse erwachen oder sie werden dann vom Himmel her zuschauen, wie ihre Kinder und Enkel von vorne beginnen müssen. (Soweit ein Unorganisierter überhaupt in den Himmel kommen kann, was sehr fraglich ist.)

Machen wir doch die Augen auf: Man ist bereits heftig daran, diesen Staat schlechtzumachen. Für gewisse Leute ist unser Staat bereits ein zu sozialer Staat geworden. Und so wird uns fast täglich die falsche und perfide Frage gestellt: «Willst du mehr Freiheit oder willst du mehr Staat?»

Liebe Kolleginnen und Kollegen, die Demokratie ist eine soziale Idee. Sie ist auch das soziale Versprechen, daß dieser Staat immer für alle und besonders für die Schwachen da ist. Die Freiheit, die wir meinen, ist eine gemeinsame Freiheit. Eine gemeinsam garantierte, eine solidarisch getragene Freiheit.

Wer heute versucht, den Sozialstaat als unfreien Staat hinzustellen, der versteht unter Freiheit nichts anderes als Privilegien, also Vorrechte. Aber Privilegien sind nie eine Sache der Mehrheit. Privilegien haben immer nur wenige. Das Schlimmste im Staat ist das Vorrecht. Wer Privilegien fordert, verspricht meistens den Himmel auf Erden, aber nachher jagt er die andern zum Teufel.

Wie oft hört man wieder den Begriff von der Bedarfsrente. Nur wer es nötig habe, solle auch soziale Leistungen vom Staat erhalten. Wir hatten das früher einmal. Die damalige «soziale» Leistung des Staates hieß «Armenunterstützung». Wer sie beanspruchte, war an vielen Orten mehr oder weniger Ausgestoßener. Es gab viele Leute, die schämten sich, Armenunterstützung zu verlangen. Sie fühlten sich minderwertig und unfrei. Im besten Fall hatte man Mitleid mit ihnen. Aber Mitleid ist Senf ohne Wurst. Almosen sind eines Sozialstaates unwürdig. Dabei gibt es in der Schweiz auch heute noch viele AHV-Bezüger, die sich schämen, Ergänzungsleistungen zu beziehen, obwohl sie Anrecht darauf hätten. Es sind verschämte Arme mit einem falschen Stolz.

Wir wollen aber einen echten Sozialstaat. Rechtsansprüche auf die sozialen Renten. Es soll nicht zweierlei Alte und Invalide geben; solche, die Renten nötig haben, und solche, die es ohne Renten vermögen. Wir wollen unser Volk nicht in Versicherungsklassen aufteilen. Wir wollen eine Versicherung behalten, in die jeder zahlt und von der auch jeder klar auf seinen Teil Anspruch hat. Aber dazu brauchen wir den Staat. Die allgemeine Versicherung, die für jeden gilt. Nur ein solcher Staat ist ein Sozialstaat. Und nur ein Sozialstaat, der für alle in gleicher Weise sorgt, der verteilt auch die Freiheit gerecht unter seine Bürger. «Mehr Freiheit oder mehr Staat» ist deshalb eine falsche, eine demagogische Alternative. Wir brauchen den Staat, weil wir Freiheit für alle wollen.

Wenn wir Freiheit und soziale Gerechtigkeit für alle fordern, dürfen wir unser Land nicht isoliert betrachten. Die Vorkämpfer unserer Bewegung wußten, daß sich das Ziel der Freiheit und der Gerechtigkeit nur mit der Kraft der internationalen Solidarität durchsetzen läßt. Aber auch diesen Gedanken der internationalen Solidarität ha-

«Mehr Freiheit oder mehr Staat» ist eine falsche, eine demagogische Alternative. Wir brauchen den Staat, weil wir Freiheit für alle wollen.

Am 24. Eidgenössischen Hornusserfest in Utzendorf.

ben wir in unserem Egoismus zum Teil ertränkt. Und das in einer Welt, die aufgrund von Technik und Wirtschaft sehr eng zusammengerückt ist. Seitdem es Düsenflugzeuge gibt, gibt es auf der Welt keine entfernten Verwandten mehr. Wir sind zu nahe beieinander. Die Not der Menschen auf andern Kontinenten betrifft auch uns, und zwar ganz direkt. Man konnte einmal sagen: «Was kümmert's uns, wenn sich die weit hinten in der Türkei die Köpfe blutig schlagen.» Heute wissen wir, daß die Lunte auch an unserem Pulverfaß auf der ganzen Welt herumliegt.

Und diese Welt sieht gegenwärtig nicht gut aus. Es gibt zu viele Krisenherde, in denen es mottet. Und man ist daran, kräftig in die Feuerlein zu blasen. Ich nenne nur einige Stichworte:
– Iran mit dem Geiseldrama und dem Konflikt mit seinen Nachbarn,
– die Besetzung Afghanistans durch die Russen,
– die Probleme eines gerechten Friedens im Nahen Osten,
– das Ölproblem, in dem allerlei Brisantes stecken kann,
– die Militärdiktaturen, die die Menschenrechte mit Füßen treten,
– der Hunger in weiten Teilen von Afrika und Asien, den wir allerdings wegen des Gerangels um die Olympiade fast vergessen.

Es gibt Länder, wo man per Stacheldraht miteinander telefoniert.

Man liest wieder von «Ultimaten» und sogar von militärischen Aktionen. Nach einer Umfrage halten 60 Prozent der Bundesdeutschen einen Dritten Weltkrieg für möglich oder wahrscheinlich. Die Hälfte der Engländer glaubt nicht mehr daran, daß sich ein Nuklearkrieg vermeiden läßt. Man soll solchen Umfragen nicht zu große Bedeutung beimessen. Aber man sollte doch darüber nachdenken. Kriege entstehen nie einfach, weil es gute und böse Menschen gibt. Sonst hätten wir vermutlich in der Schweiz ständig Krieg. Kriege entstehen aus objektiven Ungleichheiten und vor allem aus Ungerechtigkeiten. Und in diese Ungerechtigkeiten sind wir selbst auch mit verwickelt.

Auf dieser Welt gibt es mehr Hungrige als Satte. Und wir im industrialisierten Westen kämpfen gleichzeitig gegen Überschüsse an Nahrungsmitteln und gegen überschüssige Kilos unserer fetten Bäuche! Und während wir am Fernsehen Schokolade essen und Bier trinken, sehen wir aus Südostasien und Afrika die erschütternden Bilder von hungernden Menschen und ausgemergelten Kindern. Um zu merken, daß hier etwas nicht stimmt, muß man nicht Bundesrat sein.

Und daß sich unser Leben nicht mehr allein im eigenen Garten abspielt, erleben wir ja fast täglich. Überall gibt es multinationale Konzerne. Banken, Versicherungen arbeiten eng international zusammen. Auf ihren Chefetagen werden Dinge entschieden, die uns alle betreffen, losgelöst von jeder Kontrolle. Nationale Regierungen haben hier nichts zu sagen.

Wir kapitulieren heute viel zu schnell vor unserer eigenen Ohnmacht. Wir nehmen Ungerechtigkeiten um uns herum einfach in Kauf. Auch hier könnten wir von den Pionieren der Arbeiterbewegung lernen. Die ersten Gewerkschaften hatten noch keine Autos, keine Flugzeuge, oft nicht einmal Eisenbahnen. Aber die dachten internationaler und empfanden auch über die Grenzen hinweg eine echte Solidarität mit denen, die unter Unterdrückung und Ungerechtigkeit gelitten haben. Und sie haben mit ihren internationalen Zusammenschlüssen und mit ihrer ganzen moralischen Kraft auch dagegen gekämpft.

Wir sollten es auch heute lauter hinausschreien. Wir sollten uns zu Aktionen bereitfinden, wenn Hungersnöte und Kriege die Menschen plagen. Jedenfalls haben wir es uns bis jetzt nach jedem Krieg, selbst nach Vietnam, geschworen: Nie mehr dürfen Macht und Profit die Menschenrechte außer Kraft setzen! Wir müssen uns dagegen auflehnen. Wir müssen auch die Regierungen zwingen, es zu tun.

Wir hätten viele Gründe, liebe Genossinnen und Genossen, an das Feuer zu erinnern, das die Gründer beseelt hat. Die standen auch vor gewaltigen Schwierigkeiten. Die Unternehmer waren mächtig. Von den Arbeitern konnte mancher kaum lesen. Es gab weder Radio noch Fernsehen. Es gab nur die Versammlungen. Aber die besuchten sie. Und dort redeten sie nicht nur. Sie handelten auch. Sie praktizierten die Solidarität. Und zwar weltweite Solidarität. Das Unrecht eines Flüchtlings, eines Hungernden, eines Unterdrückten empfanden sie als *ihr* Unrecht. Und sie kämpften!

Kriege entstehen nie einfach, weil es gute und böse Menschen gibt. Sonst hätten wir vermutlich in der Schweiz ständig Krieg. Kriege entstehen aus objektiven Ungleichheiten und vor allem aus Ungerechtigkeiten. Und in diese Ungerechtigkeiten sind wir selbst auch mit verwickelt.

Arbeiter im Weinberg des Herrn

13. OKTOBER 1980

Am Bankiertag in Zürich redet Willi Ritschard den Bankiers ins Gewissen: «Geordnete Bundesfinanzen brauchen Opfer auch von Ihnen!»

Als Finanzminister habe ich auch mit Geld zu tun. Eine Art Seelenverwandschaft zwischen den Bankiers und mir müßte deshalb bestehen. Aber ein Mann mit einer ausgewiesenen Neigung zu eher tiefen Hypothekarzinsen und zu gewissen neuen Steuern ist wahrscheinlich nicht gerade der Traumreferent für eine Bankiertagung. Vermutlich ist Ihr Verhältnis zu diesem Finanzminister am ehesten mit dem frommen Spruch: «Lobet den Herrn, aber haltet ihn fern» umschrieben, wenn man den «Herrn» nicht wörtlich nimmt. Ein Finanzminister, der wegen der Löcher in seiner Kasse vor dem Bankschalter steht, ist nicht der «Herr». «Wer borgt, wird der Knecht dessen, der gibt», sagt ein holländisches Sprichwort.

Aber Sie sehen es wahrscheinlich schon richtig. Sie und ich betrachten die politische Landschaft nicht aus dem gleichen Blickwinkel. Es ergeben sich deshalb sicher unterschiedliche Bilder von der Wirklichkeit und auch von den Möglichkeiten, diese zu verändern. Ich werde bewußt aus meiner Sicht und von meinen Problemen sprechen und dabei versuchen, Ihnen verständlich zu machen, daß meine Probleme auch die Ihren sind.

Als Finanzminister und als Mitglied einer Partei, die den Staat als wichtigen Ordnungsfaktor akzeptiert, halte ich die Schwierigkeiten der öffentlichen Finanzen für ein Schlüsselproblem unserer Gesellschaft. Sie sind es um so mehr, als sie das Funktionieren unseres Staatswesens je länger, je grundsätzlicher in Frage stellen.

Viele von Ihnen, meine Damen und Herren, werden sich von den Schwierigkeiten des Hauptkassiers der Nation kaum zu Tränen rühren lassen. Und manch einer hält wahrscheinlich diese Schwierigkeiten gar für heilsam. Er erhofft sich davon einen Abbau an Staatstätigkeit und als Folge davon eine kleinere Steuerrechnung. Ich bin überzeugt, daß das eine falsche Sicht ist, die auf die Dauer nachteilige Wirkungen haben muß. Die öffentlichen Finanzen bilden gewissermaßen das Scharnier zwischen Staat und Wirtschaft. Wenn sie aus dem Gleichgewicht geraten, so ist davon nicht nur der Staat betroffen. Solche Krisen der Staatsfinanzen zeigen vielmehr, daß etwas im Verhältnis zwischen Staat und Wirtschaft nicht mehr stimmt. Wenn es während Jahren nicht gelingt, die öffentlichen Finanzen auf politischem Wege wiederum ins Lot zu bringen, so kündet sich

Wenn es während Jahren nicht gelingt, die öffentlichen Finanzen auf politischem Wege wiederum ins Lot zu bringen, so kündet sich damit eine Krise der Gesellschaft an.

damit eine Krise der Gesellschaft an. Und eine solche Krise zu verhindern, dürfte auch ein zentrales Interesse der Wirtschaft sein.

In einer gesunden Gesellschaft sollten – wie in einer guten Ehe – die Finanzen ohnehin nicht das Schlüsselproblem bilden. Natürlich ist es überall wichtig, daß die Kasse stimmt. Aber es ist nicht der Hauptzweck eines öffentlichen Gemeinwesens, eine Kasse zu führen. Hauptaufgabe ist die «Förderung der gemeinsamen Wohlfahrt», wie es in Artikel 2 der Bundesverfassung heißt. Die Finanzen sind nicht der Zweck, sie sind ein Mittel der Politik.

Aus diesem Grund ist es auch nicht gut, daß wir in diesem Land bald seit Jahrzehnten vorwiegend über die Finanzen diskutieren müssen. Wir laufen so Gefahr, daß wir von den echten Zukunftsaufgaben abgelenkt werden. Wir betrachten mehr und mehr auch langfristige Probleme nur noch aus der Optik, die kurzfristig für die Kasse günstig erscheint. Aber gerade diese Optik kann sich in vielen Fällen auf lange Sicht als die falsche erweisen. Der Politiker ist ein Arbeiter im Weinberg des Herrn. Er muß sich mit den nächsten Jahrgängen beschäftigen und nicht mit dem, den er bereits verkauft hat.

Die Geschichte der Bundesfinanzen wäre ein abendfüllendes Thema. Ungezählte Expertenberichte, Botschaften, Kommissionsprotokolle, Finanzvorlagen, Finanzpläne, Sparpakete und anderes mehr modern im Keller des Finanzdepartementes. Gelegentlich scheint es – und wahrscheinlich ist es auch weitgehend so –, daß über die Bundesfinanzpolitik alles gesagt worden ist und man fast jeden Gedanken als Wiederholung empfinden muß.

Seit 1950 haben wir insgesamt dreizehnmal über Finanzvorlagen des Bundes abgestimmt. Im Mittel alle drei Jahre einmal. Sieben dieser dreizehn Vorlagen hat das Volk verworfen. Zugestimmt hat es jeweils nur, wenn neue oder höhere Steuern mit spürbaren Entlastungen auf andern Abgaben verbunden waren. Was ist das Resultat dieser Entwicklung?

Der Bund hat keine klare Finanzordnung, auf die man harmonisch Fortsetzungen aufbauen könnte und die auch ein einfacher Bürger versteht. Was in Kantonen und Gemeinden für den Normalbürger in lesbaren Steuergesetzen und -reglementen festgelegt ist, findet sich beim Bund zum Teil in Stein gemeißelt in der Verfassung; aber auch hier nicht alles am gleichen Ort und keineswegs systematisch geordnet. Manches ist als Notbehelf entstanden, als Übergangsbestimmung oder auch nur auf der Ebene bundesrätlicher Verordnungen geregelt. Fast nur Spezialisten finden sich da noch zurecht. Und der Finanzminister kann sich kaum zu ihnen zählen.

Darüber hinaus besteht das, was wir als «Finanzordnung» bezeichnen, zur Hauptsache aus befristeten Bestimmungen. Provisorien sind zum roten Faden der schweizerischen Finanzpolitik geworden. Offenbar leben wir in unserem Land in der Hoffnung, daß der Bund eines Tages überhaupt keine Steuern mehr braucht. Oder dann sind wir – vielleicht ohne es zu wissen – klassische Anarchisten, die auf die Abschaffung des Staates hinarbeiten und es deshalb für überflüssig halten, ihm seine Einnahmen dauerhaft zuzusichern.

Es ist nicht der Hauptzweck eines öffentlichen Gemeinwesens, eine Kasse zu führen. Hauptaufgabe ist die «Förderung der gemeinsamen Wohlfahrt», wie es in Artikel 2 der Bundesverfassung heißt.

Offenbar leben wir in unserem Land in der Hoffnung, daß der Bund eines Tages überhaupt keine Steuern mehr braucht. Oder dann sind wir – vielleicht ohne es zu wissen – klassische Anarchisten, die auf die Abschaffung des Staates hinarbeiten und es deshalb für überflüssig halten, ihm seine Einnahmen dauerhaft zuzusichern.

Nachdem eigentliche Finanzreformen in den fünfziger Jahren gescheitert waren, sind wir in der Finanzpolitik bescheiden geworden. Wir versuchen keine «großen Würfe» mehr. Pragmatismus ist Trumpf. Wir nehmen zwar – wie meistens in diesem Land – lange Anläufe, aber wir machen dann doch nur kleine Sprünge. Das muß keine Untugend sein. Im Gegenteil. Aber es ist dadurch eben eine recht unübersichtliche Finanzverfassung entstanden, die das Mißtrauen des Volkes in Steuerfragen zusätzlich nährt und auch immer wieder zu den negativen Volksentscheiden beiträgt. Es ist beinahe ein Teufelskreis: Wir können fast nur noch Flickwerk machen, und gerade dieses Flickwerk wird dann zur Referendumsfalle. Es stimmt eben die alte Wahrheit, wonach Politik der vergebliche Versuch ist, jene Konflikte zu beseitigen, die sie selber geschaffen hat.

Ich will aber nicht diese Vielfalt der Finanzordnung verdammen. Ich möchte damit nur erklären, weshalb wir zur Sanierung der Bundesfinanzen nicht einfach irgendeine Steuererhöhung vorschlagen können. Wir sind zum Beispiel gezwungen, mit der neuen Vorlage die «kalte Progression» bei der Wehrsteuer zu beseitigen, wie es die Verfassung vorschreibt. Und zur Kompensation müssen wir die Sätze der Warenumsatzsteuer erhöhen, soweit das noch möglich ist. Und den Rest der fehlenden Einnahmen können wir nur über neue Steuern zu beschaffen suchen, wie zum Beispiel bei den Treuhandanlagen der Banken.

Wie es um die Bundesfinanzen steht, dürfte den Bankiers im allgemeinen bekannt sein. Weniger geläufig ist, wieso der Bund in diese Lage geraten ist. Und dieses Nichtwissen führt dann auch laufend zu negativen Urteilen über die Bundesbehörden. Schuldig ist ja meistens das Opfer. Wir müssen in der Finanzpolitik gegen Mißtrauen und vor allem gegen Vorurteile des Bürgers ankämpfen. Und Vorurteile sind meist Irrtümer, die Wurzeln geschlagen haben. Sie lassen sich nur schwer beseitigen. Es gibt ja genug zahlungskräftige Eidgenossen und Interessengruppen, die sich liebevoll bemühen, diese Vorurteile in täglicher Wiederholung zu verfestigen.

Es ist nicht so, daß in der Verwaltung und im Bundeshaus der Sparwille fehlt. Die Schweiz wird zuverlässig, unbestechlich und billig verwaltet, wie jeder Vergleich mit vergleichbaren Staaten zeigt. Unseren Behörden kann man nicht Verschwendungssucht vorwerfen. Das Loch in der Bundeskasse ist nicht das Ergebnis einer liederlich verbrachten Nacht. Es ist vielmehr die Folge davon, daß man dem Bund – vor allem seit den sechziger Jahren – laufend neue Aufgaben aufgebürdet hat, ohne gleichzeitig auch die Finanzierung sicherzustellen. Das überproportionale Ansteigen der Staatsausgaben erklärt sich damit, daß ein starkes wirtschaftliches Wachstum, wie wir es in den letzten Jahrzehnten verzeichneten, mit wachsenden sozialen Kosten erkauft werden muß. Wer vorschnell die steigende Staatsquote als Grundübel verdammt, vergißt, daß das Gemeinwesen zu einem guten Teil für die Voraussetzungs- und Folgekosten der privaten Produktion aufzukommen hat.

Ohne den aufwendigen Ausbau der staatlichen Infrastruktur wäre das Wirtschaftswachstum der letzten Jahrzehnte nicht möglich ge-

Das überproportionale Ansteigen der Staatsausgaben erklärt sich damit, daß ein starkes wirtschaftliches Wachstum, wie wir es in den letzten Jahrzehnten verzeichneten, mit wachsenden sozialen Kosten erkauft werden muß.

Ohne den aufwendigen Ausbau der staatlichen Infrastruktur wäre das Wirtschaftswachstum der letzten Jahrzehnte nicht möglich gewesen. Und dieses wenig kontrollierte Wachstum hat manche Fehlentwicklung hervorgebracht, deren Folgen den Staat heute schwer belasten.

wesen. Und dieses wenig kontrollierte Wachstum hat manche Fehlentwicklung hervorgebracht, deren Folgen den Staat heute schwer belasten. Ich erinnere an die Probleme des Umweltschutzes, die Entvölkerung der Bergregionen, die Ballungsprobleme in den großen Agglomerationen und an die Motorisierung. Diese Entwicklungen haben nach Raumplanungs-, Wohnbauförderungs- und vielen anderen Maßnahmen gerufen, die der Staat ergreifen mußte. Denken Sie auch an Streß und Überbelastung der Menschen im heutigen Produktionsprozeß, deren Folgen sich in den Gesundheitsausgaben des Staates niederschlagen. Auch der Trend zur Kleinfamilie wird durch die Wirtschaft gefördert. Das Altersproblem muß öffentlich gelöst werden. Ebenso die Probleme der Invaliden und andern Benachteiligten.

Die zunehmende Staatstätigkeit seit den sechziger Jahren hat mit kalter Sozialisierung nichts zu tun, auch nicht mit Parteiprogrammen. Das Volk bestimmt in unserer Form von Demokratie, was es für nötig hält. Und die neuen Staatsaufgaben waren nötig. Leider hat man zu spät daran gedacht, daß auch Staatsausgaben nicht erst im Himmel zahlbar werden.

Für die heutige Finanzlage des Bundes ist namentlich die Tatsache von Bedeutung, daß erhebliche Neu- und Mehrbelastungen beschlossen worden sind, ohne daß gleichzeitig für Deckung gesorgt wurde. Einzig für den Ausbau der Nationalstraßen ist die Finanzierung sichergestellt worden.

Die Aufwendungen des Bundes für AHV und IV waren bis ungefähr 1972 mit zweckgebundenen Einnahmen aus Tabak- und Alkoholbelastung einigermaßen gedeckt. Heute übersteigen diese Aufwendungen von insgesamt 2,1 Milliarden Franken die zweckgebundenen Einnahmen von rund 700 Millionen um ganze 1,4 Milliarden. Dieses Geld muß nun aus allgemeinen Steuereinnahmen oder eben durch Verschuldung erbracht werden.

Auch die Mehrbelastung bei den Bahnen muß voll aus der allgemeinen Bundeskasse finanziert werden. Bei der Milchrechnung ist die Belastung der allgemeinen Bundeskasse von 1970 bis 1979 um über 340 Millionen angewachsen. Und auch für die wegen der Verschuldung stark gewachsene Zinsbelastung konnte der Bund nie entsprechende Mehreinnahmen verlangen.

Besonders kennzeichnend für die heutige Lage des Bundeshaushaltes ist die beträchtliche Zunahme der sogenannten Überweisungen an andere Haushalte, das heißt an Kantone und Gemeinden, an Dritte, aber auch an andere Institutionen des Bundes wie die AHV oder die SBB. Diese Transferausgaben machten im Jahre 1960 noch 40 Prozent der Ausgaben aus. Heute sind es 65 Prozent. Für die angestammten bundeseigenen Aufgaben stehen dem Bund heute also nur noch 35 Prozent seines Budgets zur Verfügung.

Die Folgen dieser Entwicklung zu einem Transferhaushalt sind:
– die Verschiebung der Verantwortlichkeiten,
– die Förderung der Illusion, der Bund könne das Geld für die vielen von ihm geförderten Werke beim lieben Gott holen,
– die Gefahr der Überforderung, weil die Dinge zu weit weg sind

vom Bürger und weil ein bedarfsgerechter und gezielter Einsatz der Mittel nicht immer gewährleistet ist.

Aus all diesen Gründen müssen wir den Transferhaushalt zurückbilden. Doch man kann eine fast dreißigjährige Entwicklung nicht einfach plötzlich rückgängig machen. Die Schweiz ist nicht eine Maschine, sondern etwas Lebendiges. Wer sich die alten Zeiten einfach so herbeizaubern möchte, muß wissen, daß er damit auch die alten Probleme wiederbelebt.

Es ist richtig, daß auch die Einnahmen des Bundes zugenommen haben. Sie sind aber nie stärker gewachsen als die Gesamtwirtschaft, also wesentlich langsamer als die Ausgaben. Wir haben auch Einnahmen verloren: Durch den integrationsbedingten Zollabbau entgehen dem Bund pro Jahr rund 2 Milliarden Franken.

Sparanstrengungen sind immer wieder unternommen worden. Seit 1975 konnten die Ausgaben mit den verschiedenen Sparpaketen um rund 2 Milliarden Franken gesenkt werden. Es ist selbstverständlich, daß diese Sparanstrengungen weitergehen müssen. Sparen ist eine Daueraufgabe. Man darf aber nie vergessen, daß die Bundesausgaben zu annähernd 95 Prozent durch Verfassungsbestimmungen und Gesetze gebunden sind. Alle Änderungen in diesem gebundenen Bereich erfordern die Zustimmung des Volkes.

Das ist unser Problem. Das Volk sagt nicht nur nein zu den Steuervorlagen. Es will auch keinen Leistungsabbau. Für diese widersprüchliche Haltung gibt es einen Ausdruck, der in der Psychiatrie geläufig ist. In der Politik ist er unzulässig. Man hat die Menschen gern, weil man selber auch einer ist. Aber auch im Bundeshaushalt ist das Problem unlösbar, wachsende Verpflichtungen mit gleichbleibenden Einnahmen zu bezahlen. Auch der Bund kann nicht das gleiche Pferd zweimal verkaufen.

Wohin das Auseinanderklaffen der Einnahmen und der Ausgaben führt, zeigt die Entwicklung in den letzten Jahren. Seit 1971 schließen die Bundesrechnungen mit Defiziten ab, seit 1974 in Milliardenhöhe. In den letzten fünf Jahren allein haben wir die Schulden auf 18 Milliarden Franken verdoppelt. Bis in zwei Jahren werden wir jedes Jahr mehr als eine Milliarde Franken für die Verzinsung dieser Schulden aufwenden müssen. Im Voranschlag für das nächste Jahr machen die Schuldenzinsen bereits 980 Millionen Franken aus. Jeden Tag gibt der Bund 2,5 Millionen Franken für Zinsen aus. Jetzt schon machen wir jedes Jahr neue Schulden, damit wir die alten noch verzinsen können.

Über die Grenzen der Staatsverschuldung wird viel diskutiert. Es gibt dazu von Wissenschaftern errechnete Koeffizienten, die sich am Sozialprodukt, an den Gesamtausgaben und an andern Größen messen. Diese Mathematik führt aber nicht weiter. Man muß hier besser den Verstand zu Hilfe nehmen.

Die Bankgesellschaft hat das in ihrem März-Bulletin getan. «Die Verschuldung soll nicht inflationär wirken», steht hier. «Schulden sind nicht gerechtfertigt für Konsumzwecke, weil sie zu einem späteren Zeitpunkt Steuererhöhungen notwendig machen.» Das ist die Sprache der Vernunft.

Der Bürger muß wissen, daß staatliche Subventionen und Kantonsanteile nicht einfach an seltenen Bäumen wachsen.

Staaten machen Inflation: Sie machen aus gutem Geld, das ihnen einmal vertrauensvoll übergeben worden ist, schlechtes Geld. Geprellt werden letztlich die Sparer und die wirtschaftlich Schwachen.

Die «Drei Weisen» haben in ihrem letzten Gutachten zur Staatsverschuldung festgehalten, es sei falsch, die Zinsausgaben als üble Verschwendung zu bezeichnen. Man dürfe nicht vergessen, daß die Aufnahme von Geld, solange dieses zur Finanzierung sinnvoller Investitionen diene, Ausgaben wegnehmen helfe, die das wirtschaftliche Wachstum stimulieren. Auch das kann man unterschreiben.

Das letztjährige Rechnungsdefizit des Bundes, das mit Schulden zu decken war, betrug 1,7 Milliarden. Aber wir brauchen fremdes Geld zur Hauptsache nicht zur Bezahlung von produktiven Investitionen, sondern zur Deckung von laufenden Ausgaben. Auch das wäre zu verantworten, wenn wir in einer wirtschaftlichen Rezession stecken würden. Aber wir befinden uns in einer normalen Phase, soweit es das überhaupt noch gibt. Jedenfalls haben wir eine vollbeschäftigte Wirtschaft und leben im Frieden. Und in normalen Zeiten sollten wir nicht Schulden machen, sondern die alte Weisheit beherzigen können: «Spare in der Zeit, so hast du in der Not.»

Neben den wirtschaftlichen Folgen dieser Schuldenwirtschaft muß man vor allem auch die politischen Folgen bedenken. Schulden erzeugen Illusionen. Wenn der Bund fremdes Geld direkt in den Konsum leitet, nährt er damit die gefährliche Illusion, der Staat könne sich mehr leisten und er könne mehr verteilen, als er hat. Diese Illusion hat vor allem die verhängnisvolle Wirkung, daß der Bürger nicht mehr mit den vollen Kosten der öffentlichen Leistungen, die er beansprucht, konfrontiert ist. Die Schulden haben für ihn – vorläufig – noch keine direkten Auswirkungen. Er spürt sie nicht.

Dabei muß der Bürger aber wissen, was die Hochschulen, was die Armee, was die soziale Wohlfahrt kosten. Der Bürger muß wissen, daß staatliche Subventionen und Kantonsanteile nicht einfach an seltenen Bäumen wachsen. Nur wenn der Bürger weiß und es auch spürt, daß der Staat alles, was er ausgibt, ihm, dem Bürger, vorher in irgendeiner Form abnehmen muß, nur dann kann er als Stimmbürger in unserer Demokratie sachgerecht darüber entscheiden, ob der Staat mit seinen Ausgaben auch wirklich echte Bedürfnisse deckt. Und nur dann kann er gültig beurteilen, ob er bereit ist, zur Deckung dieser Bedürfnisse mit seinem Geld aufzukommen.

Wenn wir heute einen Zehntel von dem, was wir ausgeben, mit Schulden decken, hindern wir den Bürger daran, sich ein richtiges Urteil über diese Frage zu bilden. So belasten wir leicht – zu leicht – kommende Generationen mit den Kosten eines Bedarfs, von dem unsere Kinder nichts mehr haben werden, weil er eben schon konsumiert ist. Und unsere Kinder können dereinst nicht die Belastungen abschütteln, obschon sie möglicherweise zum Schluß kommen, daß wir mit fremdem Geld Dinge bezahlt haben, die diese spätere Generation nicht mehr als echte Bedürfnisse erkennen kann.

Schulden machen ist für den Staat nicht schwer. Es kommt selten vor, daß ein Staat Pleite macht. Das überläßt er normalerweise seinen Bürgern. Aber Staaten machen Inflation. Sie machen aus gutem Geld, das ihnen einmal vertrauensvoll übergeben worden ist, schlechtes Geld. Geprellt werden letztlich die Sparer und die wirtschaftlich Schwachen. Der Staat entschuldet sich auf dem Buckel der

Sparer und Rentner. Auf dem Buckel jener, die nicht in Sachwerte ausweichen können, um sich gegen die Inflation zu schützen. Inflation ist die unsozialste Art, öffentliche Leistungen zu finanzieren.

Aber dabei bleibt es nicht. Die zunehmende Verschuldung hat weitere politische Konsequenzen, die sich langfristig sehr negativ auswirken können. Je höher die Zinsausgaben steigen, desto mehr geht den Behörden Handlungsspielraum verloren. Der Bund kann schon heute Aufgaben nicht mehr übernehmen, die nur er erfüllen

Ich weiß, daß ich wenig Rückenwind habe. Aber das Leben zwingt einen halt gelegentlich auch zu freiwilligen Handlungen. Mutig ist, wer handelt, auch wenn er Angst hat.

kann und die er nach allgemeiner Auffassung auch erfüllen müßte. Er wird so in den Augen seiner Bürger immer unglaubwürdiger. Er liefert extremen Gruppierungen Sprengstoff, um diesen handlungsunfähigen Staat zu unterminieren. «Dieser Staat ist unfähig», argumentieren sie. Und so kommt es dann, daß in Zürich die Aufforderung herumgetragen wird, es sei «aus diesem Staat Gurkensalat» zu machen. Wer sich zum Schaf macht, den fressen eben die Wölfe. Wir sollten versuchen, dieser Gefahr gemeinsam zu begegnen.

Das Konzept zur Sanierung der Bundesfinanzen ist Ihnen bekannt: Das Parlament hat es mit den Legislaturzielen in diesem Frühling grundsätzlich akzeptiert:
- Wir haben zuerst in der Kompetenz des Bundesrates in mühseligen Sitzungen die Ausgaben des Finanzplanes 1981–1983 um eine Milliarde pro Jahr zusammengestrichen.
- Nachher hat das Parlament auf unseren Antrag ein Sparpaket verabschiedet, das über Verfassungs- und Gesetzesänderungen zwischen 700 und 800 Millionen Franken pro Jahr einsparen soll.
- Für die auch nach diesen Einsparungen noch fehlende Milliarde sieht der vom Parlament genehmigte Finanzplan neue Einnahmen vor: die Warenumsatzsteuer auf Energieträgern; eine Schwerverkehrsabgabe, die der Ständerat jetzt vorläufig eingesargt hat; die Erhöhung der Wust in der neuen Finanzordnung, auch um die vorge-

Unser Land und seine politische Stabilität bilden doch wohl den Humus, in dem das Bankengeschäft ganzjährig blüht und gedeiht. In einem finanziell zerrütteten Staat hat man auch zu den Banken kein Vertrauen.

sehene Beseitigung der «kalten Progression» und die höheren Abzüge zu kompensieren; die Ausdehnung der Verrechnungssteuer auf die Treuhandzinsen.

Auf die Blütenpracht dieser Planung ist aber bereits viel Rauhreif gefallen. Die Reaktionen auf das Konzept sind wenig hoffnungsvoll. Eine Organisation nach der andern meldet Sonderwünsche. Von allen Seiten drohen gesenkte Hörner. Auch die Bankiers läuten diesmal Sturm und schließen ihre Schalter, wenn sie von der Besteuerung der Treuhandzinsen hören. Schon bevor sie beschlossen ist, finanzieren sie mit teurem Geld die Kampagne gegen diese neue Abgabe. Großzügig, wie sie sind, bieten sie aber eine Alternative an. Man solle den Konsum stärker belasten, fordern sie. So einfach ist das. Der Gewerbeverband wird die Bankiervereinigung sicher zum Ehrenmitglied machen.

Mancher glaubt, man könne im Bundesbudget Milliarden einfach sparen oder sonstwie streichen. Andere sehen Hoffnungen in der Neuverteilung der Aufgaben zwischen Bund und Kantonen. Das sind naheliegende Gedanken. Aber ich habe es bereits gesagt: Fast 95 Prozent der Bundesausgaben sind durch Gesetze gebunden. Und wenn man Milliarden sparen will, muß man Volksmehrheiten für gewaltige Kürzungen bei den Hochschulen, der Forschung, bei der Sozialpolitik, bei den Militär- oder bei den Ausgaben für die Landwirtschaft finden. Nur hier lassen sich Milliarden sparen, indem man Aufgaben nicht mehr oder nur noch teilweise erfüllt.

Ich halte das für unmöglich. Der Bund ist kein Stahlmöbel. Er ist ein lebender Organismus, bestehend aus Bürgern, Gemeinden und Kantonen, die über viele Kanäle mit ihm verbunden sind. Wenn man sich hier in Kahlschlägen versucht, wird man wahrscheinlich dafür nicht nur keine Volksmehrheiten finden. Es müßten sich dann auch 26 Kantone und über 3000 Gemeinden arrangieren und ihrerseits Aufgaben übernehmen, die jetzt der Bund bezahlt.

Der Bund kann sich nie einfach auf dem Buckel der Kantone sanieren. Die meisten seiner Aufgaben müssen so oder so erfüllt werden. Die Finanzprobleme würden einfach auf eine andere Stufe verlagert. Das ist nur für ganz besondere Fälle eine Lösung, wie sich jetzt in den Diskussionen über die Aufgabenteilung deutlich zeigt.

Bankiers denken in allgemeinen politisch, oder sie sollten es jedenfalls tun. Politisch denken heißt aber, auch dann Verständnis für den Staat und seine Funktionen aufbringen, wenn es etwas kostet. Und die Bankiers müßten eigentlich die ersten sein, die an einem gut funktionierenden Staat und an gesunden Staatsfinanzen interessiert sind. Unser Land und seine politische Stabilität bilden doch wohl den Humus, in dem das Bankengeschäft ganzjährig blüht und gedeiht. In einem finanziell zerrütteten Staat hat man auch zu den Banken kein Vertrauen.

Aber Sie werden wahrscheinlich den Zusammenhang zwischen Staatsfinanzen und wirtschaftlicher Prosperität anders bewerten als ich. Der politische Schlachtruf «Weniger Staat gleich mehr Freiheit» klingt für Ihre Ohren eher wie Engelsmusik als mein Ruf nach gesunden Staatsfinanzen und weniger Schulden. Aber der Traum von der Freiheit des Unternehmers in einer reinen Konkurrenzwirtschaft mit Nachtwächterstaat ist unter den heutigen Bedingungen ebenso nostalgisch und realitätsfremd wie der Traum der Blumenkinder von der Freiheit in einer klassenlosen Gesellschaft.

Gewiß, die Bürokratisierung der Staatstätigkeit, die Freiheitsbedrohung durch anonyme Apparate, die juristische Reglementiererei durch den Verordnungsstaat sind gefährliche Tendenzen. Und die Alarmsignale, die von seiten der Wirtschaft, aber auch etwa durch die Jugendbewegung gesetzt werden, haben wir als Politiker sehr ernst zu nehmen. Aber die Antwort «weniger Staat» ist anachronistisch und löst die Probleme nicht. Die heutigen Machtballungen in der Wirtschaft, die Konzernbildung, die Kartellierung der Märkte und die Eigentumsverhältnisse im Wohnbausektor nehmen dem einzelnen viel mehr Freiheit, als dies der Staat je tun könnte.

Und eines sollte man auch bedenken: Eine Marktwirtschaft, für die der Wettbewerb nicht nur Ideologie bedeutet, ist auf einen starken und leistungsfähigen Staat angewiesen. Die Marktwirtschaft kann nur als soziale Marktwirtschaft überleben. Und dazu braucht sie einen handlungsfähigen Staat. Gesunde Finanzen sind eine entscheidende Voraussetzung dazu.

Ich wäre ein schlechter Finanzminister, wenn ich die Lage der Bundesfinanzen und deren Sanierung nicht nüchtern und ohne Vorurteile betrachten würde. Ich weiß, daß ich wenig Rückenwind habe. Aber das Leben zwingt einen halt gelegentlich auch zu freiwilligen Handlungen. Mutig ist, wer handelt, auch wenn er Angst hat. Ich kann nur versuchen, die Konsequenzen, wie ich sie sehe, aufzuzeigen.

Die beste Methode, den Bund zu lähmen und ihn unglaubwürdig zu machen, ist die Fortsetzung der heutigen Schuldenwirtschaft. Parteien, Verbände und unser Volk müssen jedenfalls diese Konsequenz sehen, wenn es nicht gelingt, die Bundesfinanzen zu sanieren. Wir werden dann nicht nur weiterhin mehr ausgeben als einnehmen. Unsere Schulden werden progressiv zunehmen, weil sich die Staatstätigkeit nicht einfach durch die Abdrosselung der Einnahmen stillegen läßt.

Die Sanierung des Bundeshaushaltes ist die Voraussetzung dafür, daß wir uns überhaupt wieder ohne Zwangslage über Finanzen und Staatsaufgaben unterhalten können. Vor einer leeren Staatskasse bleibt fast alles, was wir über die Zukunft unseres Landes diskutieren, graue Theorie. Ich werde immer dafür eintreten, daß man beim Bund spart. Aber wir wollen ihn nicht nach und nach von seinen sozialen und von andern lebenswichtigen Aufgaben «befreien». Wir wollen ihn auf eine gesunde finanzielle Basis stellen, die es wieder erlaubt, über Staatsaufgaben nicht nur platonisch zu reden.

Die Ordnung der Finanzen ist nicht Politik an sich. Geordnete Finanzen sind aber eine entscheidende Voraussetzung, um überhaupt Politik machen zu können. Mit geordneten Finanzen müssen wir diesen Staat für den Bürger wieder glaubhaft machen. Und das braucht Opfer von allen Seiten; vom Bürger, von der Wirtschaft, auch von Ihnen!

Die Antwort «weniger Staat» ist anachronistisch und löst die Probleme nicht. Die heutigen Machtballungen in der Wirtschaft, die Konzernbildung, die Kartellierung der Märkte und die Eigentumsverhältnisse im Wohnbausektor nehmen dem einzelnen viel mehr Freiheit, als dies der Staat je tun könnte.

Wir müssen uns fragen, warum dies geschah, gopffriedstutz!

18. OKTOBER 1980

In einem «Blick»-Interview sagt Willi Ritschard, was er zu den Jugendunruhen denkt. Er verzichtet dabei auf jede bundesrätliche Zurückhaltung und setzt seine Glaubwürdigkeit voll dafür ein, die Bürger zum Nachdenken zu provozieren.

Ritschard über sich selbst

«Ich bin auf dem Land aufgewachsen und wohne immer noch in einer Gemeinde von weniger als 3000 Einwohnern. So kann ich mich schlecht in einen Jugendlichen hineindenken, der sein ganzes bisheriges Leben in einer größeren Stadt verbracht hat.»

Was Ritschard nicht will

«Ich bin weder berufen noch legitimiert und will es auch ängstlich verhüten, die Behörden von Zürich oder sonst einer Stadt zu kritisieren. Sie kennen die Probleme. Ich bin auch sicher, daß sie mit ehrlichem Bemühen das Richtige zu tun versuchen, auch wenn es gelegentlich als das Falsche empfunden werden mag und es im Einzelfall auch ist.»

Was Ritschard verhüten möchte

«Diese Jugendunruhen und vor allem die häßlichen Gewaltakte, die man nicht genug verurteilen kann, dürfen unter keinen Umständen bewirken, daß nun in der schweizerischen Öffentlichkeit eine unheilige Allianz gegen die politisch aktive Jugend entsteht. Ich klammere dabei die kleine Minderheit von Krawallbrüdern aus, deren Tun mit Politik nichts zu tun hat.»

Ritschard über die «schweigende Mehrheit der Jugendlichen»

«Aber man kann nicht kommen und die ‹schweigende Mehrheit der Jugendlichen› nun einfach jenen gegenüberstellen, die demonstrieren und etwas anderes wollen. Politik machen immer die politisch Aktiven; das ist auch bei Erwachsenen so. Auch hier gibt es leider zu viele Schweigende.»

Ritschard über die Ereignisse in den Städten

«Ich weigere mich, die Ereignisse in den Städten als Anfang des Weltuntergangs anzusehen. Es wird da offensichtlich von allen Seiten auch zu viel hineingelesen.»

Ritschard über die Politiker

«Ich muß mir selber auch auf meine haarige Bauernbrust klopfen.

Man kann nicht kommen und die «schweigende Mehrheit der Jugendlichen» nun einfach jenen gegenüberstellen, die demonstrieren und etwas anderes wollen. Politik machen immer die politisch Aktiven; das ist auch bei Erwachsenen so. Auch hier gibt es leider zu viele Schweigende.

Ich weigere mich, die Ereignisse in den Städten als Anfang des Weltuntergangs anzusehen.

Aber man fragt in der Politik vielleicht viel zu wenig, wie die Jugend ist und warum sie so geworden ist. Man diskutiert fast immer nur, wie sie sein sollte. Die Jungen machen es natürlich mit uns Erwachsenen nicht besser. Aber das ist kein Alibi. Denn nicht die Jungen haben uns großgezogen, sondern wir sie.»

Ritschard über den «Geist des Eigennutzes»
«Diese Rebellion der Jugend und ihr ‹Aussteigen› aus der Gesellschaft wären wohl nicht möglich, wenn sich diese Jugend in eine Gemeinschaft eingebettet fühlen könnte. Wenn sie also Teil eines solidarischen Ganzen wäre.

Ist es ihr Fehler, wenn es diese Gemeinschaft kaum mehr oder überhaupt nicht mehr gibt? Sind wir nicht eine Gesellschaft von Egoisten geworden, wo jeder nur seine eigenen Interessen verfolgt? Eine Gesellschaft, in der Zusammenschlüsse nur noch Interessengruppen sind, von denen jede die Bettdecke auf ihre Seite zu ziehen versucht?

Triumphiert nicht immer mehr ein kaum noch verhüllter Geist des Eigennutzes, dessen Konsequenz schließlich der Kampf aller gegen alle ist, der letztlich zur völligen Zersetzung und Auflösung der Gemeinschaft unseres Volkes führen könnte?»

Ritschard über die Schwachen
«In diesem Kampf aller gegen alle haben die Schwachen keine Chance. Und zu diesen Schwachen gehört auch die Jugend. Sie hat weder Geld noch Macht, ihre Wünsche durchzusetzen in einer kalten, vom Geld beherrschten Umwelt. Die Jugend hat so nur die Wahl, entweder zu resignieren, sich zu ducken und anzupassen oder eben aufzuschreien gegen Zustände, von denen sie glaubt, daß sie kaputtmachen.»

Ritschard über Demonstrationen
«Demonstrationen auf offener Straße waren seit jeher die Waffe der sich ohnmächtig und unterdrückt Fühlenden.»

Ritschard über die Bewilligungspflicht für Demonstrationen
«Es besteht eine Meldepflicht und nicht eigentlich eine Bewilligungspflicht. Und das scheint mir tolerabel zu sein. Die Bewilligungspflicht in Zürich habe vor allem verkehrspolitische Gründe, hat der Kommandant der Zürcher Stadtpolizei gesagt. Man wolle nicht, daß ein anderer Anlaß gestört oder der Verkehr lahmgelegt werde.

Es ist klar, daß man auch an jene denken muß, die nicht demonstrieren wollen. Auch sie haben ihre Freiheit, die sie geschützt haben wollen. Dies ist ein legitimes Bedürfnis.»

Ritschard über die «Gegengewalt» (Gewalt gegen Polizeiwillkür und Brutalität, gegen Behördenwillkür, wie die Jugendlichen sagen)
«Ich kann Gewalt durch nichts entschuldigen, und für mich wird das, was als ‹Gegengewalt› dargestellt wird, schon dadurch wider-

legt, daß Jugendliche meistens von ‹Bullen› sprechen, wenn sie einen Polizisten meinen. Man kann etwas gegen die Polizei haben, aber ein Polizist ist für mich ein Mensch, der einen Beruf hat und Pflichten, die er erfüllen muß.»

Ritschard über das böse Wort: «Ein Bulle ist keine Person, sondern eine Sache»
«Ich wehre mich mit aller Kraft dagegen, daß man Polizisten so betrachtet, das ist indiskutabel. Wobei man natürlich nur einen Fernsehkrimi anschauen muß: Dort ist der Polizist auch immer nur ein ‹Bulle›, wird von jeder Dirne und von jedem Liederian so bezeichnet – da muß man sich nicht wundern, wenn dieses Vokabular bei den Jungen Eingang gefunden hat.»

Ritschard über den Einsatz der Polizei
«Ich kann nicht beurteilen und will deshalb kein Urteil darüber abgeben, ob die Polizei in Zürich immer richtig gehandelt hat.
Ich habe als Energieminister die Demonstrationen der Kernkraftgegner miterlebt. Wenn ich mich an diese Bilder erinnere: auf der einen Seite zivil gekleidete Menschen und auf der anderen Seite eine kompakte Gruppe mit Helmen, Masken, Schilden und Knüppeln – das ist für einen Demokraten schon ein unglaublich ungewohnter Anblick.
Ich kann verstehen, daß diese Konfrontation Reaktionen auslöst, die dann zu Exzessen führen. Diese Polizeieinsätze sind immer eine heikle Gratwanderung.»

Ritschard zum Vorwurf der unmenschlichen Stadt
«Diesen Vorwurf kann man nicht einfach verneinen. In der Berner Innenstadt lebten 1920 noch fast 20 000 Menschen, heute sind es noch 4000. Was hat die Menschen und vor allem die Familien aus der Stadt vertrieben? Vielleicht die horrenden Mieten, die eine ‹normale› Familie nicht mehr aufbringen kann.
Liegt die menschenleere Stadt im Interesse der Allgemeinheit? Oder nur im Interesse einer kleinen Minderheit von Grund- und Hausbesitzern? Hat hier der Staat, hat die Gemeinschaft nicht gründlich versagt? Das Wohnraum fressende Krebsgeschwür frißt sich scheinbar unaufhaltsam weiter in alle Quartiere der Stadt hinein und vertreibt die Menschen.»

Ritschard über die Lebensqualität der Städte
«Die Zerstörung der Lebensqualität durch den motorisierten Verkehr, durch Lärm, Vergiftung der Atemluft, Zerschneiden der Lebensräume durch Autostraßen – die kann keiner bestreiten.
Warum hatten wir denn nicht den Mut, den Moloch Verkehr in die Schranken zu weisen und zu sagen, bis hierher und nicht weiter?
Muß denn alles, was technisch machbar ist, auch wirklich gemacht werden, auch wenn es die Menschen und ihr Zusammenleben kaputtmacht?»

Diese Rebellion der Jugend und ihr «Aussteigen» aus der Gesellschaft wären wohl nicht möglich, wenn sich diese Jugend in eine Gemeinschaft eingebettet fühlen könnte.

Wer wagt es zu bestreiten, daß unser Land bedrükkend stark vom Geld und Gelddenken beherrscht wird?

Ritschard über die Raum- und Wohnprobleme der Jungen
«Ich kenne persönlich einen Fall – ein Freund von mir, ein Maurer, hat drei Kinder. Die Familie lebte in einer Dreizimmerwohnung. Als die Jungen älter wurden, wurde es da unerträglich eng.

Also zogen die Jungen aus und fanden zuerst einen billigen ‹Schlag› in einem älteren Gebäude. Dann kaufte ein Spekulant das Gebäude, die Jungen mußten ausziehen, fortan wurden ihnen ‹Studios› und Attikawohnungen für 1000 oder 1200 Franken angeboten – illusorisch für sie.

Wenn Junge in solchen Fällen Glück haben und eine Bleibe finden, wohin sollen sie dann, wenn sie nicht immer allein sein wollen? Diskotheken kosten Geld, in eine Bar können sie auch nicht hocken, das kostet noch mehr. Dann ist es logisch, daß die Jungen auf die Idee kommen, so ein autonomes Zentrum zu verlangen, ein Ort, wo sie nicht dauernd anecken – aber dann geht auch das wieder nicht, aus tausend Gründen...

Man muß schon verstehen, wenn man die Enge betrachtet, in der Junge manchmal leben müssen, daß es sie hin und wieder ‹verjagt›.»

Ritschard über Sachzwänge
«Warum reden wir immer nur von Sachzwängen? Man könnte doch auch von Zwängen zur Menschlichkeit, von Menschenzwängen reden. Ich habe vorhin über das Problem der Wohnungen etwas gesagt und will das nicht wiederholen. Ich habe auch die Zerstörung von Lebensqualität durch den motorisierten Verkehr angesprochen. Also da geht auch mir das Messer auf im Sack.

Ein Beispiel: Wenn man die Menschen in gewissen Städten unter den Boden verdammt und den motorisierten Verkehr im freien Raum läßt, dann zeigt sich ein Denken, das nicht in erster Linie am Menschen Maß nimmt, sondern eben an diesen technischen ‹Sachzwängen›. Und darüber wird man viel nachdenken müssen.»

Ritschard über den Vorwurf «Ohne Geld geht nichts»
«Wer wagt es zu bestreiten, daß unser Land bedrückend stark vom Geld und Gelddenken beherrscht wird?»

Ritschard zum «schlechten Gewissen angesichts der Bahnhofstraße»
«Natürlich ist die Zerstörung von Schaufenstern undiskutabel und löst keine Probleme. Aber ich finde, daß es nicht unbedingt gegen einen jungen Menschen spricht, wenn ihn angesichts der Auslagen von sündig teuren Luxusgütern das schlechte Gewissen packt.

Wenn er etwa an die mindestens 500 Millionen Menschen denkt, die in den großen Armenhäusern der Welt hungern und in Lumpen gekleidet leben müssen... Es wäre arg, wenn die Jungen dafür kein Sensorium hätten.»

Ritschard über die staatliche «Gewalt»
«Das Ideal ist sicher, so viel persönliche Freiheit wie möglich und nicht mehr Reglementiererei als nötig zu schaffen. Aber wir können nicht Freiheiten gewähren, die auf Kosten der Freiheit der Mitmen-

schen gehen. In unserer komplizierten technisierten Umwelt ist ohne Reglemente und Verbote nicht auszukommen. Dennoch müssen wir uns davor hüten, alles reglementieren zu wollen.

Zum Beispiel sehe ich nicht ein, warum wir in der Stadt etwa Straßenmusikanten nicht mehr Freiräume gewähren sollen. Das gibt den Städten doch ein menschliches Gesicht.»

Ritschard über die Verbieterei
«Ich bin mit der Kritik der Jugend einverstanden. Wir haben des Guten zuviel getan. Wenn ich an die Gesetzes- und Verordnungssammlungen denke, an die langen Buchreihen, die da existieren, also dann graut mir gelegentlich auch.

Wir haben die Notwendigkeit für Gesetze und Verordnungen zu lange nur an der Minderzahl jener gemessen, die sich nicht in die Gemeinschaft einfügen wollen. So sind Reglementierungen, ist eine Verbieterei für alle entstanden, was durchaus als bedrückend empfunden werden kann.»

Ritschard über die «Zähflüssigkeit» der Demokratie
«Wenn das ‹Autonome Jugendzentrum› in Zürich seit zwölf Jahren im Gespräch ist, wenn das tatsächlich stimmt, dann ist das eine lange Zeit.

Daß unsere Gesetzesmühlen langsam mahlen, daß die Entscheidungen oft zu lange auf sich warten lassen, ist wohl nicht zu bestreiten, und daß die Jugend nur ein ‹vorübergehender› Zustand ist, auch nicht. Die Ungeduld der Jungen ist deshalb verständlich. Dies kann aber nicht alles entschuldigen.

Andererseits sollten, nein, müssen die Behörden berechtigte Anliegen auch dann berücksichtigen und zügig behandeln, wenn keine politisch oder wirtschaftlich starke Interessengruppe dahintersteht. Wir sollten also auch spüren, was zum Beispiel Jugendbedürfnisse sind. Und wir sollten handeln.»

Ritschard über unser so gut verwaltetes Land
«Ich gebe es zu, wir müssen versuchen, dieses so gut verwaltete, vielleicht etwas zu stark verwaltete Land wieder auf Dimensionen zurückzuführen, die mehr Freiräume schaffen und uns nicht überall anstoßen lassen. Nur: Einfach wird das nicht sein. Es wird schwierig sein, dies zu erreichen.»

Ritschard zur Forderung der Jugend nach mehr Kulturgeld
«Ich finde es positiv, wenn sich die Jungen gegen die totale Verkommerzialisierung der Kultur wenden und den Starkult verurteilen. Wichtig scheint mir, daß die Menschen wegkommen sollten vom bloßen passiven Genießen.

Heute ist ja sogar der Familienkreis zum Halbkreis geworden. Man sitzt vor dem Fernsehschirm. Ich würde es begrüßen, wenn wir den Wunsch der Jugend, eigene Kultur zu verwirklichen, stärker berücksichtigten. Dies sollte man – auch mit Geldmitteln – ermöglichen.»

Wir müssen versuchen, dieses so gut verwaltete, vielleicht etwas zu stark verwaltete Land wieder auf Dimensionen zurückzuführen, die mehr Freiräume schaffen und uns nicht überall anstoßen lassen.

Das muß man halt schon akzeptieren: So ein autonomes Jugendzentrum ist natürlich nicht eine Kirche, wo man geduldig dem Pfarrer zuhört und dann ein Lied singt und heimgeht.

Ritschard über die Forderung nach einem «autonomen Jugendzentrum» (AJZ)
«Ich finde, man müßte den Jungen eine Chance geben und diese nicht mit engherzigen Reglementen und Vorschriften zum vornherein verunmöglichen. Daß Gesetze für alle gelten, daran darf grundsätzlich nicht gerüttelt werden. Man kann aber Gesetze auch mehr oder weniger großzügig auslegen und anwenden. Völlig gesetzlose Inseln kann es im Rechtsstaat andererseits aber auch nicht geben.»

Ritschard über die Schließung des AJZ Zürich
«Es ist geschrieben worden, das jetzige Jugendzentrum sei durch die Zürcher Behörden zu früh geschlossen worden. Ich kann nicht beurteilen, ob dieser Vowurf richtig ist, das kann ich wirklich nicht. Aber, das muß man halt schon akzeptieren: So ein autonomes Jugendzentrum ist natürlich nicht eine Kirche, wo man geduldig dem Pfarrer zuhört und dann ein Lied singt und heimgeht. Ich meine, daß auch Ungereimtes vorkommt, wenn so unterschiedliche Leute zusammenkommen. Das sollte man akzeptieren.»

Ritschard über Toleranz
«Toleranz, das hat für uns, für die meisten, die dieses Wort aussprechen, immer noch irgendwie einen Beigeschmack. Man sagt: ‹Ich toleriere dich.› Und meint: Ich bin zwar nicht mit dir einverstanden, aber ich toleriere das – gnädigst. Das aber ist eine falschverstandene, eine heuchlerische Toleranz.
Ich würde sagen: Toleranz ist, den anderen wegen seines Andersseins, grad darum, weil er anders ist, zu akzeptieren, weil wir doch nicht wünschen können, daß alle Menschen genau gleich sind.
Wir haben das Gefühl, wir geben etwas, wenn wir tolerant sind. aber man kann auch das Gefühl haben, man bekomme etwas, wenn man toleriert. Ich würde in so einem Jugendzentrum diese Art der Toleranz anzuwenden schauen. Man sollte nicht von Dulden reden.
Man sollte nicht immer sagen: ‹Ja, also gut, das dulden wir noch, daß ihr zwei dort zusammen schmust in der Ecke hinten oder unseretwegen noch Schlimmeres macht, aber beim Gruppensex hört es dann auf.› Oder beim Haschisch. Das ist ein Problem, natürlich.
Wenn es kriminell wird, wird's kritisch. Aber Menschliches und Allzumenschliches ist nicht kriminell. Es gibt bei Erwachsenen auch sehr viel Allzumenschliches. Ich denke zum Beispiel an unser Gelddenken...»

Ritschard über den Verwaltungsstaat
«Ich bin vollendet davon überzeugt und habe das schon öffentlich gesagt, daß unsere Form von Referendumsdemokratie kaputtgeht, wenn wir unsern Zentralstaat immer größer machen. Mit dieser Entwicklung haben wir uns immer mehr vom Bürger entfernt. Das Ende wäre ein Verwaltungsstaat.
Dies ist der Grund, weshalb wir uns jetzt im Bundesrat Gedanken darüber machen, zuerst einmal die Aufgaben zwischen Bund und Kantonen neu zu verteilen. Das Ziel wäre, wieder viel mehr Aufga-

ben an kleinere, überblickbare Gemeinschaften abzutreten. Das wird aber ein langer Prozeß werden.»

Ritschard über die Mitschuld der Medien an den Unruhen
«Tatsache ist, daß es am Fernsehen zum Beispiel kein Sendegefäß gibt, wo sich Jugendliche über ihre Probleme aussprechen können oder ihre Meinung zu den Zuständen in unserer Gesellschaft äußern können. Man begnügt sich beim Fernsehen mit Pop-Musik.

Willi Ritschard mit «Blick»-Chefredaktor Peter Übersax.

Aber auch im BLICK gibt es keine Seite, auf der die Jugend zu Worte kommt. Es ist natürlich schon problematisch, wenn die Medien diese Jugendprobleme erst so richtig entdecken, wenn sie auf der Straße ausgetragen werden.»

Ritschard zum Vorwurf, die Medien hätten die Unruhen erst so richtig angeheizt
«Ich möchte bestreiten, daß Presse, Radio und Fernsehen an der Eskalation schuld sind, daß sie die Konfrontation zusätzlich angeheizt haben.
Daß die Medien ausführlich über Demonstrationen und Krawalle berichteten, war selbstverständlich. Man kann solche Ereignisse nicht einfach übergehen, indem man Farbe darüber kleistert oder sie einfach verschweigt. So löst man keine Probleme.»

Ritschard über den Vorwurf der Jungen, daß die Erwachsenen zwar ähnlich dächten und empfänden wie sie, aber den Mut nicht hätten, sich zu äußern, weil sie längst resignierten und sich angepaßt hätten

«Es ist sicher richtig, daß die meisten Übel, die diese rebellischen Jungen beklagen, nicht jugendspezifisch sind. Die ‹Sachzwänge› und die Macht des Geldes lasten auch auf den Erwachsenen. Daß Zivilcourage kein Allgemeingut ist, stimmt wohl auch. Allzu viele Erwachsene machen die Faust im Sack und denken: Es nützt ja doch nichts.

Es ist aber wohl auch so, daß viele der Jungen, die in relativem Wohlstand aufgewachsen sind, den Wert der rein materiellen Güter und Errungenschaften weniger hoch einschätzen. Sie haben an den ‹Alten› beobachtet, daß diese Güter allein nicht glücklich machen. Mehr menschliche Wärme, echtes Leben und Erleben, mehr Sein als Haben scheinen ihnen wichtiger zu sein.

Sie möchten nicht Sklaven der Dinge sein, nicht ersticken im Wust der Sachen in unserer materialistischen Zivilisation. Manche haben auch Angst vor einer zukünftigen ‹kaputten› Welt. Aber nur sie, nur die Jungen?

Die Jugendunruhen könnten Anlaß zu einer Denkwende für uns alle sein. Mit Polizei und Repression können die aufgeworfenen Probleme höchstens verschleiert, aber nie gelöst werden. Diese Jugendunruhen sind ein Symptom für eine schleichende Krise in unserer Gesellschaft. Aber wie gesagt: Ich fühle mich einfach nicht so ganz zuständig in diesen Fragen. Und ich muß immer daran denken: Ein Optimist wie ich sieht immer alles in den schönsten Farben – bis es ihm selber passiert.»

Ritschard auf die Frage, was zu tun sei

«Man muß frei und mit dem Mut zur Wahrheit den Ursachen dieser Ereignisse auf den Grund gehen. Dazu muß man die Tatsachen kennen, und zwar alle. Ich sage es nochmals: Ich entschuldige gar nichts, was an Krawalltätigkeiten passiert ist, aber wir müssen uns einfach auch fragen, warum dies geschah, gopffriedstutz.

Bei Mördern und Verbrechern, also da verlangt das Strafgesetzbuch, daß man nach den Gründen fragt. Damit will ich die jugendliche Minderheit, die auf die Straße geht und Scheiben einschlägt und geplündert hat, nicht vergleichen.

Sicher ist nicht alles zu billigen, was in Zürich geschehen ist oder passiert. Aber müssen wir in diesem Fall nicht erst recht nach den Gründen fragen? Und zwar gründlich. Und nicht unversöhnlich.»

Demokratie der selbstbewußten Bürger

25. OKTOBER 1980

Zum 100. Geburtstag des Schweizerischen Gewerkschaftsbundes fordert Gewerkschafter Willi Ritschard Engagement für den sozialen Staat: «Unsere Demokratie ist erst durch die Arbeit der Gewerkschaften und der Arbeiterbewegung eine glaubwürdige Demokratie geworden.»

Nicht allein der Bundesrat, den ich hier vertrete, unser Land hat viele Gründe, den 100. Geburtstag des Schweizerischen Gewerkschaftsbundes heute gemeinsam mit Ihnen festlich zu begehen. Unser ganzes Volk schuldet den Gründern und Pionieren der Gewerkschaften Dank. Und Dank verdienen nicht weniger auch alle Frauen und Männer, die mit ihren Verbänden den Gewerkschaftsbund durch seine Geschichte hindurch getragen und gesteuert haben.

Von dieser Dankesschuld hier zu reden, ist kein leeres Wort. Unsere Demokratie – 1848 in der Bundesverfassung verankert – ist erst durch die Arbeit der Gewerkschaften und der Arbeiterbewegung eine glaubwürdige Demokratie geworden. Vorher war dieser Staat eine Sache der andern. Rechtlose Lohnknechte und Proleten konnten den Staat nicht als ihren Staat betrachten. Sie konnten sich an diesem Staat auch nicht beteiligen. Die demokratischen Rechte standen zwar in der Verfassung. Aber für den größeren Teil des Volkes waren sie nicht Wirklichkeit.

Herman Greulich, die markanteste Persönlichkeit aus der Gründungszeit des Gewerkschaftsbundes, hat in einer Rede im Jahre 1899 folgendes festgehalten. «Eine große Kulturaufgabe, vielleicht die größte unserer Zeit, ist es, die den Gewerkschaften obliegt. Zunächst ist es freilich nur die materielle Lage der Arbeiterklasse, die es zu verbessern gilt. Aber damit heben sich unmittelbar auch die sittlichen und geistigen Kräfte der Arbeiterschaft. Die Gemeinsamkeit wird wieder erhoben aus dem verödenden Individualismus unserer Tage. Als Glied einer kämpfenden Gemeinschaft erhebt der einzelne sein Haupt. Er wird zu dem, was die Griechen den Anthropos, den Aufwärtsstrebenden, den Menschen, nannten. Erst mit der Gemeinsamkeit beginnt für ihn ein höheres Leben, das sich losreißen kann vom Schmutze des Elends und von der niedrigen Gesinnung der Unterdrückten.»

Diese Worte Greulichs mögen antiquiert klingen. Ähnlich wie viele Bibeltexte, die für uns auch der Theologe ausdeutschen muß. Greulichs Reden sind keine Bibeltexte. Aber ein Apostel der Arbeiterbewegung war er. Daß der Arbeiter ohne Gewerkschaften im Schmutze des Elends lebte und ein dumpfes Dasein ohne Interessen führte, ist bekannt. Und was Greulich von der geistigen und sitt-

Ein sozialer Rechtsstaat ist ohne freie Gewerkschaften nicht denkbar. Zur Definition der Demokratie gehört die Existenz von freien und starken Gewerkschaften, die dem Arbeitnehmer ihren Anteil am wachsenden Volkseinkommen sichern.

lichen Hebung der Arbeiterschaft, was er von der Gemeinschaft, die den verödenden Individualismus überwindet (man könnte auch sagen Egoismus), auch was er in der gleichen Rede über Brüderlichkeit und Solidarität gesagt hat, hat seine Gültigkeit behalten. Es ist – obwohl vor über achtzig Jahren ausgesprochen – sogar aktuell geworden.

Gewerkschaften sind Gemeinschaften. Solidarische. Auch der Staat muß eine solidarische Gemeinschaft sein. Die ersten Gewerkschafter galten noch als Staatsfeinde. Teilnehmer an Mai-Umzügen wurden registriert. Die Herrschenden über den damaligen Staat befürchteten von den Gewerkschaften Unruhe. Der Staat hatte fast nur eine Aufgabe: für Ruhe und Ordnung zu sorgen. Besitzende und Satte fürchten immer Unruhe. Das ist auch heute noch so.

Aber Greulich hatte recht. Mit der materiellen Hebung der Arbeiter wandelte sich auch ihre Einstellung zum Staat. Die Lohnverdiener begriffen, daß dieser Staat nicht nur Recht verteilen kann. Daß er nicht nur ein juristischer Staat bleiben durfte. Die Arbeiter wollten nicht nur Recht. Sie wollten Gerechtigkeit. Sie wollten einen sozialen Staat. Und irgendeinmal – vielleicht war es nach dem Generalstreik – sahen auch jene ein, die den Staat nur als Ordnungsstaat verstanden haben, daß auch Ruhe und Ordnung eine soziale Frage ist. Sie sahen ein, daß man Ruhe und Ordnung nur durch soziale Gerechtigkeit erreichen kann. Heute ist der Staat längst nicht mehr gewerkschaftsfeindlich. Die Gewerkschaften sind Mitträger, Partner und Berater des Staates geworden.

Ein sozialer Rechtsstaat, von dem heute so oft die Rede ist, ist ohne freie Gewerkschaften nicht denkbar. Zur Definition der Demokratie gehört die Existenz von freien und starken Gewerkschaften, die dem Arbeitnehmer seinen Anteil am wachsenden Volkseinkommen sichern.

Ohne Gewerkschaften hätten wir eine Scheindemokratie, wie sie bestanden hat, bevor es Gewerkschaften gab. Ohne die Arbeit der Gewerkschaften hätte der Arbeitnehmer unseres Landes den Verlokkungen totalitärer Ideologien nicht so gut widerstanden. Und mit rechtlosen, im Elend lebenden Lohnknechten wäre unser Land in den zwei Weltkriegen dieses Jahrhunderts mit weniger Überzeugung verteidigt worden.

Die Demokratie – Greulich wollte das sagen – braucht bewußte, sie braucht denkende Bürger. Bewußt ist aber nur, wer selbstbewußt ist. Und es war und ist und bleibt die Aufgabe der Gewerkschaften, dem arbeitenden Menschen Selbstbewußtsein zu geben. Das ist nicht nur Geschichte, auch wenn sich die sozialen Verhältnisse geändert haben. Auch der Arbeiter von heute ist verunsichert. Die Angst vor dem Verlust des Arbeitsplatzes wegen Rezession und Automatisation, die Angst vor dem Wegrationalisieren von Arbeitsplätzen, die Angst vor Betriebsschließungen sitzen ihm im Nacken.

Es ist Aufgabe der Gemeinschaft, dem Menschen Angst zu nehmen, soweit eine Gemeinschaft dazu imstande ist. Demokratische Gewerkschaften und demokratische Staaten können solche Gemeinschaften sein. Ein verängstigter Bürger ist kein freier Bürger. Dikta-

Gewerkschaften sind Gemeinschaften. Solidarische. Auch der Staat muß eine solidarische Gemeinschaft sein.

Die Demokratie braucht bewußte, sie braucht denkende Bürger. Bewußt ist aber nur, wer selbstbewußt ist.

turen arbeiten mit der Angst. Der demokratische Staat muß dem Menschen Angst zu nehmen suchen. Ein Mittel ist die Sozialpolitik.

Wer heute nach weniger Staat ruft, wer diesen Staat nur als reglementierenden Büttel und steuerfressenden Moloch darstellt und wer den «guten alten Staat», der nur für Ruhe und Ordnung sorgt, zum Wunschtraum zu machen versucht, der will einen unsozialen Staat. Mit weniger Staat meinen die nicht mehr, sondern weniger Freiheit. Denn wirkliche Freiheit gibt es nur in sozialer Gerechtigkeit.

Ich weiß, von was ich rede. Ich bin Finanzminister dieses Landes und kann ermessen, in welche Richtung ein ausgehungerter Staat getrieben wird. Ich brauche – um das zu belegen – mit den Milliardendefiziten des Bundes und mit den zweieinhalb Millionen Franken, die er jeden Tag ausgeben muß, um seine Schulden zu verzinsen, nicht diesen festlichen Anlaß zu belasten. Ein Staat, der finanziell so schlecht dran ist, wird das Rad der Sozialpolitik nicht nur aufhalten. Er wird es früher oder später auch zurückdrehen.

Der Staat kann und soll nicht die Probleme der Gewerkschaften lösen wollen. Die polnischen Arbeiter haben uns eindrücklich vor Augen geführt, was der Arbeiter von Gewerkschaften erwarten kann, die am Gängelband des Staates agieren. Den Gewerkschaften kann es aber nie gleichgültig sein, wie der Staat aussieht, in dem ihre Mitglieder leben. Die Gewerkschaften brauchen die Versammlungsfreiheit, das Recht zu demonstrieren und notfalls auch zu streiken. Sie brauchen als Ergänzung zu ihren Verträgen die Sozialversicherung. Und manche gewerkschaftliche Errungenschaft ist gesetzlich zu sichern, damit sie nicht durch Rezessionen und andere Schwächezustände wieder weggefegt wird.

Und es kommt ein weiteres hinzu, was nach staatlichen Regelungen ruft: Der Unternehmer, der heute mit den Gewerkschaften in den Großbetrieben verhandelt, ist nicht mehr der verantwortliche Besitzer, der seine eigene Haut zu Markte trägt. Er ist Beauftragter. Der Produktionsfaktor Kapital ist anonym geworden. «Société anonyme» lautet sinnvollerweise der französische Ausdruck für Aktiengesellschaft.

Anonymes wirkt immer gespensterhaft. Anonymen gegenüber ist man verunsichert. Vor anonymer Macht hat man Angst. Und die Macht des anonymen Kapitals ist eine undemokratische Macht. Demokratie meint die Macht der Menschen, unabhängig von ihrem Besitz.

Die schweizerischen Gewerkschaften träumen nicht von Verstaatlichungen. Sie anerkennen wie die übrigen westlichen Gewerkschaften den Wert und die Vorteile einer gesunden Marktwirtschaft. Aber diese Marktwirtschaft kann nur überleben, wenn sie sich als soziale Marktwirtschaft versteht. Das Denken an die Menschen muß über dem Profitdenken stehen. Der Ruf und die Forderung nach Mitbestimmung in der Wirtschaft ist keine Hintertür zu Verstaatlichungen. Mitbestimmung ist nötig, weil in einem liberalen, sozialen, demokratischen Staat die Macht nur durch den Willen der Gesellschaft legitimiert werden kann. Macht, die nicht von der Mehrheit der Betroffenen getragen wird, ist illegale Macht. Demokratie heißt Selbst-

Ein verängstigter Bürger ist kein freier Bürger. Diktaturen arbeiten mit der Angst. Der demokratische Staat muß dem Menschen Angst zu nehmen suchen. Ein Mittel ist die Sozialpolitik.

Der Ruf und die Forderung nach Mitbestimmung in der Wirtschaft ist keine Hintertür zu Verstaatlichungen. Mitbestimmung ist nötig, weil in einem liberalen, sozialen, demokratischen Staat die Macht nur durch den Willen der Gesellschaft legitimiert werden kann.

verwaltung der Macht. Demokratisches Denken ist so wenig teilbar wie das Bekenntnis zur Demokratie selber. Demokratie ist nicht einfach ein Zustand. Demokratie ist Ziel und Lebensprinzip zugleich.

Aber auch gesetzlich geregelte Mitbestimmung allein wird nicht alle Probleme lösen. Die Wirtschaft besteht längst nicht mehr nur aus nationalen Unternehmungen. Es gibt nicht allein den Gigantismus in der Technik, es gibt ihn auch in Kapital- und wirtschaftlichen Machtkonzentrationen. Der Staat und die Organisationen in

Besitzende und Satte fürchten immer Unruhe. Das ist auch heute noch so.

unserer Gesellschaft erscheinen daneben mehr und mehr als machtlose Gebilde. Wir haben das erlebt bei Firestone. Die Reise von Staats- und von Vertretern der Arbeiterschaft an den amerikanischen Sitz dieser Weltunternehmung konnte die Schließung der schweizerischen Niederlassung, mit der das Schicksal von 1800 Arbeitnehmern verknüpft war, nicht aufhalten.

Nicht dem Staat allein sind aus dieser Entwicklung heraus neue Aufgaben erwachsen. In den Geburtsakten der Gewerkschaften stand immer auch das Bekenntnis zur weltweiten Solidarität. Sie wurde auch praktiziert. Nicht nur durch die Handwerksburschen, sondern auch durch tätige Hilfe für streikende und unterdrückte Arbeiter, wo immer sie im Kampfe standen. Existiert sie noch, diese Solidarität? Oder gibt es sie nur noch an Kongressen, bei denen Bankett und Ausflug die wichtigsten Traktanden sind? Ich weiß das nicht. Aber eines weiß ich, daß Solidarität nie eine Sache von Worten, sondern immer eine Sache von Taten ist.

Es gibt ein weiteres, aktuelles Problem, das für die Gewerkschaften und die Arbeiterbewegung, vielleicht auch darüber hinaus, eine Bedeutung zu erhalten scheint. Ich denke an das Grundrecht der Pressefreiheit und an die Möglichkeit, die Stimme dem ganzen Volke gegenüber erheben zu können.

Wenn man vor hundert Jahren und auch lange nachher von Pressezensur hörte, dachte man an eine Zensur der Medien durch den Staat. Für die Pressefreiheit kämpfte man auf der Ebene des Staates. Heute gibt es eine andere Form von Pressezensur: jene des Zeitungsbesitzers und jene des Inserenten. Die Pressefreiheit, wie sie die Bundesverfassung garantiert, meint ganz offensichtlich nicht mehr die Freiheit des Journalisten. Sie meint nicht die Gedankenfreiheit, sondern sie meint die Freiheit des Herausgebers der Zeitung. Und der ist auch nicht frei, denn seine Freiheit ist durch jene eingeschränkt, die in seiner Zeitung Inserate aufgeben oder nicht aufgeben oder nicht mehr aufgeben.

Der Mensch kann sich nicht selber und allein verwirklichen. Ganz sicher nicht mit materiellen Ansprüchen. Es gibt den Bürger nur in seiner Beziehung zum Mitbürger. Den freien Menschen gibt es nur als soziales Wesen.

Ich kann mir kein Pressegesetz vorstellen, das diese Machteinflüsse auf die öffentliche Meinungsbildung einschränken könnte. Der Macht jener, die hier über ihr Geld Einfluß nehmen können, kann nur die Macht der Konsumenten und der Gewerkschaften entgegengesetzt werden. Und ich glaube, daß die Gewerkschaften sich langsam vom Glauben lösen sollten, ihre Verbandszeitungen seien Bestseller, auf deren Erscheinen ihre Mitglieder mit Sehnsucht warten. Verbandszeitungen – nicht nur die der Gewerkschaften – sind Laternen, die oft nicht einmal den eigenen Pfahl beleuchten.

Der Gewerkschaftsbund hat hier neue Aufgaben. Sie liegen im Gesamtinteresse. Die Demokratie leidet Schaden, wenn die Partner der Wirtschaft in der Öffentlichkeitsarbeit mit ungleichen Waffen kämpfen müssen.

Ich habe bis jetzt nur von Demokratie und von den materiellen Anliegen der Arbeitnehmer und der Gewerkschaften gesprochen. Das ist aber nicht alles. Ich weiß zwar sehr wohl, daß der Bürger unseres Landes zunächst an Gesundheit und Sicherheit, an Gerechtigkeit in der Verteilung der Chancen und Güter des Lebens und an Wohlstand interessiert ist. Materielle Wünsche – und daran sind die Gewerkschaften nicht unschuldig – spielen heute eine zentrale Rolle.

Aber wir spüren es heute auf allen möglichen Gebieten, und nicht nur von der demonstrierenden und rebellierenden Jugend: Von materiellen Ansprüchen allein kann der Mensch auf die Dauer nicht leben. Er braucht eine weitergehende Orientierung, und er sucht verständlichere Antworten auf Fragen nach dem Sinn und dem Ziel seines Daseins.

Hier steckt der Kern der Frage nach der Motivation, die uns alle seit einigen Jahren bewegt. Eine nur materiell technisch organisierte

Gesetzlich geregelte Mitbestimmung allein wird nicht alle Probleme lösen.

Gesellschaft beantwortet diese Frage nicht. Wir investieren immer mehr Geld und Technik in die Bekämpfung der Krankheiten, aber die Aufgabe einer Pflege im menschlichen Sinne lösen wir immer schlechter. Wir basteln immer neue Bildungsstrukturen, aber wir wissen immer weniger, was für ein Mensch dabei herauskommt. In den Verteilungskämpfen streiten wir immer verbissener um größere Anteile an einem kleiner werdenden Kuchen. Aber die Atmosphäre verschlechtert sich, und beim Menschen wächst dabei die Zukunftsangst.

Selbstverwirklichung ist zur großen Vokabel geworden. Aber wie macht man das? Befreiung von vermeidbaren und menschenunwürdigen Abhängigkeiten ist dafür nötig. Wir haben hier sicher Fortschritte gemacht. Aber das reicht nicht aus. Der auf sich selber gestellte und befreite Mensch hat damit noch nicht leben gelernt. Auch wenn er materielle Ansprüche stellt und sie auch durchsetzt, verläßt ihn die Suche nach seinem Wert nicht. Ich denke vor allem an Fragen, die sich jüngere Menschen stellen: Wozu bin ich da? Werde ich überhaupt gebraucht und wofür?

Der Mensch kann sich nicht selber und allein verwirklichen. Ganz sicher nicht mit materiellen Ansprüchen. Es gibt den Bürger nur in seiner Beziehung zum Mitbürger. Den freien Menschen gibt es nur als soziales Wesen. Das ist kein moralischer Appell und auch kein Glaubensbekenntnis. Es ist eine Aussage über die menschliche Natur, die eine zunehmend wachsende Bedeutung gewinnt, besonders bei der Jugend.

Meine Generation war noch stolz auf Zuwachsraten und auf den eigenen Beitrag dazu. Aber ich muß heute gestehen, daß manche Dinge, die das Leben sinnvoll machen, damals zu stark im Hintergrund standen. Die heute Dreißigjährigen empfinden das Bedürfnis, sich von meiner Art zu denken und zu leben loszusagen. Und wir stehen einfach vor der Frage, ob wir so weitermachen sollen oder können. Dieser Jugend geben wir nichts, wenn wir auf bisherige Leistungen verweisen. Das Resultat unserer Geschichte – ganz sicher der jüngern Geschichte – interessiert sie nicht.

Die jungen Menschen interessiert weniger das, was sie vorfinden, als das, was sie vermissen. Nicht die Defensive, nicht das Zurückwandern in die Geschichtsbücher hilft uns weiter. Wir müssen die Zukunft in Angriff nehmen. Selbstverständnis heute darf nicht in die Bestätigung dessen münden, was heute selbstverständlich ist. Wir müssen im Menschen den Mut zum Unbekannten von morgen stärken.

Ich bin nicht berufen, gewerkschaftliche Zielsetzungen zu entwickeln. Sie stehen im neuen Programm. Aber ich habe gesagt, was ich für notwendig halte: Die Gewerkschaften müssen dem arbeitenden Menschen die Angst nehmen. Sie müssen sein Selbstvertrauen und das Selbstbewußtsein stärken. Sie müssen ihm Hoffnung geben. Das ist nichts Spektakuläres. Aber es richtet sich an die Menschen. Und letztlich – wir spüren es heute in allem Wohlstand und bei den großen Leistungen, auf die der Gewerkschaftsbund zurückblicken darf –, letztlich zählt immer nur der Mensch.

Die jungen Menschen interessiert weniger das, was sie vorfinden, als das, was sie vermissen.

Ich will zuhören

3. NOVEMBER 1982

Am Friedenskongreß der Sozialistischen Internationale im Basler Münster wirbt Willi Ritschard um Verständnis für die Friedensbewegung: «Der Friede in Westeuropa ist ein zu kleiner Friede, als daß er uns die Angst vor dem Krieg nehmen könnte.»

Unsere Gedenkstunde ist keine Hurrafeier. Wir wollen dankbar und mit großer Hochachtung an die tapferen Männer und Frauen denken, die 1912 in dieser Kathedrale gesagt haben, was man auch heute zu sagen hätte. Es waren Sozialisten, die ehrlich glaubten, daß die «Internationale der Arbeitenden» mit vereinten Kräften den drohenden Krieg aufhalten könnte. Etwa im Sinne des heutigen Slogans der Friedensbewegung: «Stell dir vor, es ist Krieg, und keiner geht hin!»

Wir haben Mühe, dieses Ereignis zu feiern, weil wir wissen, daß das kleine Hoffnungsfeuer, das hier 1912 angezündet wurde, schon zwei Jahre später erloschen war. Und es waren nicht allein die bürgerlich-kapitalistischen Kräfte, die das Löschwasser lieferten. Auch Sozialdemokraten hatten in nationalem Haß vergessen, was sie sich zwei Jahre zuvor hier geschworen hatten. Wir haben Mühe, dieses Ereignis zu feiern, weil wir die erschreckenden Parallelen sehen, die uns heute an jene krisenhaften Jahre vor dem Ersten Weltkrieg erinnern. Auch damals wollte niemand bewußt den großen Krieg. Trotzdem kündigte er sich in gewaltsamen Konflikten am Rande Europas, im weltwirtschaftlichen Antagonismus und im gegenseitigen Mißtrauen der Völker und Gesellschaftssysteme bereits drohend an. Auch damals erhielt der Rüstungswettlauf eine Eigendynamik, die der politischen Kontrolle mehr und mehr entglitt. Auch damals saß man auf einem Pulverfaß und drohte dem Gegner mit der sengenden Lunte.

Natürlich gibt es Unterschiede zwischen der heutigen und der damaligen Situation. Die Erfahrungen zweier schrecklicher Weltkriege und unser Wissen, daß das vorhandene Rüstungspotential zur mehrfachen Vernichtung der ganzen Menschheit ausreichen würde, haben auch politische Führer nachdenklicher und vorsichtiger werden lassen. Die Sozialdemokratie, die sich immer auch als Friedensbewegung verstanden wissen wollte, steht in der politischen Verantwortung. Die Gefahr eines innenpolitischen Einsatzes der Armee, dem 1912 der berechtigte Haß der Arbeiterbewegung in erster Linie galt, ist in den meisten Ländern Westeuropas gebannt. Gleichzeitig sind aber auch die pazifistischen Ideen von damals etwas in den Hintergrund getreten. Die europäische Sozialdemokratie weiß, was sie zu

Haben wir noch den Mut, uns die berechtigten Ängste vor einem neuen Krieg einzugestehen? Oder haben wir selber Angst vor diesen Ängsten und müssen sie verdrängen, damit wir trotz des Rüstungswettlaufs noch Schlaf finden können?

Ich erschrecke oft, wie schnell einzelne Politiker und Militärs auf die Argumente der Friedensbewegung reagieren – wie sie diese Argumente fast routinemäßig abtun können, wie beleidigt sie auf den Vertrauensschwund reagieren.

verlieren hat. Und sie ist bereit, für die demokratische Ordnung einzustehen, die sie mitgeschaffen hat und die sie weiter ausbauen will.

Die Sozialdemokratische Partei der Schweiz steht seit den Erfahrungen der dreißiger und vierziger Jahre klar zur Landesverteidigung. Unsere Armee wird nie den Frieden bedrohen. Aber sie muß unsere Neutralität glaubwürdig machen. Für uns ist der Friede nicht gesichert, solange es Diktaturen gibt, die Gewalt ihrem eigenen Volk gegenüber anwenden und die auch nicht davor zurückschrecken werden, äußere Probleme mit Gewalt lösen zu wollen. Der Friede in Westeuropa ist ein zu kleiner Friede, als daß er uns die Angst vor dem Krieg nehmen könnte. Die Frage nach Krieg oder Frieden ist eine weltweite Frage. Und sie ist unteilbar.

Friede kann nie einfach als Abwesenheit gewaltsamer Konflikte verstanden werden. Solange Staaten den Frieden nur über eine stetige Erhöhung der Rüstungsausgaben glauben erhalten zu können, ist es ein gefährdeter und ein gefährlicher Friede. Neue Waffen verschlingen nicht nur einen großen Teil des Volkseinkommens. Die Aufrüstung hindert uns auch, die soziale Lage vor allem der armen Völker diese Erde wirksam verbessern zu helfen.

Die Männer und Frauen von 1912 wußten, daß die sozialen Probleme weltweite Probleme sind. Sie wußten, daß sie nicht national gelöst werden können. Und sie wußten, daß Nationalismus und Protektionismus fast zwangsläufig zu Krieg und Krisen führen. Wir wissen das auch. Jeder Volkswirtschafter weiß es. Aber trotzdem fällt uns internationale Solidarität bereits wieder viel schwerer als in den ersten Jahren nach dem letzten Weltkrieg. Ich spreche hier mit sehr gemischten Gefühlen. Vor allem deshalb, weil ich weiß, wie leicht uns Politikern Worte wie «Friede» und «Solidarität» über die Lippen gehen und wie hilflos wir in der Praxis sind. Vielleicht entspringt diese Hilflosigkeit in der konkreten Friedenspolitik der Art und Weise, wie Regierungen und Parteien mit dem Friedensproblem umgehen. Haben wir uns nicht zu stark daran gewöhnt, alle Probleme, die sich uns stellen, als technische Fragen zu begreifen?

Haben wir noch den Mut, uns die berechtigten Ängste vor einem neuen Krieg einzugestehen? Oder haben wir selber Angst vor diesen Ängsten und müssen sie verdrängen, damit wir trotz des Rüstungswettlaufs noch Schlaf finden können? In der Bevölkerung wächst die Angst. «Fürchtet euch!» stand auf einem der Transparente geschrieben, mit welchen man in Bonn gegen die Rüstungspolitik demonstrierte.

Die Friedensbewegung ist als Mißtrauenskundgebung gegen die offizielle Politik zu verstehen. Wir wären schlechte Demokraten, wenn wir das nicht zur Kenntnis nehmen wollten. Unsere Beteuerungen, daß wir mit all unseren Kräften und unserem besten Wissen das tun, was wir tun können, ist noch kein Argument gegen das schwindende Vertrauen in die Politik. Und es ist undemokratisch, uns und den Friedensdemonstranten zu sagen, daß sie eine Minderheit sind. Sie sind zum mindesten eine große Minderheit. Und sie sind eine sichtbare politische Bewegung. Jeder von uns weiß, daß Friedensbewegungen nicht eine modische Zeiterscheinung sind. Es gibt viele Gründe dafür, daß sie jetzt entstanden sind. Und diese Gründe – wir wissen es alle – sind beängstigend.

Ich erschrecke oft, wie schnell einzelne Politiker und Militärs auf die Argumente der Friedensbewegung reagieren – wie sie diese Argumente fast routinemäßig abtun können, wie beleidigt sie auf den Vertrauensschwund reagieren.

Ich glaube, mit Reden und mit Gegenargumenten werden wir das Vertrauen der Jugend, das Vertrauen der kritischen Bürger nicht zurückgewinnen können. Was wir wieder lernen müssen, ist zuzuhören. Demonstranten für den Frieden haben uns etwas zu sagen. Wir wissen, wie hilflos wir sind. Und die Friedenskämpfer wissen es auch.

Ich will deshalb hier auch keine lange Rede halten. Ich will zuhören.

Mit Reden und mit Gegenargumenten werden wir das Vertrauen der Jugend, das Vertrauen der kritischen Bürger nicht zurückgewinnen können. Was wir wieder lernen müssen, ist zuzuhören.

Der Staat darf kein Gegenüber sein

1983

In diesen Gedanken an die Adresse der Sozialdemokraten entwickelt Willi Ritschard sein politisches Credo: Demokratie als lebendiger Prozeß, nahe am Bürger, vom aktiven Bürger mitbestimmt. Er sagt: «Die politische Diskussion in unserem Land darf ruhig etwas forscher und angeregter werden.»

Wir nennen die Gesamtheit der Stimmbürger in unserem Land stolz auch den «Souverän». Im Duden findet man unter diesem Stichwort Erläuterungen wie «Herrscher, Landesherr, Oberherr». So ist es auch gemeint. Die Bürger bilden in unserem Land die oberste und entscheidende Macht. Unsere sogenannte Regierung – der Bundesrat – ist eine echte Exekutive, eine ausführende Behörde. Der Bundesrat bestimmt nichts. Er führt aus, was das Volk an der Urne oder seine Vertreter im Parlament beschlossen haben.

So wollten es die Schöpfer unserer Demokratie: Aus dem «Der Staat, das bin ich» des absolutistischen Königs sollte ein «Der Staat, das sind wir» werden. Nach unserer Staatsauffassung soll der Bürger dem Staat nicht gegenüberstehen. Er selber soll ihn bilden. Alle Bürger sollen gemeinsam über ihn bestimmen und über ihn verfügen können. Das ist ein hoher und kein bequemer Anspruch. Man kann dieses Idealziel nicht allein mit einer Verfassung und mit Gesetzen erreichen. Es braucht das aktive Interesse des Bürgers am Staat, seine Einsicht, auch seine Opfer. Es bleibt fraglich, ob das, was wir «Staat» nennen, jemals so nahe an den Bürger herangebracht werden kann, daß sich jeder als lebendiger Teil dieses Staates empfindet, daß es keinen Graben zwischen Staat und Bürger gibt.

Die Verwirklichung dieses Idealbildes muß eines der wesentlichen Ziele unserer Demokratie bleiben. Wir haben dieses Ziel anzustreben. In diesem Sinne sind wir immer noch auf dem Weg zur Demokratie, und in diesem Sinne ist Demokratie auch immer noch eine Utopie. Heute wird der Staat zusehends eher als ein Gegenüber aufgefaßt. Und dieses Gegenüber ist fast gefährlicher als der alte Staat. Dieser war insofern persönlicher, als man den Herrscher kannte. Der moderne Staat ist in Gefahr, mehr und mehr ein «anonymes Etwas» zu werden.

Ich versuche immer wieder, mir vorzustellen, wie es einem einfachen Bürger zumute ist, der mit der Bundesverwaltung zu tun hat. Er hat Anspruch darauf, daß sich die Verwaltung des Staates seiner Sache annimmt. Jeder Bürger hat die gleichen Rechte, und es besteht kein Zweifel, daß unsere Beamten auch die Anliegen eines unbekannten Mitbürgers ernst nehmen. Ich stelle mir aber die Frage, ob dieser einfache Mann auch in der Lage ist, die Rechte, die ihm nach

So wollten es die Schöpfer unserer Demokratie: Aus dem «Der Staat, das bin ich» des absolutistischen Königs sollte ein «Der Staat, das sind wir» werden.

Es bleibt fraglich, ob das, was wir «Staat» nennen, jemals so nahe an den Bürger herangebracht werden kann, daß sich jeder als lebendiger Teil dieses Staates empfindet, daß es keinen Graben zwischen Staat und Bürger gibt.

Verfassung und Gesetzen zustehen, zu benützen. Er muß im konkreten Fall die zuständige Amtsstelle ausfindig machen. Vielleicht muß er einen Brief schreiben und sein Anliegen verständlich formulieren. Weil mancher nicht gerne schreibt, kommt er möglicherweise selber nach Bern, um sein Problem mündlich darzulegen. Er steht dann als Bürger vor dem Bundeshaus, von dem man ihm beigebracht hat, daß es auch ihm gehört. Aber das ändert nichts daran, daß er nun etwas Beklemmung verspürt. Das Bundeshaus ist zwar ein Symbol der demokratischen Macht, aber halt trotzdem «eine Macht».

Was denkt und empfindet dieser Bürger vor dem Bundeshaus? Wahrscheinlich kommt er sich klein vor und etwas ohnmächtig. Es braucht keineswegs einen schroffen und herablassenden Beamten, um einen Bürger zu verängstigen. Der Gang auf ein Amt fällt fast nur jenen leicht, die von Berufs wegen mit Ämtern zu tun haben.

In den meisten Fällen wird ein einfacher Bürger den Bescheid, den er im Bundeshaus erhält, als letzten Schluß betrachten, selbst wenn er ihn als ungünstig oder gar als ungerecht empfindet. Nur selten tritt ein Bürger, der selbst handelt, den Marsch durch weitere Instanzen an. Die sogenannte «Rechtsmittelbelehrung» bleibt für einfache Menschen eine formale Sache. Natürlich kann jeder «Rekurs» machen. Aber dazu braucht er in der Regel einen Anwalt, und dieser kostet Geld. Gelegentlich ist es billiger, nicht recht zu haben.

Er wird wahrscheinlich den Staat nicht mehr so überzeugt als «seinen» Staat empfinden, sondern als eine ihm eher fremde «Institution». Er erlebt diesen Staat nicht als Ausdruck des politischen Willens aller Bürger. Er erlebt eine Verwaltung, die pflichtgemäß Gesetze anwendet, die er nicht oder nur schwer versteht. Der Staat steht zwar jedem Bürger ohne Unterschied zur Verfügung. Aber er ist nicht für jeden Bürger in gleicher Weise benützbar. Der Gebildete und der Wissende haben einen Vorsprung.

Die demokratische Gesellschaft ist nicht damit hergestellt, daß man gleiches Recht für alle schafft. Die demokratische Gesellschaft muß auch wirklich Gleichheit *(égalité)* herstellen: gleiche Bildungschancen, gleiche soziale Chancen, gleichen Anteil an Lebensqualität.

Daß sich Sozialismus und Demokratie gegenseitig bedingen, hat seinen Grund darin, daß echte direkte Demokratie nur in einer sozialen Gesellschaft verwirklicht werden kann. Eine Demokratie, die zwar formal durch und durch demokratisch ausgestaltet ist, die aber nur dem zum Recht verhilft, der fähig ist, nach diesem Recht zu fragen und es auch durchzusetzen, muß auf den einfachen Bürger zynisch wirken. Es genügt nicht, Rechte zu haben. Jeder muß sie in gleicher Weise ausüben und verwirklichen können. Sonst folgen Resignation und «Abschied» vom Staat. Ein solcher Abschied ist natürlich eingleisig. Für den Bürger bleibt der Staat auch nachher ständig präsent. Wenn ein Bürger resigniert aus diesem Staat ausgestiegen ist, ist dieser Staat für ihn nur noch ein Gegenüber. Die Beteuerung, daß wir doch einen demokratischen Staat hätten, erreicht den Demokratieabstinenten nicht mehr!

Als Sozialdemokrat versteht man unter Demokratie mehr als die juristische Verankerung von Volksrechten. Demokratie ist für uns

Der Staat steht zwar jedem Bürger ohne Unterschied zur Verfügung. Aber er ist nicht für jeden Bürger in gleicher Weise benützbar. Der Gebildete und der Wissende haben einen Vorsprung.

Die demokratische Gesellschaft ist nicht damit hergestellt, daß man gleiches Recht für alle schafft. Die demokratische Gesellschaft muß auch wirklich Gleichheit (égalité) herstellen: gleiche Bildungschancen, gleiche soziale Chancen, gleichen Anteil an Lebensqualität.

nicht einfach eine Staats-, sondern eine Gesellschaftsform. Wir unterstützen die demokratischen Einrichtungen in unserem Lande nicht, weil sie die Demokratie selbst sind. Wir unterstützen sie, weil allein sie uns erlauben, unsere Vorstellungen von Demokratie und Demokratisierung zu verwirklichen. Und weil wir dazu auch den Staat brauchen, müssen wir uns zum Verhältnis des Bürgers zum Staat ständig Gedanken machen. Es ist dabei einiges zu überdenken:

Der Staat fordert vom Bürger. Er fordert Steuern, Militärdienst und anderes mehr. Der Staat macht Vorschriften. Er bestimmt, wie lange wir am Abend im Wirtshaus sitzen und mit welchem Tempo wir mit dem Auto ein Dorf durchqueren dürfen. Natürlich gibt dieser Staat dem Bürger auch viel. Er gewährt ihm Rechte. Aber diese Wohltaten haben die Tendenz, viel rascher zu Selbstverständlichkeiten zu werden als die Forderungen des Staates an den Bürger. So wird dieser Staat manchem lästig. Selbst Volksabstimmungen werden von manchen als lästig empfunden. Viele Bürger sehen ihre eigene Beteiligung an der Ausgestaltung dieses Staates nicht mehr ein. Der Satz «Die machen doch, was sie wollen» entsteht vor allem aus der Unkenntnis dessen, was ein Ja oder ein Nein an der Urne bewirken. Weder das Ja noch das Nein haben in der Regel schlagartige Wirkungen, die jeder sofort spürt. Viele haben längst vergessen, wie sie gestimmt haben, wenn die Wirkungen ihres Entscheides spürbar werden.

Und die Politiker, die einen unschlüssigen oder mißtrauischen Bürger seinerzeit zu seiner Meinung, die er an der Urne zum Ausdruck brachte, geführt oder ver-führt haben, helfen ihm auch nicht weiter. Sie sind vom nächsten Urnengang bereits wieder so stark in Anspruch genommen, daß sie keine Zeit finden, die Wirkungen der letzten oder vorletzten Volksabstimmung zu erklären. Auf diese Weise wird auch die politische Beteiligung des Bürgers am Staat mit der Zeit zu einer Art Entfremdung.

Wo liegen die Gründe für diese Entfremdung? Es gibt sicher viele. Ich zähle drei auf:

1. Der lange Weg der direkten Demokratie macht den Staat schwer veränderbar. Eine gute Idee oder eine richtige Erkenntnis bewirken in unserem Staat vorerst nichts. Selbst einleuchtendste wissenschaftliche Grundlagen oder Expertenberichte bleiben wertlos, bevor sie politisch durchgesetzt worden sind. Das macht manchen ungeduldig. Geduld ist zweifellos nicht die Stärke unserer Zeit. Aber gerade die Demokratie wird nicht zu Unrecht auch als die «Staatsform der Geduld» bezeichnet. Man muß sich den Weg von der politischen Idee bis zu ihrer Verwirklichung in unserer Form von Demokratie vor Augen führen:
– Zuerst wird die Initiative geboren, und es sind Unterschriften zu sammeln,
– dann folgt die Behandlung der Initiative im Bundesrat und im Parlament,
– und endlich folgt dann die Volksabstimmung (aber vorerst nur über den Verfassungsartikel, der den Bund zur Gesetzgebung ermächtigt).

Eine Demokratie, die zwar formal durch und durch demokratisch ausgestaltet ist, die aber nur dem zum Recht verhilft, der fähig ist, nach diesem Recht zu fragen und es auch durchzusetzen, muß auf den einfachen Bürger zynisch wirken.

– Nach Annahme des Verfassungsartikels folgt die Ausarbeitung des entsprechenden Gesetzes, was Jahre dauern kann.

– Dieses Gesetz muß auch wieder durch den Bundesrat und das Parlament beraten werden,

– schließlich folgt erneut eine Volksabstimmung, falls das Referendum ergriffen wurde.

Muß man sich da wundern, wenn junge, ungeduldige Bürgerinnen und Bürger an der Veränderbarkeit ihres Staates zu zweifeln beginnen?

Dennoch gibt es für Aufgaben, die der Bund erfüllen soll, keine andere Lösung. Denn dieser ganze lange Weg zwischen der Idee und ihrer Realisierung ist die Summe von demokratischen und politischen Rechten. Aber für manchen sind diese Rechte ein Geflecht von Hindernissen geworden, in dem er sich nicht mehr zurechtfindet. Das ist begreiflich, weil der gleiche Bürger dort, wo er direkte Demokratie wirklich praktiziert, diese ganz anders erlebt: An der Generalversammlung der Musikgesellschaft wird am Samstagabend über etwas abgestimmt, und am Montag ist es so. Der Bürger möchte auch beim Staat eine zeitlich direktere Demokratie haben. Aber sie ist mit unserer Staatsform nicht vereinbar. So nimmt mancher in seiner Ungeduld Abschied vom Staat. Er glaubt nicht mehr an seine Veränderbarkeit.

2. Immer mehr Verwaltung: Initiativen und Gesetze können nicht einfach beschlossen werden. Der Staat muß sie auch vollziehen. Fast jedes neue Gesetz macht neue Beamte im Bund, in den Kantonen, oft auch in den Gemeinden nötig. Je größer aber der Verwaltungsapparat wird, desto mehr hat der Bürger den Eindruck, daß er nur noch verwaltet werde. Administration, Papier und Formulare erschrecken den Bürger. Sie sind für ihn Sinnbilder des alles umfassenden Staates geworden, der sich überall in seine Privatsphäre einmischt.

Das hat nicht grundsätzlich etwas mit der Staatsform der direkten Demokratie zu tun. Der soziale Staat will Freiheit gerecht verteilen. Dazu muß er die Gesetzgebung ausbauen und sie verfeinern. Aber das führt laufend zu einer größeren Verwaltung, und diese erweckt dann beim Bürger den Eindruck, er selber erreiche den Staat nicht mehr, sondern dieser diene nur sich selber. Nicht der Ausbau des Sozialstaates allein führt zu mehr Verwaltung. Vieles geht auch auf das Konto unserer liberalen Wirtschaftsverfassung. Man muß immer wieder mit Einzelmaßnahmen verhindern, daß der Liberalismus nicht einzelne Gruppen zerdrückt. Die Landwirtschaft, Teile des Gewerbes, wirtschaftlich schwache Regionen usw. bedürfen des Schutzes durch den Staat.

Die große staatliche Tätigkeit bringt es mit sich, daß der Bürger in seinem täglichen Umgang mit dem Staat im allgemeinen nicht mehr mit dem von ihm gewählten Vertreter im Parlament oder in der Regierung Kontakt haben kann. Er hat es mehr mit Beamten zu tun. Der Beamte hat zwar die Gesetze selber nicht beschlossen. Aber er muß sie vollziehen und auf diese Weise gewissermaßen dem Bürger gegenüber verantworten. Mit Gesetzen über die Verwaltungs-

Je größer der Verwaltungsapparat wird, desto mehr hat der Bürger den Eindruck, daß er nur noch verwaltet werde. Administration, Papier und Formulare erschrecken den Bürger. Sie sind für ihn Sinnbilder des alles umfassenden Staates geworden, der sich überall in seine Privatsphäre einmischt.

rechtspflege begann man den Bürger vor der Verwaltung zu schützen. Es vollzieht sich dadurch so etwas wie ein Teufelskreis:
– Weil der Beamte zum Prügelknaben wird, beginnt er Gesetze und Verordnungen zu entwerfen, in denen möglichst jeder Fall geregelt ist. Er versucht, das Leben in Paragraphen einzufangen, und ist verpflichtet, diese auch dann noch anzuwenden, wenn sie von der Entwicklung bereits wieder überrollt worden sind, sonst setzt das Verwaltungsgericht eben den Beamten ins Unrecht.
– Der Gesetzgeber anderseits, das Parlament – auch mißtrauisch der Verwaltung gegenüber –, versucht ebenfalls, perfekte Gesetze zu machen und das «Ermessen» der Beamten in die Schranken zu weisen. Die Maschen in den Gesetzen, die eine der Entwicklung angepaßte Anwendung erlauben würden, werden so immer enger. Man «schließt» sie, wenn immer möglich, aus Angst vor der «Beamtenwillkür». So entsteht eine lebensfremde Bürokratie.

Die Verantwortlichkeiten in einer direkten Demokratie sind eben sehr breit verteilt. Die politischen Gremien tragen nur einen Teil dieser Verantwortung. Vieles bleibt am Beamten hängen. Zuletzt machen ihm nicht nur jene Vorwürfe, die die Gesetze gemacht haben, sondern auch der Bürger, der sie mit dem Stimmzettel oder stillschweigend beschlossen hat. Für den Bürger repräsentiert auf weiten Stücken der Beamte am Schalter oder der Beamte in Uniform den Staat. Und die Vorwürfe, die er dem Beamten macht, werden dann zu Vorwürfen gegenüber Gesetz und Staat.

3. Der Zentralstaat gefährdet die direkte Demokratie: Von den Notwendigkeiten her, aber auch unter dem Einfluß der Massenmedien hat sich das politische Interesse der Bürger immer stärker auf die schweizerische Politik hin entwickelt. Fernsehen und Radio können zu wenig über kantonale und regionale Anliegen berichten. Durch Zeitungsfusionen, Kopfblätter, Zeitungsringe und Agenturmeldungen gefördert, wurde auch in der gedruckten Presse vor allem die eidgenössische Politik zum gemeinsamen Thema. Darunter haben zur Hauptsache die Kantone zu leiden. In den Gemeinden dagegen – vor allem in den kleineren – bestehen als Gegengewicht noch die Möglichkeit des Gesprächs, des Stammtisches und vor allem die Gemeindeversammlung.

Ein junger Mensch, der sich für die Politik zu interessieren beginnt oder sich einer Partei anschließt, wird viel eher durch das lokale und das schweizerische Geschehen animiert als durch die kantonale Politik. Die Kantone werden mehr und mehr als Verwaltungsbezirke des Zentralstaats empfunden, weniger als selbständige Gliedstaaten des Bundes. Der Nachteil gesamteidgenössischer Lösungen besteht darin, daß sie nicht mehr von Mensch zu Mensch stattfinden. Sie werden über viel Papier durch eine anonyme Verwaltung vollzogen. Daran muß sich ein Sozialdemokrat stoßen, für den die Demokratie nicht nur ein staatliches System, sondern eine Gesellschaftsform darstellt. Gesellschaft ist aber immer etwas, das zwischen Menschen stattfindet.

Ich habe keine Patentlösungen anzubieten. Es lag mir daran, möglichst pragmatisch die Situation unserer Demokratie und das

Die politische Diskussion in unserem Land darf ruhig etwas forscher und angeregter werden. Politiker haben sich bei uns allzusehr daran gewöhnt, den Kompromiß voreilig anzubieten und ihn bereits in die ersten Diskussionen einzubringen. Das ist falsch. Der Kompromiß muß nach der öffentlichen Diskussion stattfinden.

Verhältnis Bürger–Staat darzulegen. Zusammenfassend möchte ich ebenso pragmatisch auf drei Punkte hinweisen, die mir auf unserem Weg zum Vollzug der Demokratie wichtig erscheinen:

1. Ein schon recht abgegriffenes Schlagwort: «Transparenz». Jede Möglichkeit, die politischen Entscheide durchschaubarer zu machen, muß ergriffen werden. Ich füge hier trotz der Finanzlage des Bundes hinzu: Koste es, was es wolle! Es braucht dazu zwei Dinge: die Durchschaubarkeit und einen Bürger, der fähig ist, zu durchschauen.

Durchschaubar machen heißt die Entscheide näher an den Bürger heranbringen. Nicht mit schulmeisterlichen Erklärungen vor der Abstimmung, sondern mit Offenlegung der Entscheidungsgrundlagen, wenn sie vorliegen.

Ich möchte beim zweiten beginnen: Wer Demokratie will, muß ein gebildetes Volk wollen. Das Recht auf Bildung scheint mir nicht einfach eine sozialdemokratische, sondern eine allgemein demokratische und deshalb auch eine liberale Forderung zu sein. Mit ein wenig mehr Staatsbürgerkunde in der Gewerbeschule ist hier wenig getan. Wer etwas in diesem Staat oder von diesem Staat will, muß in der Lage sein, seine Anliegen schriftlich und mündlich zu formulieren. Er muß diskutieren und sich geistig mit einer Sache auseinandersetzen können. Ich weiß, daß das ein hoher Anspruch ist. Aber die Demokratie ist eben eine anspruchsvolle Sache. Wer sich zu ihr bekennt, muß sich bemühen, diese Ansprüche zu erfüllen.

Durchschaubar machen heißt die Entscheide näher an den Bürger heranbringen. Nicht mit schulmeisterlichen Erklärungen vor der Abstimmung, sondern mit Offenlegung der Entscheidungsgrundlagen, wenn sie vorliegen. Der Grad der Demokratisierung ist auch daran erkennbar, wie wenig Geheimnisse ein Staat hat. Wenn man etwas durchschauen will, muß man aber auch den Mut haben, es aufzureißen.

Die politische Diskussion in unserem Land darf ruhig etwas forscher und angeregter werden. Politiker haben sich bei uns allzusehr daran gewöhnt, den Kompromiß voreilig anzubieten und ihn bereits in die ersten Diskussionen einzubringen. Das ist falsch. Der Kompromiß muß nach der öffentlichen Diskussion stattfinden.

Der Grad der Demokratisierung ist auch daran erkennbar, wie wenig Geheimnisse ein Staat hat.

2. Eidgenössische Politik: Es gibt gute Gründe dafür, daß Sozial-

politik Bundessache bleibt. Es ist wohl zu verstehen, daß sich die Sozialdemokratische Partei immer wieder auf eidgenössischer Ebene betätigte und gerade auf sozialem Gebiet Bundeslösungen forderte. Dadurch ist nicht allein der Sozialstaat entstanden, es ist auch das politische Interesse der Bevölkerung an Sozialfragen – und damit ihr politisches Engagement – gewachsen.

Aber wir dürfen nie vergessen, daß das tägliche Leben in unserem Land nicht allein auf eidgenössischer Ebene stattfindet. Die Freuden und Sorgen der Menschen sind die Geschehnisse im kleineren Raum. Der Bürger lebt in seiner Familie, am Arbeitsplatz, in seiner Gemeinde und in seiner Region. Hier muß er Politik erkennen. Hier muß für ihn Solidarität und der Wille zur Gemeinschaft sichtbar werden. Wer ernst machen will mit der demokratischen Gesellschaft, der muß sie vorerst in der Gemeinde anstreben. In der Gemeinde ist die Idee eines einzelnen oder einer kleinen Gruppe noch wirkungsvoll. Gemeindeversammlungen werden sehr oft vom Votum eines einzelnen umgestimmt. Und hier ist auch der Weg zur verantwortlichen Instanz kürzer und klarer erkennbar.

3. Gemeindepolitik: Gemeindepolitik ist in der Regel pragmatische Politik, das heißt Politik an der Sache. Man politisiert hier Schritt für Schritt. Ein Vorteil dieser Politik ist, daß die Schritte laufend sichtbar werden. Die Schwierigkeit in der Gemeindepolitik besteht aber darin, daß sie nicht immer nach politischen Grundsatzprogrammen entschieden werden kann. Ein Theoretiker verzweifelt deswegen sehr schnell.

Es scheint mir sehr wichtig, daß sich eine schweizerische Partei auch Überlegungen zur Gemeindepolitik macht, weil hier die Demokratie beginnt und weil viele Bürger nur in der Gemeinde für die Politik gewonnen und interessiert werden können. Gemeindepolitik ist die härteste politische Arbeit. Sie muß meistens im stillen, ohne großen Applaus und ohne Lorbeeren des Dankes stattfinden. Aber es ist letztlich die dankbarste Politik, weil man hier wachsen sieht, was man politisch bewirkt hat.

Ich will und kann keine konkreten Vorschläge machen, weil ich nicht einer notwendigen Diskussion vorgreifen möchte. Aber ich bin überzeugt davon, daß die grundlegende sozialdemokratische Politik Gemeindepolitik ist. Politik in der Gemeinde, in der echten Gemeinsamkeit. Hier müssen wir den Beweis zu erbringen suchen, daß wir unter Demokratie nicht einfach ein Staatssystem, sondern eine Gesellschaftsform verstehen: die Gesellschaftsform der selbstverständlichen Solidarität.

Es ist Zeit, über einiges nachzudenken: Auch in der Politik ist eine Generation herangewachsen, für die soziale Errungenschaften selbstverständlich geworden sind. Für manchen von ihnen bedeutet der Staat und das Interesse an ihm weniger als einem Älteren. Sie kritisieren diesen Staat, weil sie von der Technik her glauben, daß alles machbar ist. Sie müssen erkennen lernen, daß es keine Freiheit nur für den privaten Bereich gibt. Nur die Gemeinschaft kann sie verwirklichen, und sie müssen wir gemeinsam verwirklichen, wenn wir mehr Freiheit wollen.

Ich bin überzeugt davon, daß die grundlegende sozialdemokratische Politik Gemeindepolitik ist. Politik in der Gemeinde, in der echten Gemeinsamkeit. Hier müssen wir den Beweis zu erbringen suchen, daß wir unter Demokratie nicht einfach ein Staatssystem, sondern eine Gesellschaftsform verstehen: die Gesellschaftsform der selbstverständlichen Solidarität.

Die letzte große Rede

OLMA 1983

Es ist eine zornige Rede, in der Resignation durchschimmert. Eine Rede gegen die Herabsetzung des Staates durch Interessengruppen, für einen Staat, der stark und entschlossen ist, sich gegen egoistische Ansprüche durchzusetzen: «Ich bin überzeugt, daß wir unseren Staat brauchen, wenn wir alle miteinander heil aus den gegenwärtigen Schwierigkeiten herauskommen wollen.»

Seit Jahrzehnten eilt der Staat atemlos hinter der wirtschaftlich-technischen Entwicklung her – und macht Flickschusterarbeit. Selten oder nie kommt er dazu, Prioritäten zu setzen oder auch nur die Bürger zu fragen: «Was wollt ihr eigentlich? Wohin soll die Reise gehen?»

Ich bin als Vertreter des Bundesrates und somit des Staates hierher nach St. Gallen gekommen. Ich bin allerdings nicht ganz sicher, ob das eine Empfehlung ist. Die weltweite Wirtschaftskrise, die auch unser Land nicht mehr verschont, hat manche Bürgerinnen und Bürger verunsichert. Aber damit nicht genug: Immer deutlicher müssen wir erkennen, daß auch unsere natürliche Umwelt – und damit unsere eigentliche Lebensgrundlage – von einer Krise bedroht ist, die tödlich sein könnte. Kein Wunder also, daß soviel Krise auf einmal manche Geister beunruhigt, wenn nicht gar verwirrt. Verständlich auch, daß man in dieser Situation nach dem oder den Schuldigen sucht – und nur allzu menschlich, daß man sie zuallererst bei den andern und zuallerletzt bei sich selber findet.

Was die Krise in der Wirtschaft anbelangt, scheinen einige Zeitgenossen den größten Sündenbock längst gefunden zu haben: unsern Staat. Lautstark verkünden sie, er, der Staat, sei es, der die Wirtschaft daran hindere, sich frei und zukunftsträchtig zu entfalten. Weil er viel zu viele Gesetze produziere, welche die Wirtschaft wie Schlingpflanzen behinderten. Weil er mit seiner aufgeblasenen Bürokratie, seiner maßlosen Ausgabenpolitik und den viel zu hohen Steuern der Wirtschaft das Blut aussauge respektive das erwirtschaftete Geld abrahme, das ihr dann für die technologische Erneuerung fehle usw.

Die gleichen Kritiker haben auch das Rezept schon gefunden, das die lahmende Wirtschaft wieder gesund und munter machen würde: Man müsse sie nur vom viel zu hohen Steuerdruck entlasten und die Ausgaben des Staates radikal kürzen. Ganz allgemein solle der Staat endlich aufhören, sich ins Wirtschaftsgeschehen einzumischen. Die Wirtschaft sei durchaus fähig, sich selber zu kurieren, wenn man sie nur frei machen lasse. In einem Satz: weniger Staat, mehr Freiheit und Wohlstand!

Ich nehme diese Kritik am Staat ernst. Nicht weil ich mich schuldig fühle. Denn schließlich darf ich die Kritiker vielleicht doch daran erinnern, daß alles, was unser Staat macht, einmal vom Volk oder seinen demokratisch gewählten Behörden beschlossen worden ist. Und meines Wissens setzen sich weder unser Schweizer Volk noch seine Behörden aus einer Mehrheit von Wirtschaftsfeinden oder irgendwelchen Extremisten zusammen. Wenn ich sie trotzdem

ernst nehme, diese Kritik an unserm Staat, so tue ich das, weil ich finde, daß jetzt nicht die Zeit ist, Schlagwortpolitik zu betreiben. Dazu ist die Lage einfach zu ernst. Ich bin davon überzeugt, daß wir unsern Staat brauchen, wenn wir alle miteinander heil aus den gegenwärtigen und möglichen künftigen Schwierigkeiten herauskommen wollen. Damit, daß wir unsern Staat verteufeln, ist nichts gewonnen. Wir sollten nicht in den Ast sägen, auf dem wir alle sitzen.

Es stimmt, unser Staat mischt sich tatsächlich ins Wirtschaftsgeschehen ein. Aber er tut das nicht, weil es ihm ein sadistisches Vergnügen macht, seine Nase überall hineinzustecken. So darf ich zum Beispiel gerade hier, an der Olma, daran erinnern, daß es in unserem Land noch Bergbauern gibt. Hätte der Staat sich nicht «eingemischt» und sie den erbarmungslosen Gesetzen der sogenannten freien Marktwirtschaft ausgeliefert, wäre ihr Schicksal längst besiegelt. Was das für diese Mitbürger, ihre Familien und für unsere Berggebiete bedeuten würde, brauche ich nicht auszumalen. Und was für die Bergbauern gilt, das gilt ja weitgehend auch für die übrige Landwirtschaft. Ohne die schützende Hand des Staates hätten wir in günstigen Lagen vielleicht ein paar große, besonders rationell wirtschaftende Agrar-Aktiengesellschaften, aber kaum noch selbständige Bauern. Weil wir alle das nicht wollen, hat sich der Staat «eingemischt» und wird es auch in Zukunft tun müssen.

Wir zahlen aber auch einen hohen Preis für den Schutz unserer Landwirtschaft, und er ist auch nicht ohne Gesetze und «Bürokratie» zu haben. Solidarität ist eben nie gratis – aber ohne Solidarität gibt es auch keine Gemeinschaft. Im übrigen könnten wir uns auch fragen, ob sich der Staat nicht noch vermehrt und energischer hätte «einmischen» sollen. Zum Beispiel in den Handel mit dem Boden. Wenn ein Bauer für einen Quadratmeter landwirtschaftlichen Boden 12 bis 15 Franken bezahlen soll, dürfen wir uns nicht wundern, wenn er dann seine Kartoffeln oder Rüebli zu «Apothekerpreisen» verkaufen muß. Hier, glaube ich, hat der Staat versagt, nicht weil er sich zu viel, sondern weil er sich zu wenig «eingemischt» hat. Ich bin nicht neidisch, aber es macht mir keine Freude, wenn Bodenspekulanten Hunderttausende in die Tasche stecken – oft ohne einen Handstreich ehrlicher Arbeit – und auf der andern Seite junge Schweizer Bauern nach Kanada auswandern müssen. Was ich von den Preisen für das Agrarland sage, gilt natürlich ebenso für die Bodenpreise ganz allgemein. Wir haben ja nicht nur die höchsten Preise für unsere Agrarprodukte in Europa, sondern bezahlen auch die höchsten Mieten. Es ist eben nicht wahr, daß unsere Marktwirtschaft alles selber reguliert, jedenfalls längst nicht immer im Interesse der Mehrheit des Volkes.

Der Staat habe sich aufgeplustert; das Heer der Bürokraten sei ständig angewachsen, sagen heutige Staatskritiker. Das stimmt weitgehend. Nur sollte man sich mit dieser Feststellung nicht begnügen, sondern ohne ideologische Scheuklappen auch nach den Ursachen fragen. Tun wir das, stellen wir fest, daß die öffentlichen Dienste parallel mit der Entwicklung der allgemeinen Wirtschaft gewachsen sind. Sehen wir noch genauer hin, entdecken wir auch, daß der Staat

Im übrigen könnten wir uns auch fragen, ob sich der Staat nicht noch vermehrt und energischer hätte «einmischen» sollen. Zum Beispiel in den Handel mit dem Boden.

Es ist eben nicht wahr, daß unsere Marktwirtschaft alles selber reguliert, jedenfalls längst nicht immer im Interesse der Mehrheit des Volkes.

in mancher Hinsicht zum eigentlichen Instrument der Wirtschaft geworden ist – und nicht etwa umgekehrt. Beispiele: Die Industriegesellschaft hat Gesetze zum Schutz der Arbeitnehmer notwendig gemacht, Fabrik- oder Arbeitsinspektorate, Unfallversicherung usw. Der Staat bildet für die Wirtschaft Arbeitskräfte aus, in Berufsschulen, Techniken, Handels-, Mittel- und Hochschulen bis hinauf zum «Poly». Er fördert die wissenschaftliche Forschung, die auch der Wirtschaft zugute kommt. Auch unsere Außenpolitik mit ihrem ganzen Apparat dient zu einem schönen Teil dem Handel und der Industrie. Und selbst kapitalkräftige Privatunternehmen sind froh, wenn sie Exportrisiken dem Vater Staat aufbürden können.

Das waren nur ein paar Rosinen aus dem großen Kuchen der staatlichen Dienste, die entweder direkt der Wirtschaft dienen oder wegen der wirtschaftlichen Entwicklung notwendig geworden sind. Vor allem das rasante Wachstum der Wirtschaft hat die Raumplanung unvermeidlich gemacht. Daß all das nicht ohne Gesetze, Bürokratie und natürlich nicht ohne Geld hat abgehen können, leuchtet wohl jedem ein.

Auf Wunsch der Wirtschaft hat unser Staat Hunderttausende von ausländischen Arbeitskräften in unser Land kommen lassen. Soweit ich mich erinnere, ohne lange zu fragen, ob diese «Völkerwanderung» unserem Volk, den eingereisten Menschen, dem Land und seiner Wirtschaft wirklich gut tun würde. Die Wirtschaft hat es so gewünscht, und der Staat hat ihren Wunsch erfüllt. Wir reden zwar nicht gerne darüber: Sie alle aber wissen, wie viele Probleme – darunter auch bösartige, ja häßliche – wir uns mit dieser Politik aufgebürdet haben, Probleme, die auch den Staat und seinen Apparat immer wieder beschäftigen.

Auch der Lawine des privaten motorisierten Verkehrs hat der Staat kaum Hindernisse in den Weg gelegt. Im Gegenteil: Er hat ihm weit über tausend Quadratkilometer grünes Land geopfert und dazu noch seine eigenen Bahnen. Auch in diesem Fall haben sogenannte technische und wirtschaftliche Zwänge alle andern Überlegungen aus dem Feld geschlagen. Wirtschaft und Technik haben diktiert, und der Staat hat exekutiert. Mit dem ganzen Rattenschwanz von Folgeproblemen werden sich Bund, Kantone, Gemeinden und ihre Apparate noch lange zu befassen haben.

Als Folge der wirtschaftlich-technischen Entwicklung ist dem Staat auch eine Aufgabe aufgedrängt worden, von der unsere Väter wohl nicht einmal geträumt haben: der Schutz unserer natürlichen Umwelt. Auch für diese Aufgabe braucht der Staat Wissenschafter, Ingenieure, Techniker und die heißgeliebten Bürokraten. Zudem viel Geld. Ein winziges Beispiel: Allein für das Berner Münster müssen pro Jahr rund eine Million Franken aufgewendet werden, um es vor der mörderisch gewordenen Luft zu schützen. Und jetzt wollen sich auch noch die Bäume von uns verabschieden! Diese Symbole des Lebens und der Gesundheit! Nein, ich will jetzt nicht auf die Tränendrüsen drücken. Aber Hand aufs Herz: Sterben unsere Bäume vielleicht, weil sich der Staat zu viel in die Wirtschaft «eingemischt» hat?!

Sehen wir genauer hin, entdecken wir auch, daß der Staat in mancher Hinsicht zum eigentlichen Instrument der Wirtschaft geworden ist – und nicht etwa umgekehrt.

Als Folge der wirtschaftlich-technischen Entwicklung ist dem Staat auch eine Aufgabe aufgedrängt worden, von der unsere Väter wohl nicht einmal geträumt haben: der Schutz unserer natürlichen Umwelt.

Hand aufs Herz: Sterben unsere Bäume vielleicht, weil sich der Staat zu viel in die Wirtschaft «eingemischt» hat?!

Man wird dem Staat jetzt im Gegenteil – und nicht ohne Grund – vorwerfen, er habe der Wirtschaft zu wenig auf die Finger geschaut und sei so mitschuldig geworden an der kollektiven Selbstzerstörung unserer Gesellschaft. Schließlich hätten uns Wissenschafter schon vor zwanzig Jahren gewarnt. Schärfere staatliche Vorschriften und Kontrollen hätten den Wirtschaftsboom zwar vielleicht verlangsamt, aber wir wären dabei alle gesünder geblieben usw. Sie alle wissen, daß gerade die Wirtschaft den Umweltschutz nicht besonders gefördert hat, um es ganz sanft zu sagen. Abgesehen natürlich von jenen Branchen, die damit ebenso nützliche wie gute Geschäfte machen.

Wo ich hinaus will? Ich möchte, daß die Diskussion über das Verhältnis zwischen Staat und Wirtschaft endlich wieder ein bißchen seriöser geführt wird. Dabei müssen wir doch von der Tatsache ausgehen, daß, wie wohl noch nie in der Geschichte, Wirtschaft und wirtschaftliches Denken nicht nur den Staat, sondern unsere ganze Gesellschaft und unser Leben dominieren. Und beileibe nicht umgekehrt. Seit Jahrzehnten eilt der Staat atemlos hinter der wirtschaftlich-technischen Entwicklung her – und macht Flickschusterarbeit. Selten oder nie kommt er dazu, Prioritäten zu setzen oder auch nur die Bürger zu fragen: «Was wollt ihr eigentlich? Wohin soll die Reise gehen?»

Daß kaum einer jubelt, wenn ihm der Pöstler die Steuerrechnung bringt, ist bekannt. Aber auch hier sollten wir bei den Tatsachen bleiben. Schließlich lassen sich ja begüterte Ausländer immer noch gern in der Schweiz nieder. Daß sie das nicht nur unserer schönen Berge wegen tun, wissen wir ebenfalls. Von unerträglichem Steuerdruck und Gleichmacherei kann wohl kaum die Rede sein. Oder sonst soll mir einer erklären, wie es an die 40 000 Glückliche in diesem kleinen Land fertiggebracht haben, trotzdem Millionäre zu werden! Fast 3700 unter ihnen sogar mindestens fünffache. Gleichmacherei – wenn knapp 3 Prozent der Steuerpflichtigen über fast die Hälfte des Gesamtvermögens verfügen und folglich die übrigen 97 Prozent der Steuerpflichtigen sich in die andere Hälfte teilen müssen?! Ist es da nicht ein bißchen merkwürdig, wenn ausgerechnet aus den Kreisen der so reich Gesegneten immer wieder der Ruf nach Steuersenkung erschallt? Hätten vielleicht nicht andere mehr Grund zum Klagen?

Natürlich ist es möglich, den Staat durch Steuerverweigerung so zu schwächen, daß er sich nicht mehr «einmischen» kann – weder in der Wirtschaft noch um ein bißchen mehr soziale Gerechtigkeit zu bewirken. Er würde dann überhaupt niemandem mehr helfen können. Denn das muß ich hier nochmals sagen: Wenn unser Staat in das wirtschaftliche Geschehen eingreift, so tut er das nicht, weil seine Bürokratie auswuchert. Sondern er tut es, um Probleme zu regeln, welche die Wirtschaft verursacht und nicht selber regeln kann oder wenn sie oder wichtige Teile von ihr in der Krise stecken. Es ist und bleibt eben Ideologie und ist nicht Wirklichkeit, wenn die quasi unfehlbare Selbstregulierung unseres marktwirtschaftlichen Systems verklärt wird. Tatsache ist, daß es periodisch von schweren Krisen erschüttert wird, die Millionen Menschen in Angst und Not stürzen.

Sie alle wissen, daß gerade die Wirtschaft den Umweltschutz nicht besonders gefördert hat, um es ganz sanft zu sagen. Abgesehen natürlich von jenen Branchen, die damit ebenso nützliche wie gute Geschäfte machen.

Darf ich in diesem Zusammenhang an die Krise der dreißiger Jahre erinnern? Nicht weit von hier hat es damals ein Land mit mehr als fünf Millionen Arbeitslosen gegeben; Zehntausende von Gewerbetreibenden haben Pleite gemacht. In dieser schwierigen Situation hat der demokratische Staat die Kraft nicht gefunden, das Steuer herumzureißen. Er hat die Bürger in ihrer Verzweiflung allein gelassen. Wir kennen die Folgen. Sie waren grauenhaft, nicht nur für Deutschland. Das erste Opfer aber war die Demokratie selbst.

Auch heute werden die meisten Länder wiederum von einer schweren Wirtschaftskrise erschüttert. Wieder gibt es Millionenheere arbeitsloser Menschen. Wieder gehen Angst und Verzweiflung um. Zwar ist das Schicksal der Betroffenen, mindestens in den Industriestaaten, etwas weniger hart. Weil sich der Staat inzwischen fast überall «eingemischt» hat. Zum Beispiel, indem er wenigstens die Arbeitslosenversicherung neu geschaffen oder ausgebaut hat. Es ist aber fraglich, ob das genügt, wenn die «Selbstregulierung der Marktwirtschaft» noch lange auf sich warten läßt. Auf die Dauer kann man nicht ungestraft Millionen Menschen zu Randexistenzen machen und sie vom normalen Leben in der Gesellschaft ausschließen.

Wie in den dreißiger Jahren ist auch heute wieder der Ruf nach mehr Ruhe und Ordnung zu hören, nehmen Toleranz und die Bereitschaft zur demokratischen Auseinandersetzung ab, ist die Versuchung da, die Probleme mit der Polizei zu «lösen». In solchen schwierigen Zeiten den demokratischen Staat zu schwächen, halte ich für verantwortungslos.

Als ich noch in die Schule ging, da hat man uns gelehrt, der Staat, das seien wir alle. Und in unserem Staat seien wir eine große, starke Gemeinschaft: Einer für alle, alle für einen. Ich war damals recht

Wie in den dreißiger Jahren ist auch heute wieder der Ruf nach mehr Ruhe und Ordnung zu hören, nehmen Toleranz und die Bereitschaft zur demokratischen Auseinandersetzung ab, ist die Versuchung da, die Probleme mit der Polizei zu «lösen». In solchen schwierigen Zeiten den demokratischen Staat zu schwächen, halte ich für verantwortungslos.

stolz auf unsern Staat. Und bin es eigentlich heute noch. Auch wenn ich inzwischen gelernt habe, daß es mit der Gemeinsamkeit nicht immer so weit her ist, daß wir nur zu oft im Zwiespalt leben zwischen unserem egoistischen Streben und der Solidarität mit den Mitmenschen.

Aber ich erinnere mich auch noch an die Kriegsjahre. Damals haben wir sie gespürt, diese Gemeinschaft, gespürt, daß jeder den andern nötig hatte. Aus diesem erlebten Geist der Solidarität ist dann nach dem Krieg unser größtes soziales Werk gewachsen: die Alters- und Hinterbliebenenversicherung. Darauf bin ich heute noch stolz. Weil es wie kaum etwas anderes dazu beigetragen hat, Millionen von Mitmenschen von der Angst um ihre Existenz in den alten Tagen zu befreien. Vor jener Angst, die die Menschen quält und nur zu oft erniedrigt. Gibt es eine schönere Aufgabe in der Gemeinschaft, als die Menschen von der Angst zu befreien?... Von diesem Solidaritätserlebnis hat auch unser Staatswesen profitiert. Die AHV hat ihm ein menschlich-fürsorgliches Gesicht gegeben.

Gibt es eine schönere Aufgabe in der Gemeinschaft, als die Menschen von der Angst zu befreien?...

Warum erzähle ich das alles? Vielleicht weil ich jetzt in einem Alter bin, wo man weder sich selber noch den anderen etwas vormachen möchte. Nicht einmal bei einem sympathischen Anlaß wie diesem, wo eine optimistische Rede eigentlich zum guten Stil gehört. Aber warum sollte ich aus meinem Herzen eine Mördergrube machen und Ihnen nicht sagen, daß ich mir echte Sorgen mache? Nicht weil ich glaube, daß wir vor unlösbaren Problemen stehen. Nein. Denn diese Probleme haben wir Menschen uns ja selber eingebrockt – also können wir sie auch lösen. Wenn wir nur wirklich wollen.

Aber genau das ist es, was mir manchmal Sorgen macht: Daß wir noch nicht genügend wollen. Genauer: Noch nicht oder nicht rechtzeitig genug bereit sind, die Situation ehrlich und ohne Vorurteile zu analysieren und dann die nötigen Konsequenzen zu ziehen. Ohne egoistische Ausflüchte, auch wenn's weh tun sollte. Ohne «Rette-sich-wer-kann», «Nach-Ihnen-bitte» oder gar «Nach-uns-die-Sintflut». Sorgen macht mir oft das kleinliche Gerangel um Einzel- und Gruppeninteressen. Sorge auch die Tendenz, Lasten auf andere abzuwälzen, selbst dann, wenn diese andern schwächer sind, weniger «Notspeck» angesetzt haben. Mit einem Wort: der Verlust des solidarischen Denkens und Handelns.

Denn davon bin ich fest überzeugt: Nur wenn die Verantwortlichen in Politik und Wirtschaft bereit sind, den Eigennutz hintanzustellen, werden wir die komplexen Probleme unserer Zeit meistern können. Ein solches ehrliches Engagement müßte ansteckend wirken. Auch auf jene rund 60 Prozent der Bürgerinnen und Bürger, die seit Jahren darauf verzichten, in unserem demokratischen Gemeinwesen mitzuwirken. Dabei denke ich insbesondere an unsere Jugend, die heute noch größtenteils im politischen Abseits steht. Dieses große geistige und emotionale Potential, das heute noch brachliegt, müssen wir mobilisieren. Wenn uns das gelingt, braucht uns um die Zukunft nicht bange zu werden. Dann wird die Demokratie wieder zu dem werden, was sie sein sollte: zum Gemeinschaftserlebnis, das die positiven Kräfte eines Volkes beflügelt.

Willi Ritschard: ein Leben als Sozialdemokrat und Gewerkschafter

28. 9. 1918	Willi Ritschard, Bürger von Oberhofen BE und Luterbach SO, wird als jüngstes Kind einer protestantischen und sozialdemokratischen Familie im solothurnischen Deitingen geboren, wo sein Vater als Schuhmacher arbeitet.
1941	Heirat mit Greti Hostettler.
1943	Nach dem Besuch der Primar- und Sekundarschule schließt er eine Lehre als Zentralheizungsmonteur ab. Im selben Jahr wird er in den Gemeinderat von Luterbach gewählt, wo er zeit seines Lebens wohnen wird.
1944	Geburt des Sohnes Rolf.
1945	Mit 25 Jahren wird Willi Ritschard zum Sekretär der Sektion Solothurn des Schweizerischen Bau- und Holzarbeiterverbandes gewählt. Nach kurzer Zeit nimmt er Einsitz im Zentralvorstand dieser Gewerkschaft. Ebenfalls 1945 schafft er den Sprung ins solothurnische Kantonsparlament, das er 1963 präsidiert.
1947	Geburt der Tochter Greti.
1947–1959	Gemeindeammann von Luterbach.
1954–1963	Nebenamtlicher Präsident des solothurnischen Gewerkschaftskartells.
1955–1963	Mitglied des Nationalrats.
1964	Willi Ritschard wird in den Solothurner Regierungsrat gewählt, wo er das Finanz- und Forstdepartement leitet. In dieser Eigenschaft wird er Vizepräsident der Finanzdirektorenkonferenz und 1968 Präsident der Kommission zur Vereinheitlichung des Steuerwesens.
1967, 1971	Solothurnischer Landammann.
1965–1973	Mitglied des Verwaltungsrates der Schweizerischen Bundesbahnen.
5. 12. 1973	Obwohl nicht offizieller Kandidat, wird Willi Ritschard im ersten Wahlgang als Nachfolger von Hans-Peter Tschudi in den Bundesrat gewählt.
1974–1980	Vorsteher des Eidgenössischen Verkehrs- und Energiewirtschaftsdepartementes. Unter seiner Ägide reifen die Gesamtkonzeptionen für Verkehr und Energie heran. Ritschard sieht aber auch die Konflikte zwischen Befürwortern und Gegnern der Kernenergie voraus.
1978	Willi Ritschard ist Bundespräsident.
1980–16. 10. 1983	Als Vorsteher des Eidgenössischen Finanzdepartements kämpft Willi Ritschard unermüdlich für die Sanierung der Bundesfinanzen, ein Kampf, der ihn letztlich aufreibt. Genau zwei Wochen nach seiner Rücktrittserklärung stirbt der populäre Bundesrat auf einer Wanderung.

Register

Bestimmte Stichworte des vorliegenden Registers kommen im Text nicht wörtlich vor, sondern sind als Hinweise zum behandelten Thema aufzufassen.

Absolutismus 173
Abstimmungen 44 60 175
→ auch Volksabstimmungen
Abstraktion, politische 108
Afghanistan 143
Afrika 143f
Agglomeration 66 68 148
Agglomerationsverkehr 73
Agitation (Aktivismus) 46
Agrarland 182
AHV 44 50ff 124 142 148 186
Aktiengesellschaft 165
Allende, Salvador 33
Älpler 101ff
Alternativenergie 89
Altersproblem 148
Alters- und Hinterlassenenversicherung → AHV
Altstädte 63 73f → auch Städte
Altstadtsanierung 73
Amalrik, Andrej 137
Amateursport 36
Andersdenkende 104ff
Angestellte 141
Angst 110f 128 164f 186
Anonymität 165
Arbeiter 47ff 95ff 139ff
Arbeiter, polnische 165
Arbeiterbewegung 40ff 140ff 163ff 169
Arbeiterklasse 163ff
Arbeiterschaft 40ff
Arbeitersportbewegung 37
Arbeitervereine, kulturelle 37
Arbeitgeber 139
Arbeitnehmer 163ff 183
Arbeitslosenversicherung 185
Arbeitslosigkeit 164 185
Arbeitsplätze, Verlust 164
Architektur, zeitgenössische 64 115
Armee 150 152 169ff
Armut in der Welt 55 128
Arndt, Adolf 133
Asien 143f
Athen und die Kultur 74
Atombombe 86
Atomgesetz 43
Atomkraftwerke → Kernkraftwerke
Atomsperrvertrag 93
Atomtechnik 86 94
Aubert, Pierre 20
Aufklärung 52
Ausgabenpolitik 180
Ausgewogenheit 80f 134ff
Ausländer 183f
Auslandschweizer 123ff
Außenpolitik 183
«Aussteiger» 157

Auswanderer 124
Auto 53 55f 64 85ff 112ff
Autobahnen → Nationalstraßen
Autobahngegner 114
Automatisation 164
Automobilsalon Genf 112ff
Automobilverbände 112ff
Autonomes Jugendzentrum 158ff

Banken 145ff
Bankeninitiative 14
Bankiers 145ff
Basel 101ff
Bauen (Bauten) in der Stadt 62
→ auch Architektur
Bauordnungen 62
Bauvorschriften 68
Bauwerke als städtische Wahrzeichen 62
Beamte 173ff 176f
Bedarfsrente 142
Bedürfnisnachweis für KKW 93
Beirut 137
Belp 38
Bell, Graham 131
Bell & Howell 75
Bergbauern 182
Bergregionen, Entvölkerung 148
Berner Münster 183
Betriebsschließungen 164
Beznau (KKW) 87
Bichsel, Peter 22 106
Bildung 52 99 174 178 183
Bildungsarbeit 46f
Bildungsartikel 44
«Blick» 10 155 161
Bodenspekulation 182
Brauchtum 101ff
BRD → Deutschland
Brecht, Bertolt 44
Brokdorf 85
Brüderlichkeit 164
Bruttosozialprodukt 73
Bundesausgaben 152
Bundesdefizite 139
Bundesfeier 127ff
Bundesfinanzen 42 145ff
–, Sanierung der 151
Bundeshaus 106 174
Bundeshaushalt 148
Bundespräsident 106
Bundespräsidentenfeier 104ff 129
Bundesrat 60 173 175f
–, Aufgaben des 43
–, Kompetenzen des 43
Bundesratsschulreise 83 103
Bundesstaat 61
Bundesverfassung 16 44ff 133 163
Bundesversammlung 43
Bundesverwaltung 173ff
→ auch Verwaltung
Burckhardt, Jakob 44
Bürger und Staat 44
Bürgerinitiativen 92f
Bürokratie 177 180 182 184
Buser, Walter 20

Carter, Jimmy 88
Casanova, Achille 20
Chauvinismus 35

Chevallaz, Georges-André 20 139
Chile (Rechtsputsch von 1973) 33f
China 115
Club of Rome 53 56 58
Computer (Mißbrauch) 86
Coop 95ff
Corps diplomatique 29
Couchepin, François 20

Demokratie 9 33f 45 52 59 61 107f 127ff 132 140 142 163ff 173ff 186
–, parlamentarische 45
– und Information 81
–, «Zähflüssigkeit» der 159
Demokratisierung 46
Demonstrationen 43
Demonstrationsrecht 165
Depeschenagentur 75f
Derendinger, Hans 106
Desinformation 79
Detailhandel 100
Deutsch-Französischer Krieg 120
Deutschland 89
–, Druckerstreik in 78
Diktaturen 143 165
Diskussion, politische 173
Dritte Welt 58 → auch Entwicklungsländer
Dufour, Henri (General) 118
Dunant, Henry 117ff 125 128
Durchschaubarkeit 178

Eidgenossenschaft 127ff
Einkaufszentrum → Supermarkt
Einsamkeit 82
Eisenbahn → SBB
Elektrizität 57 85
Elektrizitätswirtschaft 91
Elektromobil 89
Elisabeth II., Königin von England 139
Endlagerung 86 91
Energie 53 85ff
– als Politikum 87
– und Umwelt 53ff
Energieagentur, Internationale 57
Energiekrise 53
Energiepolitik 53ff 89 94
Energieprobleme 139
Energiesparen 77 89
Energieträger 87
Engagierte, politisch 108
England 95
Entpolitisierung 98
Entwicklung, technische 130ff
Entwicklungshilfe 57 122 128
Entwicklungsländer 94 109f
– und neue Wirtschaftsordnung 57
Erdgas 89
Erdöl 57 87ff
–, Nutzung als Rohstoff 88
Ergänzungsleistungen der AHV 142
Exekutive 44ff 173
Export 183

Familie 104 109
Faschismus 141
FERA 130ff

Fernsehen 75 131ff 177
Fernsehkonsum 132
Fernwärme 89f
Flüe, Niklaus von 127f
Finanzdepartement 139
Finanzen 145ff
Finanzhaushalt → Bundesfinanzen
Finanzminister 139 145ff
Finanzordnung 147
– von 1953 42
Finanzplan 1981–1983 151
Finanzreformen 147
Finanzvorlagen 146
Finnland, Arbeitersportbewegung in 37
Firestone 166
Föderalismus 61
Folklore 101ff
Forschung 114f 152 183
Fotografie 136f
Fraktion 105
Französische Revolution → Revolution
Freiheit 50f 70f 114f 127ff 142 167
– der Medien 130ff
–, persönliche 158
Freiheitskampf 140
Freiräume 159
Fremdenergie 54
Friede 122 123ff 169ff
Friedensbewegung 169ff
Friedensnobelpreis 120f
Fußball 28 35
Fußgängerzonen 72

Gastarbeiter 183
Gedankenfreiheit 167
Geduld 82
–, politische 46
«Gegengewalt» 156
«Geist des Eigennutzes» 156
Gelddenken 158 160
Gemeinden 152 177 179
Gemeindepolitik 179
Gemeinschaft 14 59 63 97f 109ff 156f 164 179
Gemütlichkeit 103
Generalstreik 164
Genf 118ff
Genfer Rotkreuzabkommen (Konvention) 122
Genossenschaftsidee 95ff
Gerechtigkeit 49 109ff 122
Gesamtenergiekonzeption 90
Gesamtmedienkonzeption 79
Geschwindigkeitsbeschränkungen 72
Gesellschaft und Jugend 157
Gesetze 159f 174 176
Gesetzgebung 60 175 177
Gesinnung, demokratische 128
Gewalt 156
Gewerbe 176 185
Gewerbeverband 152
Gewerkschaften 141 163ff
Gewissen, schlechtes 158
Ghostwriter 11
Gleichberechtigung der Frau 97
Gleichheit 174
Glück 82 109
Gösgen (KKW) 19

189

Gotthelf, Jeremias 75
Graben (KKW) 91f
Grass, Günter 45
Greulich, Herman 36 41 141 163f
Grimm, Robert 41 49
Grundeigentum 62ff 68
Grundsätze, rechtsstaatliche 129
Grütli-Turnverein 36 39
Gutenberg, Johannes 75
Gyr, Wysel 102

Halbwahrheit (Halbwissen) 78
Handel 183
Handschrift (von Willi Ritschard) 65
Haus- und Grundeigentum 71
Heiden AR 117
Heimat 64 104ff 123ff 127
Hiroshima 137
Hochschulen 150 152
Honegger, Fritz 20
Hornusserfest, Eidgenössisches 38 143
Hubacher, Helmut 15 51
Humanität 117ff 128
Hunger in der Welt 55 57 88 144
Hürlimann, Hans 18 20

Idealismus 118ff
Immissionen (des Verkehrs) 62
Individualismus 164
Industrialisierung 140
Industrie 125 183
Industriegesellschaft 183
Industriestaat Schweiz 63
Industriestaaten 123ff 185
Inflation 149ff
Information 75ff 130ff
–, Überangebot an 77f
Informationsflut 135
Informationssendungen der Medien 78
Infrastruktur 124
–, staatliche 147f
Initiative 61 175f
Instanzen 174
Interesse, staatsbürgerliches 131
Interessengruppen 133 180
Internationale Energieagentur 57
Invalidensport 39
Invalidenversicherung → IV
Investitionen 100
Iran 143
Isolation, politische 104ff
IV 148

Johann von Sachsen, König 119
Journalismus (Journalisten) 75ff 130ff 167
Jugend 110 124 168 171 186
Jugendbewegung 153
Jugendunruhen 155ff
Jungk, Robert 86
Jura (Kanton) 110 128f

Kabelfernsehen 76
Kaiseraugst (KKW) 55 87 91f
Kameradschaft 106

Kantone 152 177
Kapital 165
Kapitalkonzentration 81
Kartellierung 153
Kernenergie 53ff
Kernfusion 87
Kernkraftgegner 54 86 157
Kernkraftwerke 19 55 85ff 90ff 130
Kernspaltung 87
Kindheit 127
Klassenkampf 49
Kleinhandel 96 99
Kleinstaat 127f
Kohle 89
Kommerzialisierung der Medien 133
Kommunikation 130ff
Kommunikationstechnik 137
Kommunismus 141
Kompromiß, politischer 9
Konjunktur (-rückgang) 92
Konjunkturartikel 44
Konkurrenzkampf 136
Konservatismus 14
Konsument 95ff 137
Konsumgenossenschaften 95ff
Konsumgesellschaft 95ff
Konzernbildung 153
Konzerne, multinationale 33 144
Kopfblätter 177
Kraftwerke, thermische 87
Kranke (Krankheit) 82f
Krankenversicherung (bundesrätliche Vorlage) 44
Krieg 144 169ff
Krise 49
Krisenfonds für europäische Berggebiete 99
Kultur 101ff
Kultur (Kulturgeld) 159
Kulturland 124

Lärm 72
Landwirtschaft 54 124 152 176 182
Lebensqualität 73 94 157 174
Liberalismus 14 49 79 140 176
Literatur 106
Loyalität 106
Luft, saubere 55f
Luftverschmutzung 72
Luther, Martin 43
Luxusgüter 158

Macht 12f 44 165f
Maifeier 139ff
Manger, Jürgen von 81
Manuskripte (Bearbeitung) 65
Marktwirtschaft 153 165 182
Maschinen (für die Befreiung des Menschen) 86
Massenmedien 130ff → auch Medien
Massensiedlung 63 → auch Städte
Materialismus 103 162
Mechanisierung 125
Medien 75ff 130ff 167
– und Jugendunruhen 161
Medienartikel 79f
Medienpolitik 79f 132ff

Medienschaffende (ihre Verantwortung) 136
Medizintechnik 115
Meinungsbildung 81
Meinungsspektrum (-vielfalt) 80 133
Methanol (als Treibstoff) 89
Meyer, Frank A. 103
Militärdiktaturen 143
Militärs 33
Militärdienst 175
Minderheiten 129
Mitbestimmung 45 51 165
Mitterrand, François, französischer Staatspräsident 8 71
Mobilität 62 74
–, Einschränkung der 68
Mode 102
Monopol 134 136
Monopolmedien 80
Moral 108
Motivation 167f
Motorisierung 112ff → auch Verkehr
Moynier, Gustave 118f
Mühleberg (KKW) 87
Multinationale 33 → Konzerne

Nachrichtentechnik 131
→ Kommunikationstechnik
Naher Osten 143
Nahrungsmittelproduktion 115
Napoleon III. 119
Nationalismus 35 170
Nationalstolz 128
Nationalstraßen (-bau) 64 148
Naturschützer (als Befürworter von KKWs) 87
Naturwissenschaft 130
Neujahrsempfang 29
Neutralität 125
Nostalgie 95 113f
–, sozialistische 49
Novosti-Affäre 12
Nullwachstum 94

Objektivität der Medienschaffenden 134ff
Öffentlichkeit 8
öffentlicher Bau und Repräsentation 63f
OLMA 180
Ölproblem 143 → auch Erdöl, Energie
Ombudsmann 61
Opposition 51 132f
Owen, Robert 96

Pädagogik 12ff
Parlament 43 92 94 105 173 176f
parlamentarische Demokratie 45
Partei 177 → Sozialdemokratische Partei der Schweiz
Parteitage, sozialdemokratische 37 43
Patriotismus 33
Pazifismus 169f
Pestalozzi, Heinrich 125

Phnom Penh 137
Pioniere von Rochdale 95ff
«Plenar» (Arbeitsgruppe) 89
Polen 165
Politik 111
Politiker 106
Polizei 157 162
Post → PTT
Pragmatismus 14 48 97 147
Presse 15 80 → auch Medien, Journalismus
Pressefeigheit 81
Pressefreiheit 79ff 133ff 167
Pressezensur 167
Privatunternehmen 183
Privilegien 142
Professionalismus 36
Programme, politische 48
Progression, kalte 152
Propaganda 47f
Protektionismus 170
PTT 133 137

Quartierläden 99

Radio 75 130ff 177
Radio- und Fernsehartikel 79 134
Ragaz, Leonhard 41
Raumplanung 124 148 183
Rauschgift (im AJZ) 160
Recht 174f
Rechtsstaat (sozialer) 129 163
Reden 11 15 106 108
–, Bearbeitung der 65 67
Regieren, Regierung 43ff
Regierungsbeteiligung, sozialdemokratische 43 50ff
Regierungsverantwortung 43ff
Reglementierung 159
Referendum 61 176
Referendumsdemokratie 160
Reklame 76
Renten, soziale 142 → auch Bedarfsrente
Rentner 151
Republikaner 139
Resignation 7 12 51f 110 128 180
Ressourcen, Endlichkeit der 57
Revolution 13
–, Französische 140
Rezession 124 164f
Ritschard, Dani 21
Ritschard, Greti 21 83
Rochdale, Pioniere von 95ff
Rotkreuzabkommen, Genfer 122
Rotes Kreuz 117ff 125 128
Rüstung 169ff
Rütlischwur 127

Sachzwänge 158 162
Saigon 137
San-Bernardino-Route 112
St. Gallen 180
Satus 35ff
SBB 56 85 148
SBHV → Schweizerischer Bau- und Holzarbeiterverband
Scheinmoral 108
Schlumpf, Leon 20
«schweigende Mehrheit» 155

Schweizerische Bundesbahnen → SBB
Schweizerische Gesellschaft für Umweltschutz (SGU) 53ff
Schweizerischer Arbeiter-Turn- und Sportverband → Satus
Schweizerischer Bau- und Holzarbeiterverband (SBHV) 42 104
Schweizerischer Gewerkschaftsbund (SGB) 163
Schweizerischer Städteverband 60
Schweizerischer Zeitungsverlegerverband (SZV) 75
Schwerverkehrsabgabe 151
Selbstbedienungsläden 99f
Selbstbewußtsein 164
Selbsthilfe 95ff
Selbstverwirklichung 137 168
Selbstzensur 81
SGB → Schweizerischer Gewerkschaftsbund
SGU → Schweizerische Gesellschaft für Umweltschutz
Sicherheit 127
Siedlungsstruktur 66 68
Siedlungspolitik 70f
Solferino 119f
Solidarität 10 57 59 82 109ff 141ff 164 166f 170 179 182 186
Solothurn 8 71 129
Sonnenenergie 54 58 90
Souverän 173
Sozialabbau 139
Sozialdemokratie (Sozialdemokraten) 13 44 52 169 177
Sozialdemokratische Partei der Schweiz (SPS) 47 141 170 179
sozialdemokratische Politik 45
–, Theorie und Praxis 47
Sozialgesetzgebung 127
soziale Demokratie 33
soziale Gerechtigkeit 50
sozialer Fortschritt 44
soziale Wohlfahrt → Wohlfahrt
Sozialismus 33 43 45 52 174
Sozialistische Internationale 169
Sozialpolitik 152 165
Sozialstaat 142 179
Sozialversicherungen 124 165
Sparer 150f
Sparpaket 149 151
Sparpolitik 139
Sparta 74
Sport 35ff
Sprache, einfache 47
SPS → Sozialdemokratische Partei der Schweiz
Spühler, Willy 87
Staat 97f 109 165 173ff 180
– und Energiepolitik 93
– und Pressefreiheit 80f
Staatsausgaben 147
Staatsbesuch 71
Staatsfeinde 110 164
Staatsfinanzen 145 152
Staatsgläubigkeit 10
Staatsidee 10
Staatsmann 8
Staatsverdrossenheit 64 77 98
Staatsverschuldung 149ff
Stadt 115
–, menschliches Gesicht der 159

– und Lebensqualität 157
–, Unwirtlichkeit der 60ff
Städtebau 62ff
Stadtentwicklung 62
Städteplanung 62
Stadtflucht 66
Stehkragenproletariat 141
Steuern 145ff 175 180 184
Steuerexport Stadt–Land 66
Stich, Otto 18
Stimmabstinenz 52 98
Stimmbeteiligung 106f 131f
Stimmfaulheit 77
Straßenbau 112f
Straßenmusikanten 159
Streikrecht 165
Subventionen 149
Südostasien 143f
Supermarkt 72 99f
Schwinger 101ff

Tabak- und Alkoholsteuer 148
Tagespolitik 106
Taktik 108
Technik 56 94 112ff 130ff 137 143 183
–, Angst vor der 85
Technologie 113ff 130ff
Telefon 131
Terroristen 107f
Toleranz 109ff 160
Tourismus 102
Tradition 101ff 127
Transferhaushalt 148f
Transparenz 178
Treibstoff 89
Tradition 127
Türkei 143

Überfremdungsfrage 48
Übersax, Peter 161
Umwelt 124
Umweltbelastung 54ff
Umweltschutz 53ff 73 76 93 114 148 183f
Umweltschützer (als Befürworter von KKWs) 87
Unruhen 164 → auch Jugendunruhen
Unterhaltungselektronik 136f
Unternehmer 153 165
USA, Städte in den 74
–, Druckerstreik in den 78
Uster, Weber von 85
Utopie 98 113
Utzendorf 143

Vaterlandshymne 139
Verbandszeitungen 167
Verfassung → Bundesverfassung
Verfassungsartikel 175f
Verhältnis Bund–Kantone 60
Verhältnis Bürger–Staat 61
Verkehr, privater und öffentlicher 62 68ff 124 139 157 183
Verkehrsdepartement 112
Verkehrspolitik 69
Verkehrstechnik 115
Versammlungsfreiheit 165
Versorgung, medizinische 82
Verstaatlichung 165
Verwaltung 43 177

Verwaltungsstaat 160
Verwurzelung 104
Verzicht 114
Vietnam 144
Volksabstimmungen 175f → auch Abstimmungen
Volksbräuche 101ff
Volkseinkommen 163
Volksgesundheit 35
Volksinitiativen 112 → auch Initiative
Volksregierung 45
Volkssport 45
Volkswille 44

Wachstum 93f 100
Wahl in den Bundesrat 18
Wahrheit 75 86 135
Waldsterben 183f
Walser, Martin 72
Warenumsatzsteuer (Wust) 147 151
Wärmeverbundnetz 89f
Wasser, sauberes 55
Weber, Max 40ff
Wehrsteuer 147
Weltkrieg, Dritter 144
–, Erster 169
–, Zweiter 169
Weltoffenheit 125
Westeuropa 169
Weltwirtschaftskrise 185
Wirtschaft 143 146 153 166 183
Wirtschaftskrise 180 185
Wirtschaftsordnung 97
Wirtschaftssystem, kapitalistisches 49
Wirtschaftswachstum 147f
Wissenschafter 76
Wissenschaft 114f
Wohlfahrt, soziale 50 55 150
Wohltätigkeit 82
Wohlstand 55 162 167 180
Wohlstandsgesellschaft 10 144
Wohnbauförderung 148
Wohnprobleme der Jugend 158
Wohnraum, fehlender 157
Wohnsitzwahl, freie 68
Wust → Warenumsatzsteuer

Zeitschriften, wissenschaftliche 76
Zeitungen, schweizerische 75
Zeitungsfusionen 177
Zeitungsringe 177
Zensur 167
Zentralisierung 60
Zentralstaat 160 177
Zinsbelastung, staatliche 148 151
Zivilcourage 162
Zollabbau 149
Zug 83
Zug → SBB
Zukunft 110f 113 124 130
Zukunftsangst 168
Zürcher Volk 73
Zürcher Jugend 155ff
Zürcher S-Bahn- und U-Bahn-Vorlage 73
Zürich 66 151 162

Bildnachweis

Schutzumschlag vorn: Ringier-Dokumentationszentrum (RDZ)
Schutzumschlag hinten: Büro M. Cortesi, Biel
Seite 2 Bild + News, Zürich 17 RDZ/Hügin, 18 RDZ, 19 RDZ, 20 Keystone-Preß/Balzerini, 21 RDZ, 22 Büro M. Cortesi, 23 Büro M. Cortesi, 24/25 RDZ, 26 RDZ, 27 RDZ, 28 RDZ/Kuhn, 29 RDZ/Hügin, 30/31 RDZ/Kuhn, 32 RDZ, 34 RDZ/Kuhn, 38 RDZ/Mosimann, 46 RDZ/Hügin, 51 Ruti-Pressebild, 3178 Bösingen, 70 RDZ/Kuhn, 71 Ruti-Pressebild, 83 Ruti-Pressebild, 84 RDZ/Mosimann, 99 RDZ, 103 RDZ, 104 Ruti-Pressebild, 107 Ruti-Pressebild, 111 RDZ/David, 117 RDZ, 125 Ruti-Pressebild, 126 RDZ, 129 Ruti-Pressebild, 139 RDZ, 143 RDZ, 151 RDZ, 154 Ruti-Pressebild, 161 RDZ, 166 RDZ/Hügin, 171 RDZ/Boschung, 172 RDZ, 178 Ruti-Pressebild, 181 RDZ, 185 Ruti-Pressebild, 187 RDZ

Inhalt

1 Vorwort des Herausgebers

7 Peter Bichsel: Der Zeigefinger des Erklärers

17 Bilder aus Willi Ritschards Bundesratszeit

Reden aus den Jahren 1974 bis 1983

33 Rede zum Putsch in Chile
35 Über den Sinn des Sportes
40 Trauerrede für Bundesrat Max Weber
43 Sozialdemokratisches Regieren
53 Energie und Umwelt
67 Von der Unwirtlichkeit unserer Städte
75 Freiheit der Medien
82 An die Kranken
85 Wieviel Energie braucht der Mensch?
95 Eidgenossenschaft statt Schweiz AG
101 Kein Minijupe zur Berner Tracht
104 Auf dem größeren Stuhl
109 Glücklich nur unter Glücklichen
112 Vom Kultgegenstand zum Werkzeug
117 Der schwierige Henry Dunant
123 Friede ist nicht, wenn der Karabiner im Kleiderschrank steht
127 Freiheit ist nicht gratis
130 Nur wer etwas weiß, kann auch etwas verändern
139 Länder, wo man per Stacheldraht telefoniert
145 Arbeiter im Weinberg des Herrn
155 Wir müssen uns fragen, warum dies geschah, gopffriedstutz!
163 Demokratie der selbstbewußten Bürger
169 Ich will zuhören
173 Der Staat darf kein Gegenüber sein
180 Die letzte große Rede

188 Willi Ritschard: Biographische Stichworte

189 Register

191 Bildnachweis